廖平全集

2

主編　舒大剛　楊世文

群經凡例

廖平　撰
楊世文　校點

校點説明

《群經凡例》共收入《王制學凡例》、《孝經學凡例》、《今文詩古義證凡例》、《今文尚書要義凡例》、《公羊春秋補證凡例》、《穀梁春秋經傳古義凡例》、《春秋古經左氏説漢義補證凡例》、《春秋古經左氏傳漢義補證簡明凡例》、《左氏春秋學外編凡例》、《禮經凡例》、《容經學凡例》、《兩戴記凡例》、《周官考徵凡例》、《樂經凡例》、《易經新義疏證凡例》、《論語彙解凡例》、《國語義疏凡例》、《四代古制佚存凡例》十八種。廖平成《穀梁春秋經傳古義疏》十一卷，曰：「予創爲今、古二派，以復西京之舊，欲集同人之力，統著《十八经注疏》以成蜀學。見成《穀梁》一種……因舊欲約友人分經合作，故先做《十八經注疏凡例》。」（《今古學考》）舊稱《十八經注疏凡例》，蓋此書原名，作此凡例欲相約同志以求證高明，後屢經修訂爲《群經凡例》。廖宗澤《六譯先生年譜》云：今《六譯館叢書》中之《群經凡例》，其目爲今所存者，乃屢經改訂本，或本非成於一年，與原目有出入。大抵如《今文尚書要義凡例》成於甲午（據《書經大統凡例》），《論語凡例》成於丙申（據《論語凡例》自識）。又既成以後，又續有增補改訂者，如《公羊》、《穀梁》，廖平云：「予撰《穀梁凡例》，修改近十次，乃成今本。」己酉本《四變記》以《王制義證》、《群經凡例》爲二變時書，皆誤。《群經凡例》之作，《今古學考》明言在《穀梁》成書以後，《公》、

《左》未作以前。《穀梁》成於甲申，《公羊》成於戊子。光緒二十三年（一八九七）由成都尊經書局刊行，後收入《六譯館叢書》，今據此本整理。

目録

王制學凡例①

一、孔子以匹夫制度行事，具於《春秋》，復推其意於五經。孔子已殁，弟子紀其制度，以爲《王制》。《論語讖》：「子夏六十四人撰仲尼微言，以事素王。」即《王制》也。此篇皆改制事，不敢訟言，所謂微言。王，即素王也。

一、孔子撰述，以《孝經》、《春秋》爲主。《孝經》以治己，故曰「行在《孝經》」；《春秋》以治人，故曰「志在《春秋》」。《孝經》修己之事，故不詳於制度，此内聖之學也；《春秋》專以治人，故以制度爲要，此外王之學也。《王制》本專爲《春秋》而作，故全與《春秋》名物制度相合也。

一、孔子修《春秋》已，復删《詩》、《書》，定《禮》、《樂》，終乃繫《易》。《詩》、《書》、《禮》、《樂》皆素王平治之具，爲《王制》之節目，四經皆孔子就舊文翻譯，以爲教人之本。故《詩》、《書》之經多所譯改，取其與《王制》相合。《禮》、《樂》二經皆司徒所掌，《詩》、《書》又教人之書，歸於學校，《禮》、《樂》乃見行之事。《詩》、《書》爲習古之事，《易》則多明天道，

---

① 案：《群經凡例》原目作「王制義證凡例」。

不以教人，而治術之歸源也。

一、《王制》統六經，故今學皆主之立義。《春秋》、《易》、《禮》、《樂》無足疑，《詩》、《書》經孔子翻定，已爲孔子之書，首尾相合，大非四代本制矣，故今學家皆主之。今凡六經傳注師説依次分纂，以證《王制》，明諸經皆統於《王制》也。

一、今學《禮》以《王制》爲主。六經皆素王所傳，此正宗也。古學則以《周禮》爲主，不信孔子素王改制之説。以六經皆舊文，歸本於周公、孔子之經，而以古禮説，此别派也。今博采古説經義，以明《王制》，凡古禮之與《王制》異者，則附存異義以相啓發。

一、《王制》有經傳記注之文，舊本淆亂失序，今考訂改寫爲《王制定本》一卷。

一、《王制》爲孔子所傳，自春秋以至於西漢，流傳最盛，以爲聖人所訂故也。今統輯傳記、緯經、諸子、史志之説，以爲長編，依定文纂入。所采之説，以東漢爲斷，俟采録已齊，然後據此草定細章。所有長編，經傳爲一類，子爲一類，史爲一類，以便寫録。

一、以傳説、緯候、長編爲首，明傳經皆孔弟子也。先兩戴，次兩傳，次今《書》、《詩》、《春秋》、《論語》師説，《易緯》與馬輯《七經緯》附焉。

一、先秦兩漢子書皆七十子流派，故多用《王制》説。今依時代編次，先據本書鈔録，然後依經纂訂。其有經見異文，一依孔本《孔子集語》之例彙録之。

一、史志、《史》、《漢》、范《書》中多用《王制》説，今並集之。其有文集中用《王制》説者，亦附采入。

一、《王制》但言大略，節目未詳，而長編所采諸説多重複並見，或零脱不全。今俟采録已齊之後，按照《通典》門户，據舊説排定詳細章程，以能見之施行爲準。如井田、封建、選舉、學校之類是也。《孟子》云「此其大略，若夫潤澤，則在君與子」，此即潤澤之事也。

一、採録舊説，有明文者易知，無明文者難識。如「八政」一門，采録佚説當不下數百條，凡《王制》有節目而無詳説者，當照此例推之，不可但以有明文者爲限。

一、《王制》於制度大綱可云包括略盡，然一王大法，不能不求詳備。而《繁露》、《外傳》、《解詁》等書，所言制度乃有出《王制》外者，其中固不無《王制》細節，爲《王制》所包，而無所附麗者，亦不能免。考《白虎通》所引，有《王度記》，「王度」與《王制》當是同類。「王度」有記，則《王制》亦當有記。今先輯出《王度記》文，凡今學專書不雜古學者，所有制度無明文，取之以類附入，其有無可歸附者，則據以爲補編。始以《王制》統諸書，繼以諸書補《王制》，采録無遺，庶乎大備耳。

一、《王制》非周制，即《周禮》亦古學家補綴之書，與真周制多不合。今輯群書周時佚事，以真周禮觀此，則不惟改制之意明，而《周禮》爲《春秋》以後補綴而成之書，非真周禮，亦可明矣。

一、《左傳》今學也，舊誤以爲古，不知大綱全與《王制》相同，無異説。此例不明，則與本説相近。今凡《左傳》用今禮名而文小異者類録之，以爲《左傳與王制同考》。

一、《周禮》欲與《王制》爲難，故采録時制，以爲此書。據緯記所言，實多真周禮。然當時周禮多不可考，《王制》已行，久有明説，不能易之，故其書大綱，如封建、世卿、徹税、喪娶、喪祭等爲《春秋》所譏者，人皆知爲周禮，至於此外，多不可考，則多録《王制》、《儀禮》之文，以相補足。如二軍《朝事篇》儀節分三等之類是也。又今學名義則不敢改，如三公、九卿、九嬪之類，同《王制》名而異其實。此類不明，必與本書相混。今彙録之，以爲《周禮與王制同名異實①考》。

一、《公羊》禮多與《王制》不同。舊以爲采用古學，而緯書、子書亦多同其説。又《王制》三公九卿，而《千乘》言四輔，《昏義》言六官，《曲禮》言五官，此類固多，異名同實，而實爲《王制》佚義者亦不少。今定采異説，爲《今學同實異名考》。至於確係異實，考其如與古學實係不同者，則定以爲《王制》佚義。此等事固不多見也。

一、孔子以《王制》爲後世法。秦漢與《王制》不同世，遂不明此意，以《王制》爲無用之書。不知後人陰被其福而不知，如《王制》開選舉，後王全祖此法；而衆建諸侯，即郡縣之遺意；廣開學校，亦治化之根本。《中庸》之「百世以俟聖人而不惑」，今用《王制》之事多

① 實：原無，據文義補足。

爲益，倍於《王制》者多爲害，習焉不察耳。況周當積弊，沿此一改乎！今取後世安危要政與《王制》相比較，彙輯一册，以爲《王制遺政考》。

一、《王制》參用四代禮，即孔子答顔子爲邦之意。今輯孔子改制爲素王舊説，以爲《王制敘録》一卷，以明其精義。

一、素王改制，孔子有「罪我」之言，此義不能明説，謂之微言，故孟、荀皆以《王制》爲周禮。蓋既不能謂之爲孔子禮，又不能謂之夏、殷禮，孟、荀皆有素王天子之説，而以《王制》爲周禮者，心知其意，而口不能言耳。

一、元聖素王明文，見於《莊子》，可見此先秦以前古義。後儒不信此義，不知古文家已先本之立説，然而究不能如今學之宏通。以此知素王説之不可駁。

一、《王制》儀節有爲古文家所據改，今學遂佚此篇者。如《周禮》五官節皆多本今學舊文潤色，今《周禮》有其文，而今學反失之。《考工記》一篇，本《王制》考工之事，《曲禮》之所謂六工也，故其中制度多與今學同。蓋作《周禮》者據今書以改爲古學，有不盡耳。《周禮》本以「考工」爲一官，記有明文。班《志》云六篇，並不以爲缺冬官以「考工」相補。言缺補者，後師之誤也。今凡今學所不備者，多可據之爲説。

一、以今學諸經解《王制》，凡三傳《春秋》、今古《尚書》、三家《詩》、《儀禮》七種，皆各爲《王制義證》二卷，附於本經之末，以見今學統宗《王制》之義。

一、諸書所引孔子言，間有與《王制》不合者，此由學者各以三統立説，故多參差。然文異實同，不當歧説。至於《孝經》、曾子之説與《王制》異者，此三統異説也。今以爲《孝經》專説，不引用焉。

一、《王制》當立圖表，今立《九州圖》、《五服圖》、《王畿九十三國圖》、《一州二百一十國圖》、《九錫表》、《王臣食禄表》、《大國次國小國君臣食禄表》、《九命表》，以外由此推之。

一、舊説《王制》以爲《春秋》專證。今既以《王制》統六經，則不專以《春秋》爲主。今將《春秋》專證以歸《公》、《穀》義證，至於《王制》注疏，不專主《春秋》焉。

孝經學凡例

一、①緯云：「志在《春秋》，行在《孝經》。」蓋《春秋》爲治人之事，《孝經》爲自治之事。故《經解》言六藝而不及《孝經》，以經專言治術，治術以《春秋》爲主，故與《孝經》對舉。此素王修己治人之要道也。

一、《孝經》專以行爲主，故經文平易，所謂「知之非艱，行之惟艱」。然經文雖少，而儀說甚繁。傳記言孝固多，而子家則幾無書不有專篇，此以議論爲經，而儀制傳說者也。《孝經》爲修治初階，不得以平易忽之。

一、素王翻述六藝，以爲一王之法。《孝經》引《詩》、《書》爲說，此通其說於六藝也。緯亦以《詩》、《書》不似經而刊之，過也。

一、孔子以前，不以孝立教，舉孝以包百行，至德要道，此素王新法也。故凡載籍言孝者，皆爲《孝經》說。孔子不作《孝經》，則孝道不如此廣大也。釋典中亦有言孝專書，凡事不合於義者，皆以不孝責之，正與《孝經》同意。

---

① 案：序號原無，據前篇格式加。

一、《孝經》與《大學》篇略同，首章經以下爲傳，所以釋經也。今分爲經、傳，經本孔子自作，設爲問答，傳爲曾子所作，或以爲子思所作，非也。

一、《孝經》爲素王撰述，而禮制與《王制》有異同，此由傳《孝經》弟子緣經立説之義。又孔子制禮，弟子有所參酌，差互亦所不免。今取凡與六藝不同者，以爲《孝經》專派。

一、群經之中，惟《王制》與《孝經》師説最爲繁多，幾過本經百倍。自失此義，儒者皆以《孝經》平易而疑之。今舉舊説，悉爲采録，然後《孝經》爲一巨門。不然，則亦如《王制》之若存若亡而已。

一、《春秋》義例繁賾，最爲難治。《孝經》則平實淺近，無待鉤稽，以修治異塗，知行殊道也。今張明舊學，不惟切於日用，大益内行，而使舊學皆有統宗，於經學亦大有裨助。

一、《孝經》班《志》經有今、古二家，其書久佚。今據劉、班漢儒舊説，以及劉炫本，定爲古文本。更輯魏、后、張、長孫諸家，以爲今文本，以符舊目。雖有古、今名目，然其實則一，不如别經之義例全反也。

一、《孝經》禮制，今、古之分今無可考，其所以立古、今者，不過章句文字異同耳。古文晚出，爲東漢末流之派，以前舊説，則歸入今學。漢人晚説，分派取以爲注。至於魏晉以後之説，則采入疏中，以示區别。

一、《孝經》漢有今、古文異同，今以今文爲主，而兼採古文異文，以爲《孝經釋文》一卷。班

《志》《孝經》有《雜傳》四篇，其書久佚。今倣其例，徧輯先秦以前傳記子史言《孝經》者，輯爲舊傳。

一、《孝經》説今仿陳氏之例，統輯漢人傳注及餘説《孝經》者，以爲《孝經先師軼説考》。其有一説重見者，仿孫氏《孔子集語》之例附録之。

一、《孝經》諸緯，皆孔、曾授受之微言，經學之根本也。今將其關於經義者鈔出，彙爲一篇。外有別經之緯，而言涉《孝經》者，并取以爲注，更輯爲《孝經緯説》，取《孝經》注之。

一、《内則》、《文王世子》、《曲禮》，此舊傳儀節也。又《吕覽·孝行》曾子説養有五之類，皆就事親各立條目，爲本經舊傳儀節。今仿其例，將載籍所言事親儀節彙齊，分立節目，將舊説依類分入，如《曲禮》之侍坐、立、居處、禁忌之類，悉按經目歸之，略如《家儀》之例。

一、言孝專就事親而言，則其道甚隘。又人不皆有親，則多外視之。而《孝經》之旨，則以事親爲小孝，而歸重於事君、立身，凡一言一行，皆引歸於孝。如戰陳無勇、交友不信之類，皆歸之。此爲推廣孝道以包百行，孝所以爲至德要道也。凡載籍如此之類，當依經立目，分類歸之，以爲《孝經廣義》。至於泛論《孝經》者，則歸入通論焉。

一、《中庸》自「君子費而隱」至「其如示諸掌」，皆《孝經》舊説也。「舜其大孝」以下，則舊《天子》傳也。晉陶潛《孝傳》，《御覽》引師覺授《孝子傳》，并倣其例。今據以爲主，通輯秦以前舊事，依經分例五等，以爲《古孝》上篇傳。凡《世子》附於《天子》、《諸侯》。

一、舊《孝傳》皆聖賢至極之則，其外有心是迹非，與夫奪情失禮之事，既不可以入於孝，又不可以爲不孝。此當别爲一門，以類歸之。凡此類統歸於《孝傳》中篇。其中仍分立子目，以相别異。

一、舊《孝傳》皆取善者以爲法，所有不孝之事不加采録，不惟無以戒惡，而此類遂無附隸，非也。今更立此門，以示懲創。凡載籍所稱不孝之事，亦因五等歸彙，輯以爲《孝傳》下篇，庶有合於創惡之意。如孟子、章子之類。

一、曾子傳《孝經》，凡曾子言皆《孝經》説，不惟《大戴》十篇而已，即《曾子問》亦然。如屢言嘗、禘、郊、社是也。班《志》儒家有《曾子》十八篇，今輯《大戴》、《小戴》共十一篇外，凡散見之文通輯之，以合十八篇之舊目，引其切合者以注《孝經》，並引《孝經》以注之。

一、經文雖少禮制，而傳説言禮制者多。凡《孝經》禮與《王制》、《儀禮》同者，舉不勝舉。今彙集其説，引《王制》、《儀禮》以申明之，編爲《孝經通禮》，但指其端，不加細説。

一、《孝經》遺説最爲繁賾，依類歸之，多有未盡。今更立「問孝」一門。蓋孔子新立《孝經》，世人不知，故問其説。孔子各就其事而告之，凡説於經傳無所歸附者，統入此篇，録其問答，以「問孝」名之。

一、傳記子史所言孝事，皆依類分輯，其有餘論泛説不能入以上諸門者，則立「通論」一門以歸之。班《志》《孝經》彙有説三篇，當即此也。今倣之，作《孝經通論》。

一、班《志》《孝經》彙有《弟子職》一篇，明凡弟子行習之事皆宜附入《孝經》。今於傳記所言不專説孝，而爲幼少儀節者，倣《漢志》之例，取其專篇，以附於《孝經》之後，以便誦習。如《弟子職》、《少儀》、《曲禮》之類，當附《孝經》以行者是也。

一、通經所以致用。凡漢人章奏駁議所引《孝經》説者，今仿董子之例，彙取以爲《孝經決事》。

一、《孝經》禮制有與《王制》、《儀禮》不同者，此爲《孝經》專禮，不同於别經，如春秋二祭之類是也。今彙其異者，以爲《孝經徵》，務求詳明，以别門户。

一、《孝經》之學久微，學人無復研究，甚者删改，疑與校書相等。今一明古義，使復沂水舊觀。别撰《大義》四卷，以明孔、曾傳授之旨，古、今淵源之别，與六經通同之義，及今所以撰述之意。

一、《孝經》爲孔子新發明，海外尚無家學。故《采風記》云西儒不能譯「孝」字之義。當時中國亦同此程度，故有赤虹化玉等説，與作《春秋》符瑞相同。考孔子作經，天降符瑞，惟《春秋》與《孝經》有其説。蓋《春秋》爲六經之始，《孝經》爲六藝之歸，舉《春秋》以包六經，舉《孝經》以包六藝，合發明此學，既以提撕中人，並欲推行海外。

〔附〕孝經叢書目録

孝經附篇弟子職、少儀、保傅、胎教。

孝經決事

孝經大義四卷一孔曾之旨，二先師淵源，三與六經通義，四撰述義例。

今文詩古義疏證凡例

一、筆削取義。詩者，志也。周衰，孔子道不行，因以其志寓《詩》，垂萬世法。故《史記》曰：「周室衰而《關雎》作。」《關雎》指全《詩》也。《淮南子》曰：「周道亡而《詩》作。」《孟子》曰：「王者之迹熄而《詩》亾。」亾當爲乍，古「作」字。《詩》雖采《春秋》，録古作，既經素王筆削，篇章字句機杼全出聖心，亦如《春秋》，比事屬辭，皆關義例，非如舊説拘文牽義。以爲事非一代，作非一人，錯亂紛紜，毫無義例。雖作詩人事舊説甚明，然事本桓、文，義則竊取。今考《易》、《書》、《禮》、《春秋》，昔人皆有《釋例》之書，《詩》則從無以例説者。今比之諸經，以爲筆削，全由聖人句字，皆有取義。

一、總統群經。孔子自衛反魯，首正《雅》《頌》，群經後起，總例在《詩》，《尚書》之三代二帝，即《頌》、《南》之實事。《春秋》之二伯八牧，證《風》、《雅》之空言。《樂》不離辭，《禮》包儀曲。六藝雖廣，旨歸簡要。且匹夫制作，未可明言，惟託興微顯，乃可自附殷人。宗旨既明，然後知六藝舊文，莫非新義。庶人之説，不更再詳。使非先通詩旨，則不達聖作。專歸史文，勢必如古文家説，攀元聖，尊國史，撏撦尼山，竟同商隱。《詩》爲總集，政出多門，殊乏倫次，以選擇而論，不反出品彙三昧下耶？

一、主素王。經學舊有王周、王魯、素王三説，其原出於三《頌》。自來説者多失旨歸，今以《詩》本託興，專主素王，周、魯在前，同於二代。《春秋》名分，取法《周頌》之篇；四事思兼，乃本王魯之制。《尚書》説。水精爲主，遵監二賢；劃清界畔，各爲一家。《樂緯動聲儀》云：「先魯、後殷、新周、故宋。」此本三《頌》之古説。凡傳説言殷人、言先進、言從質，以魯國之匹夫，自託於王後，非以説《商頌》則無所附麗，而《邶》、《鄘》、《衛》在王前之説，亦不能明矣。

一、分三統。十五《國風》，今倣三《頌》之例，分爲三統。二《南》爲周公統，邶、鄘、衛爲商統，王以下九國爲周統。周、召一君、一臣，邶、鄘、衛一君、二公，王則二卿、二伯、二方伯、二小國。周、召如《尚書》之《典》、《謨》，一君、一大伯。周公爲天子，召公一匡天下。經以邶爲主，而先以周、召者，即《莊子》「在下則爲元聖素王」之意。周公攝爲天子，即孔子前事之師，莫爲之前，雖盛弗彰也。又以王後之事更詳於商者，時事於周爲詳。故《春秋》以周爲主，此「從周」之説也。

一、《國風》三五平分。《國風》三統之外，以十五國平分，《羔》之「三五」是其説也。王爲周統，周、召、鄭、秦四王畿國屬之。豳爲魯統，齊、衛、陳、曹四存國屬之。邶爲商統，鄘、魏、唐、檜四亡國屬之。此與三統例相似，而多寡相配，存亡各别。詩中凡言數，多用此例。其以篇分者，如《大雅》分配三《頌》，《小雅》三小以後，全爲孔子兩京、八伯、四國、三公，居然一

《春秋》也。以章分者，如素、青、黄著庭堂，《伐木》之食、燕、饗之類，其例甚多。凡三章者多此例。今取《三統表》中各門禮制與詩文相校，再列爲表，通此三例，而後知循環無端，通變不倦。凡古今損益之故，思過半矣。

一、中分天下。《王制》二伯中分天下，《詩》傳有郟東、郟西之説，究未詳指。今從《禹貢》以東岳包南岳，青、徐、荆、揚屬周公，以西岳包北岳，梁、豫、冀、兗屬召公。《春秋》之義，以鄭、秦、衛、陳封召公，四州取法於《詩》，而吴、楚、蔡、魯四名不見於《詩》。蓋以豳代魯治青外三州，移亡國治之鄘，即宋治徐，魏，唐治荆、揚。《詩》中□□□國治三州之説最多。如三星、小星、薪芻楚之類，不下數十見。二公西北三内一外，東南三外一内，西北四國全同《春秋》，東南四國以豳、鄘代魯、宋，而吴、楚則以魏、唐易之。季札觀樂之以鄭統齊豳、秦統魏唐陳，抑又中外之故事也。

一、存二帝。仲尼祖述堯舜，憲章文武，中包夏商而言。凡言四代者，《尚書》説也。《詩》則尊賢不過二代，故《頌》止於三。全詩不見堯舜明文，不知《典》、《謨》之興，取法二《南》，周爲君，召爲臣，自爲一統，專闢南方。文如經傳經義例，移魏唐以化荆、揚。魏有陶唐之風，唐存夏后之政。皋陶主《謨》，《詩》有説皋陶之文。堯舜繼絶，首以二《南》合之於《頌》，是爲二帝三王之道，開宗明義，符合《典》、《謨》。如《春秋》存陳之法，國已亡而仍存之也。《雅》稱禹甸，《頌》稱禹績，三代之目，具有明文，而禹不列《頌》者，《春秋》黜杞之意也。

一、兩京通畿。周之王畿先西後東，東西通畿，義先見《詩》，而後《書》與《春秋》合之。雍州故土不以畀秦，雒居中間，五州合計，故《小雅》以「瞻彼洛矣」、《魚藻》起兩京。他如《大雅·文王》三篇爲西京，《棫樸》三篇爲東京。《小雅·車攻》以下爲東京，《節南山》以下爲西京。鄭、秦兩卿，亦用其義。由中央以及四方，由兩京以及八伯，大綱如此，細目尚須再推也。

一、分四方。《詩》中四方、四國明文至於六七十見，東西南北之文不一而足。以「南」名周、召，則四方其大例也。中央師，四方爲四岳。以章分者如「民勞」五章中言京師前後爲四方。以篇分者，《嵩高》四篇爲四岳，「瞻彼」、「魚藻」爲兩京。「彼都人士」八篇爲四方，《邶風·柏舟》爲京師，《燕燕》十二篇爲四岳。他如《王風》之《揚之水》四篇、《齊風》之《東門》八篇，皆以四方爲篇法。《巧言》之四國用讒，《小雅·谷風》以下之四風同邶，皆以四方取義。必明乎此例，然後文有貫串也。又《詩》初以冀、豫、兗、青四州分東、南、西、北，一州占一方。如《鄭語》之説，至開化南服，乃一方二州，故《國風》皆内四州國也。

一、中外例。《春秋》家説，先京師，後諸夏；先諸夏，後夷狄。此説亦本原於《詩》。内五州，見十五國。外四州，但以「南」字目之，荒略輕賤，較《春秋》之詳録吴楚有間矣。中外之分，多以「南」字爲界畫。《周南》之《樛木》、《召南》之《草蟲》、《小雅》之《南有嘉魚》

以下爲中國，以下爲夷狄，即三《傳》所謂先中國、後夷狄也。又《帝典》所謂由「平章」以及「協和」，《大學》所謂由身家以及天下也。而四方例中如「揚水」之類，先舉南者，則又以用功尤篤，故首及之，不在此先後例中也。

一、南。二《南》，《左傳》仍名之曰風。王、鄭、秦俱爲風，則周、召二公亦爲風可知。其以南爲名，與「邶」對文。舜歌《南風》、南巡，皆此「南」字。王化自北及南，周時中國只内四州，以洛爲中，冀西、兖北、豫南、青東，《鄭語》所謂東、南、西、北，只《禹貢》之四州，故惟四州之國乃見《詩》風。而三《傳》以四州爲中國。孔子用夏變夷，乃化外四州合之雍州王畿，成九州之制。《詩》與《春秋》大例皆在用夏變夷，化外四州以成九州之制，南包荆、揚、梁、徐四州，本兼東西。以南言者，自北而南，取其正方也。

一、周召。《詩》首二《南》，繫以周、召。《魯詩》傳：郟東主周，郟西主召，即中分天下之制。二公雖平列，然舊説以周爲王者，聖人化，又《周南》首言左右二風，文義多相出入。蓋周公代武攝政爲天子，魯所以列《頌》，正以《周南》之故。若《頌》所列皆魯，爲方伯事。召公一匡既隱，有君臣之分，故不無互見之例。《詩》二伯事專以召公主之。頗似傳之解經，其詩多以三篇分段。周首三篇治内，《樛木》二章治南，《螽斯》與《麟趾》相同，桃音近召，兼與皋陶同。《兔罝①》言王魯，《芣苢》言黜杞。《漢廣》東南末二章應《魯頌》，《召》前六篇召公事，次六篇則素統，末二章分結焉，中當詳外四州土地風俗也。

一、風例。王者之化，首在移風易俗，至必聞政。孔子周游，原以覘俗觀風，以爲移易之本。故諸風中必詳其地土俗，班《志》所引諸條是也。王者所居，亦有風俗。《國風》譜九州土宜民俗，不可反缺王畿。王降爲風，乃《毛詩》之誤説。但十五國世代不同，併亡各異，所以必取此十五國之故，則古無明説。今訂爲三例，有三統例，説詳上。三統各占五國，合爲十五。此從三《頌》推之，而諸詩中具有其證者也。有中分例，從周、召中分天下起法，而季札觀樂用之，如二《南》周、召分左右矣。鄭南之卿也，統東方，故次及齊，次及豳，以豳代魯。而小國之曹附焉。此東方周南之五國也。次及秦與鄭比，次及魏唐與齊比，魏唐合爲一國，實即晉與齊同爲伯。次陳與豳比，小國檜與曹比。此西方之五國。而邶、鄘、衛爲東都三監，王爲西都，合計之，則東西京周召二伯、鄭秦二卿、齊晉魯陳四牧，未爲伯，則爲牧。檜、曹二小國，兩相比對，《左傳》所存之師説也。又以經意例爲歸宿於諸國，不拘世代存亡，以意起例，成一王之全制。以《邶》爲新王素統，故中言四風。以《周南》、《王風》爲王後，合於三《頌》。《召南》、《齊風》爲二伯，《召南·羔羊》見三「素」字，

---

① 兔罝：「罝」原作「置」，據《詩經》篇名改。

《齊風·著》見一「素」字，明其爲素王、二伯也。《豳》爲青牧，以三亡國鄘、魏、唐治徐、荆、揚，合之周、召，其國七，主東南兩岳。檜爲荆屬，此存亡繼絶之大例也。新開外州，故以三亡國移封之。西北則王、齊而下，鄭主冀，衛主兖，陳主豫，秦主梁，曹附焉。七存國主西北，恰與《春秋》封建相同。一周一王，各統六國，儼如二代而以邶冠於上，以爲之主，此又《春秋》之大例也。全詩主此，萬變不離其宗，尤當留意者也。

一、邶。《邶》、《鄘》、《衛》首風者，因三監之制託之《召》、《洛》，與《商頌》殿末相起。《邶》如《周南》，《鄘》如召伯，故同以《柏舟》開首。又《尚書》康叔留守東都，邶、鄘之民遷於洛，以《邶》、《鄘》列《王風》之前，如先東都、後西都也。邶主北，與「南」字對文，地係商都，爲素統。《柏舟》「憂心」二句，孟子以爲孔子之詩，是也。因居中爲主，商、周都同在一地。故篇中備言四風。周公營洛，魯雖在洛青，而周公之東，則仍在洛矣。經義以邶爲總例，統十四國。鄘、衛雖相連，而存亡不同，取義自別。《國風》有三統例、中分例、東西通畿例、經義例，一風備數義，移步換形，不可執一以求。

一、鄘、衛。鄘與魏、唐三亡國，遷南方，故三風多言行役。三國有相通之文，不可拘泥。本國説之詩三章者，又多取譬三國。如《綢繆》之薪、楚、蒲是也。鄘與宋同音，經義移封於徐、衛，春秋初在豫，後遷於兖，主北方。《詩經》義與《春秋》同。《鄘》與《衛》首四篇相應，《碩人》應「偕老」，《氓》應《桑中》。《鄘》以下六篇分應三公。《鶉奔》、《定之方中》，司空也。《蝃蝀》、《相鼠》，司徒也。《干旄》、《載馳》，司馬也。《衛》之《竹竿》，左右二伯；《芄蘭》，二王後；《河廣》北岳；《伯兮》西岳；在西，故云之東。《有狐》南岳；《齊・南山》雄狐。《木瓜》東岳。三言木，東方。

一、王爲周統，配《周頌》。《春秋》王以西京爲主，東都爲行在①，與《詩》同。三統例，統畿內周、召、鄭、秦四國共五國。王命二公化南方，二伯二卿化自西而南。首三章爲西周，《揚之水》四篇分四方。《采葛》以下爲東周，首三章應《周頌》。秦末三篇應《周南》、《鄭》。

一、鄭。舊封雍，後遷洛。《春秋》與秦爲二卿，因晉爲伯，代主冀州。《穀梁》以鄭爲冀州國，《詩》則因移封魏、唐於南，故以鄭代之。南北之事，鄭居間轉樞，如鄭介居晉楚之比。其風首二篇屬西京，次二篇屬從行東都。《清人》言左右爲總例，《羔裘》爲三公，《大路》爲二伯。中分例，鄭爲卿，統東而兼南。《女曰鷄鳴》二篇求東方，《齊》、《豳》、《扶蘇》四篇求南方，《丰兮》四篇東方，至《揚之水》四篇南方。至三統例，則屬王，爲卿主徐州。周、召開南服，鄭、秦從之。四州周、召主荆、揚，鄭秦主徐、梁，以王臣化外四州也。

一、齊。次鄭者，中分以鄭爲伯，統齊、豳也。則齊爲侯牧，與魏、唐對舉，如春秋末伯之齊、

① 行在：原作「行右」，據文意改。

晉也。此春秋初年鄭爲伯故事。以三統平分言，則豳爲天子，齊爲大伯，一匡天下。《史記》云周公使召公命齊侯爲伯是也。衛、陳爲北、南之二牧。《齊風》屢言魯道齊從者，謂太公奉周公之法也。首三篇《雞》屬齊次，兩肩即衛、陳，《著》則總三統爲一段。下八篇分四方：二《東方》東，《南山》、《甫田》南，《盧令》、《敝笱》西，《載驅》、《猗嗟》北也。經義則以齊與召公同爲二伯，故《召南》云「有齊季女，齊侯之子」也。

一、豳。以三統平分例言，如《周南》周公爲天子，爲魯統，配《魯頌》。以中分例言，則如頌稱侯爲牧，與《春秋》同。主青州。以周公爲天子升頌言之，則當以《周南》爲頌，《豳》爲周南，頌爲《豳風》。特互易其文者，明《風》有三統之例。三統《豳》爲魯統，主齊、衛、陳、曹，一公、二牧、一小國。《風》中言「東征」、「徂東」，與《南》互文見義。

一、秦。封地在雍州，於三統屬周，爲赤統。《春秋》稱秦爲伯，以爲留守，是也。中分例以統魏、唐、陳，如鄭之統齊、豳，故《車鄰》、《無衣》、《黄鳥》鄰於《唐風》，《駟鐵》、《小戎》類於《于田》，《蒹葭》有望返蹕之意。《晨風》、《無衣》、《渭陽》、《權輿》四篇當是西北四牧也。首三篇爲西京，次三篇爲東都，末四篇與《唐風》四篇相似。雍爲王畿，不爲西岳所統，以豫代雍，故陳爲所統，多説中州事。

一、魏、唐。其地乃堯舜故國，不言晉而言魏、唐，存二帝也。以中分言，則當合爲一國。如晉與齊比春秋之桓、文。季札以秦統魏、唐、陳，如鄭統齊、豳，是以魏、唐二國比齊也。經意當以二風與①《鄘》移南方三亡國遷封，故詩三章者多以此起例。《魏》終《碩②鼠》，當是代楚。《唐》言《揚水》，當是代吳。二《風》合十九篇，與《邶風》篇數同。而遷封之制，則先遷民，如康叔封衛，而頑民遷洛，民遷於北，國復於南。《碩鼠》言去，是南民將去南適北。《揚水》言從沃、從鵠，皆是民從南遷北之辭。周公左，召公右。《魏》言左，辟《唐》言道左，是北國遷南，爲《周南》所統。秦在西，則言右。《魏》首三篇言本風《陟岵》四篇，言民遷北之事。《陟岵》從南望北，十畝言北，善思遠游。《碩鼠》明言遷徙。《蟋蟀》二篇言當復封亡國於南。衣裳車馬等九錫燕享之事。《揚水》三篇民已遷，見君子、見良人，已至北矣。《杕杜》四篇命三國封，「豈無他人」，同《鄭風》。「豈曰無衣」，皆招之。「有杕之杜」已至南，《葛生》則念之，《采苓》亦似「將仲子兮」。大約此二風文義多似鄭也。

一、陳。三統例，衛、陳爲豳所統，一主北，一主南。如首三篇言本《風・碩人》，見北流，陳則云「南方之原」是也。爲齊所統，故「青青」東方，「自伯之東」指齊，「月出」之「月」亦指齊。《宛丘》三篇，皆陳在豫，爲王畿之南也。二《東門》如《齊風》之屬東方，《墓門》、《防》如《鵲巢》，當屬南方。《月出》東，《株林》南，而《澤陂》則結之。

---

① 與：原作「輿」，據文義改。

② 碩：原作「顧」，據《詩經》篇名改。

一、檜、曹。小國，一存一亡。亡者屬於《邶》，爲商統；存者屬於《豳》，爲魯統。中分則先爲周、召卒正，繼代周、召主荆、揚。檜如春秋許，屬鄭；曹如春秋曹，屬魯。

一、《雅》。詩分三體，《南》、《風》中一體。作用全在於《雅》。《史記》曰：「雅以治人。」蓋風者民俗，頌者成功。所以化民成俗，功成作頌者，雅之力也。雅一也，而以大小分者，《大雅》配三《頌》，王者成功，《小雅》配《風》，平治初階。又以三小之故名之也。雖分大小，而以三統爲通例。

一、《小雅》。即作詩之主，有「周亡詩作」之意。上半由治而亂，詳周之所以亡；下半撥亂反治，明《詩》之所以作。《鹿鳴》至《采芑》配周、召。《車攻》至《無羊》配邶、鄘、豳。《節南山》至《雨無正》配王周公，襄周道亡，然後《詩》作。三小有《柏舟》、《燕燕》、《日月》之義。《小旻》至《甫田》十九篇配《邶風》十九篇。《巧言》四篇言四國之亂。《谷風》十二篇分配三公，《谷風》四篇言四風，屬司徒，配《邶》四篇。其言四方風俗之壞，如《春秋》七缺。《北山》四篇言行役征徂，屬司馬。《楚茨》四篇言養，屬司空。《北山》四篇，三篇內，一篇外。召公治西北，三內州，一外州也。《楚茨》四篇，一篇內，三篇外，治東南，一內州，三外州也。洛東都，配鄭以下，多言王臣，主諸侯之事。鎬配秦，文與洛對，特詳略不同耳。《菀柳》言上帝，又爲總綱。《都人士》八篇配齊、晉、衛、陳四稱侯之國，舉四岳以包八伯。《苕華》二篇配檜、曹，與《瞻仰》二篇相起。以素王包周、魯。洛之左右指諸侯，如春秋齊、晉。鎬之左右指王臣，如春秋之周公、祭公。《小雅》大綱與《國風》相配。

一、《大雅》。分三統。《文王》至《有聲》追敘太王、王季，應《周頌》。首三篇西周，次三篇東都，末四篇分結前文。《生民》至《卷阿》八篇應《魯頌》。首篇言后稷，應《閟宫》。二篇言飲酒，應《泮水》。《既醉》、《鳧鷖》言公尸，當係祭周公之詩。《假樂》四篇即王魯之正義。《民勞》至《抑》四篇應《商頌》。首篇言居中治四方；二篇言藩垣屏翰，制度大備；三篇言殷所以亡；四篇言素王所以興。從《桑柔》至《召旻》又歷言厲王、宣王、幽王事，明周之所以興亡。《大雅》本以分應三《頌》。《文王》十篇言其盛。《抑》以下再繫周事。原詩之所以作，數篇隱括《小雅》全部，宣之中興，幽之覆滅。且《大雅》以《旻》終，故《小雅》以《旻》始也。

一、三《頌》。《樂緯》云「先周，後殷，王魯，故宋」，即三《頌》舊説也。《周頌》主文武，其詩分篇太多，今合併之。《魯頌》主周公。《繁露·改制篇》：「主天法商指周，主地法夏指魯。」又云：「主地法天，而王祖錫姓姬氏。」謂姜原生后稷，其説合於《閟宫》，可見。魯用夏教，《商頌》主素王，孔子殷人，用殷禮。《中庸》：「吾學殷禮，有宋存焉。」三統文質循環轉變，所謂魯商者繼周之夏殷，非已往之夏殷。《論語》「其或繼周，百世可知」，即謂此也。全詩以三統立法，又以素王總括之，紀綱制度由亂而治，秩然不紊，所謂質鬼神而無疑，俟百世而不惑者也。三《頌》又自有中外先後之例，《周頌》詳內，《商頌》乃詳夷狄。

一、三公。詩中多以三公分章分篇。如《鄭風·羔羊》指三公。《鄘風·定之方中》言作室爲司空事。《蝃蝀》言昏姻，《相鼠》言禮，爲司徒事。《干旄》①言旟旌良馬，爲司馬事。《大雅·大明》言昏禮，爲司徒事，《綿》立室家，召司空有明文。《棫樸》言六師，爲司馬事。「篤公劉」一篇三公備具。其他散見之文，皆類集之，大約政事多爲此例所包。

一、二伯。《詩》中二伯，如《南》之周、召，《風》之齊、魏、唐，《雅》之吉甫、方叔，皆確實可憑者。其餘元戎、元老、一老、大邦，雎鳩、鳲鳩與言左右，皆二伯之秩②。凡二伯典禮事實，類輯爲一例。凡詩二章一篇者，多取二伯之義。

一、四岳八伯。四岳以《嵩高》爲明文。他如《彼都人士》八篇、《邶風》四篇③，皆岳牧分司。而《無羊》、《斯干》④是其典禮。經意存亡繼絶，合爲八牧，四同《春秋》，四爲亡國。豳代魯，鄘代宋，疑鄘本爲蔡叔所監，《春秋》以蔡封徐，與《詩》以鄘居徐同。魏、唐治荆、揚，檜、曹則爲小國，附之焉。凡詩四章一篇者，多取四岳；五章平列，多兼中央而言。

一、卿大夫。《國風》如中分鄭、秦爲卿，東遷鄭、唐爲卿。魯統衛、陳爲卿，曹爲大夫；商統

---

① 干旄：原作「于旄」，據《詩經》篇名改。
② 秩：原作「秋」，據文意改。
③ 四篇：原作「四風」，據文義改。
④ 斯干：原作「斯于」，據《詩經》篇名改。

鄘爲卿，檜爲大夫。兩《雅》所有官名、人名，王臣多，侯國少，故職掌銜稱皆當就王臣考之，而列國之卿大夫，尊卑有等，秩①位有差，亦附考焉。

一、行人。《詩》中行人典禮，如《仲山甫》、《四牡》、《皇華》之類，有人，有職，有詩，各分爲類。《詩》中言行役，除遷國以外，多行人之辭，亦分别立表以統之。

一、六大。凡王畿侯國，其君事皆爲六大所掌典禮。天子之六大：大宰、大宗、大史、大祝、大士、大卜是也。冢宰、宗、祝、史、卜莫不見於《詩》。其他典禮事實，依六大鈎考而彙集之，使散見之文有所統宗。

一、職官。《詩》之官制奇零散見，異説頗多。今先録出官名，證之《王制》、官禮，有不見官名，但有爵號氏字者，從《春秋》例推之，更立《職官表》，所有異同職掌詳焉。

一、法《王制》。《詩》中制度，全與《王制》相合，《毛詩》以《周禮》説之，非也。封建、朝聘、征伐、錫命、禮樂、井田、選舉，皆《王制》大綱也。但《書》與《春秋》制度詳明，《詩》與《易》錯見鱗爪，難於貫通。今以博士説爲宗，别引《詩》文作《王制疏證》，使散見之文有所統歸，再爲《周禮》專條與《詩》不合表，使劉歆之説不得誣經焉。

一、通《易》。《易》與《詩》同爲用韻之文，而例最精細。《易》多例説，《詩》則無焉。今推

---

① 秩：原作「秋」字，據文義改。

《易》以説《詩》，《詩》之天王、二伯、四岳、八伯、五十六卒正亦如《易》之無極、陰陽、四象、八卦、六十四卦也。《春秋》五十六卒正，實通其義於《詩》。除十八國名之外，凡草木鳥獸諸名多託比諸國，今當分别求之。又《易》文句多與《詩》出入，如白茅、苞桑、鶴鳴、魚潛之類，當爲義例所關。凡二經交涉之處，務觀其會通焉。諸經惟《易》與《詩》體例相似，錯見鳥獸草木用韻，見知見仁，語無方物，所用文句不無記識。託比諸例，《詩》明而後《易》可通。

一、先《尚書》。素制先寓微意於《詩》，後乃顯託其制於帝王，故《書》與《詩》重規疊矩，纖巨皆同。二《南》存二帝，三代在三《頌》，而以周公五《誥》配《國風》，四岳篇配齊、晋、秦、陳。以孔子師周公，即《商頌》繼魯之意也。今文二十八篇，合爲十八篇，與《詩》十八國數目相當，體裁相仿。今列《詩》通《尚書》表。

一、通《春秋》。凡《春秋》名義，不外制度褒貶，應全見於《詩》。大約《春秋》大義數千，《詩》未嘗缺，空言行事，互相表裏。制度如公田、尹氏、親迎、名分，褒貶如貞淫、得失、美刺之類是也。别立相通表，因事實以窺寓言，相得益彰，庶不至扞格影響之失。不然，摘句尋章，望文生訓，勢必彼此矛盾，肥瘠各殊。故説《詩》必通《春秋》①。

一、通《禮》、《樂》。《雅》、《頌》之詩，多與《儀禮》、《容經》相合，凡屬專篇，皆足爲禮儀之證，

---

① 春秋：原脱「秋」字，據文義補。

以此同出聖作也。零章斷簡，通貫爲難，必須深思推引，乃見異轍同歸。樂出於《詩》，尤相表裏。徵之樂府，微義益張，更立專名，再爲鉤核。樂之五音、八風、六律、七治忽之類，《詩》當全有，其義所當通貫者也。

一、《孝經》。孔子於四教外，立《孝經》、《春秋》，一内一外。《詩》既與《春秋》相通，於《孝經》内行之事亦不可缺。忠孝大綱，遠邇君父，内分天子、諸侯、卿大夫、士、庶人，各就其類立表，以合經旨。

一、錫命。禮文錫命，《詩》中其事雜見各篇，最爲詳備，苟非類輯立表，大例不昭然，明其尊卑，多可推見經義。如馬稱四五，衣名六七，秬鬯、彤弓，證明制度内外降升可以起例。今將禮制器服類鈔而考之，更作表以明其尊卑，使經有借證之妙。

一、經本。三家經本早亡，今依毛本，改還三家經文，字句據陳輯本，以義長者爲正文，兼采三家，餘者附存各條之下，如《釋文》例。次序亦用先秦以前舊說。所有分併之篇，先録原文，附存考訂。仿宋人審訂《武成》之例。至於各家舊說，亦併附焉。

一、序意。經本自有序，不待別加序文。多以數篇爲一篇，首尾多序意，凡起結處多與常文不同。三家本無序，謝氏作序，與百篇序同誤。今不用序名，所有舊說俱立注中，亦如三傳分別事、禮、例三門，先事、次禮、次例。舊詩事說先列之，再爲禮說新義加於其後，自相終始，有同新說，則以聖人筆削，事桓、文，義竊取，舊事新義，兩不相妨。故全詩比屬見例，直同

《春秋》。《毛序》一篇一序，雜湊割裂，毫無義例，相比自明。

一、訓詁。《詩》以禮例爲本，訓詁爲末。今於典禮古説務推其詳，訓詁則多從略。新城王氏云，《廣雅》多三家説。蓋聲音通假，近人論述已詳，故不更贅焉。

一、采古説。以《左》、《國》、《戴記》爲主，參以陳本《三家詩遺説考》。至於無明文者，前人多失采録，今輯之尤詳。又凡所立新義，必於古説有徵，方敢用之，非有古言，不敢濫列，别爲《詩説求原》一卷，使知無一説無來歷，不敢望文肊撰也。

一、輯《詩傳》。《詩經》本有大傳，與諸經相同。自三家經亡，傳亦隨佚。今其佚文散見者尚復不少，采輯原文以還舊目，立事、禮、例三門，依類編纂。凡傳有明文者列於前，無明文者附之外，輯《附篇》，如伏書《外傳》、《繁露》、《解詁》、博士之説，皆録之，以取證焉。

一、訂《詩譜》。鄭氏《詩譜》，揭領提綱，詳著其地，考列其時，多與新義相合。其有小異者，今細爲審訂，别爲删補，爲《詩譜新編》一卷。

一、序《詩》。《易》有《序卦》，以編次其上下經，故歷久而篇次不亂。《詩》無序篇，故次第之説不顯。今仿《序卦》例，先序《詩》之大綱，次序《詩》之篇目，庶免前後參迕與分裂篇章之弊。

一、《詩比》。《易》有《説卦》，以明取義。在《易》多爲占驗之言，不關微旨。《詩》則名物繁賾，難於統攝，且託比起興，關係尤嚴。今因《説卦》起例，舉《詩》之三統十五國，凡其所託比之禽獸、草木、魚蟲、山水諸門，仿《説卦》輯爲《詩比》一卷，其在十五國外者附之。

一、編《釋例》。《詩》門目繁頤，較《易》、《春秋》尤甚。諸經皆有釋例之書，《詩》獨無之，故致經義蒙晦。今作《詩經釋例》一卷，專以發明義例，比類以觀，然後宗旨大顯。

一、編《詩説》。《詩》中微言大義，巨領宏綱，不爲編録，則宗旨不明。今纂輯説《詩》萃語，與《釋例》相輔而行。所有佚聞雅事，亦並附焉。

一、託音。凡實賦以外，多同音借喻之例。如薪、楚、蒲之喻申、甫、許，魴、鯉之喻姜、子，鴻雁之喻公旦。以詩有明證者爲主，推廣引伸，觸類旁通，當列《鳥獸草木山水地名同音借喻表》。

一、同類相連。如荆棘、榛栗、鴻雁、雞雉之類，當列《鳥獸草木山水地名同類相連表》。北多言山，南多言水。北多爲鳥，南多爲魚。

一、綱目賓主。《詩》引用名物，數章重複，其名雜出，取義不遠。今立爲綱目賓主之例，如《漢廣》以錯薪爲綱，楚蔞爲目。《鳲鳩》以桑爲主，梅、棘、榛爲賓。《東門之池》以麻爲綱，苧菅爲目。《破斧》以斧爲綱，斨、錡、銶爲目。《王風·揚之水》以申爲主，甫、許爲賓。《采葛》以葛爲主，蕭艾爲賓。舉綱張目，借賓定主，或拈首章，或挈首句。此例甚多，最宜詳考。

一、本典引識。全詩所見名物，有本典、引用之分。全詩自爲首尾，尤宜合讀通考，不可如毛分篇立序。文同而作非一人，篇連而別爲一事，分篇立説，各不相謀。如《皇華》、《四牡》「載馳載驅」爲本典，《衛》「載馳載驅」與《齊·載驅》爲引用。言福禄《天保》爲本典，凡言「天佑」者爲引用。引用與記識皆同，如今人詩賦中之用事。故欲説其事，文已別見，摘用一二字句，以引用①之。如《大雅》之言「莫莫」，《葛藟》「施於條枚」，則以包二《南》是也。《黍苗》八篇爲八伯，凡言四方者即用其事。《嵩高》四篇爲四岳，凡言四國者即用其義。他如《魯頌》四言牡，《皇華》四言馬，皆爲本典。而凡言四牡、四馬者皆爲引用。大約專詠一物者爲本典，摘用字句者多引用。凡非數十言不能明者，引用只一二語便已顯。如詞賦之用故事，又如史書文見他紀傳之例，以一二語引起之，有通貫之妙。實去②如鳩、雞、雉、狐、風、雨，虚字如綢繆、既見，得其主例，餘則迎刃而解。

一、篇章分併。詩中多數篇連文見義。如《關雎》、《鵲巢》、《鹿鳴》、《文王》，皆以三篇合爲一篇是也。又如《鄭·扶蘇》四篇合一篇，《揚之水》亦四篇合一篇。《小雅》三小合一篇。《邶風》合《綠衣》於《柏舟》爲一篇。至於《周頌》三十餘篇，當合爲十餘篇是也。而篇有當分者，今於《小弁》「相彼」以下另分一篇，以配東方。姑發此例，宜再詳審。

---

① 引用：原作「引周」，據文義改。

② 實去：疑當作「實云」。

一、詳東南，略西北。《詩》同《春秋》中分，東南夷狄、西北中國，二《南》治南、《豳風》詳東，互文見義。《孟子》云：「東征西怨，南征北怨。」不見西北之文，亦略於西北也。

一、總篇雜引。《詩》有本篇分詠、總篇雜引之例。本篇專詠一物一事，不見別辭；總篇則時令、山水、禽獸、草木，高下隨意徵取，如「四月」、「七月」之類是也。《詩》中本篇數篇中定有一總類，雜引者以問之，說總篇宜與分篇有異。

一、詳略問答。詳略如《崧高》、《黍苗》，問答如「豈曰無衣」、「豈無他人」、「無佃甫田」之類，彼此相通，不專一國之事。

一、《風》、《雅》、《頌》同見。三《頌》之《周》、《魯》、《商》，《大雅》應之。《風》之《王》，《豳》、《邶》應之，是一國三見矣。而《魯》則更見《周南》焉。《周禮》有「豳雅」、「豳頌」、「豳風」之文。「豳頌」即魯，「豳雅」即《生民》八篇，「豳風」即兼指《周南》。《周禮》之說，雖不必確然可見，古詩有三統同見於《風》、《雅》、《頌》之說，言周公事者當與《周南》、《豳風》、《生民》八篇、《魯頌》合考之也。《周南》、《豳風》，周公攝政爲伯生前事。《生民》八篇，《魯頌》周公薨後事。四處合三十篇，《周南》十一，以《豳》合《魯頌》亦十一，然則當以《豳》加於《頌》之前。

一、《國風》兼見別國事。《詩》雖以國分篇立名，然不可過於拘泥。如《豳》與《魯頌》、《周南》合爲一，《鄘》與《魏》、《唐》合爲一。《詩》不見吳、楚，而《檜》、《曹》多詳二國事。又《邶》、《齊》皆兼言四方，此必先破拘墟之說，精心推之，而後其例可大明也。

一、删例表。《詩》之誤説最多，使不明著條約，則閲者不能割然。今仿《左傳》删例表之意，將自來諸家舊誤列於表中，以明删削之旨。如《王》降爲《風》、變風變雅、六義、賦比興、國史《詩序》孔子子夏作、孔子不删詩删篇删章删字之類，一切删汰，以清積霾。所有新立諸例，則詳於《釋例》中。

今文尚書要義凡例

一、經以今文二十八篇爲主，分爲四類：曰帝，曰三代，曰周公，曰四岳。諸書所引逸文，有可省併者省併之。篇目分合次序，博考古説，詳論於各篇之首。

一、國朝《尚書》之學最盛。王、孫以前無論矣，陳左海《先師遺説考》可云詳盡，但所録過於繁瑣，既經刊入《經解》，今取其精要者。至傳記中寔係《書》説而無明文者，暨非《尚書》先師，而説與經文切合者，陳氏漏於採入，今悉補之。凡陳本所有，不更注所出。

一、古、今之分，在禮制，不在文字。所有今、古文字異同，諸家已詳，非關要義者不録。今以禮制古説爲主，訓故之平易者及文異義同者，擇要録之。又事小而説繁，不能折中者，則不加解釋。如「六宗」及《禹貢》今地之類，若欲綜考，別有專書。

一、古學以訓故爲主，今學以師説爲主。訓故可以望文，師説必須傳授，此今、古難易之分。今採説義取先秦以前者十之六七，漢以後不過二三，晉以下不用博士説。不必本經先師，乃用馬、鄭説，不關今、古異同者，擇要録之。

一、六經各立門户，《經解》及《莊》、《荀》以下所言各經學教不同，今附《綱領》一卷，詳論其事。至於制度、事蹟與各經相同者，采取經文爲證，詳其沿革變通。《戴記》、《左》、《國》

師説之古者采之尤詳。

一、古學以《周禮》爲主，《周禮》與經大綱制度不同，馬、鄭强經文以合《周禮》，皆爲誤説。經只二十八篇，百篇《序》乃古學，摭拾張霸《百兩篇》而成，并以羼入《史記》。今別撰《古學證誤》二卷，專明《書序》、馬、鄭及今文二十八篇不全之誤説。

一、荀子以周公、仲尼爲大儒者，《尚書》師説也。《尚書》詳於周公，略於文武成康，儼然以周公自成一代，與王魯元聖諸説相通。今取《繹史》、《古史拾遺》周公事蹟以注之。《金縢》爲總序，五《誥》爲正篇，以下五篇爲分篇，用史説以分先後。自孔孟以下，以周公爲天子及攝政事蹟皆附焉。

一、《尚書》以二帝、三王、二伯爲主，別撰《帝王伯表》一卷。凡諸書言帝、王、伯升降及事迹不同之説，皆附之。

一、《尚書》備四代之文，所有各書言四代三代禮制文質異同者，皆《尚書》專説。舊有《四代禮制異同表》稿本，再加補證，編爲一卷。

一、《尚書》有禮制、行事之分。如《帝典》、《禹貢》、《咎繇謨》、《顧命》及四《誓》之類，典禮制度皆與諸經相通，故文義明白。至於諸誥雜有方言古語，故語多不可解。又其中篇目分合多脱誤，能考訂者説之，餘則從略。

一、《尚書》皆自有序，無序者爲分篇，不必如《書序》再加序也。總核分合共二十八篇，分爲四類，於各類之首列其篇目，詳考其分合。所有各篇大綱宗旨，亦採古説附之。僞古文不能廢，又多本於古書，今悉取以附於各條之下，如《左傳》引《書》説以解經也。

一、《尚書》與各經互文見義，制度、行事二十八篇已足，此孔子删定經本也。古書尚多，不廢傳習。諸書所引佚文，有爲今文傳説者，有隱括經文句者，又有非《書》誤以爲《書》者。至於《泰誓》、《武成①》之類，則爲古書，所謂孔子所删之篇。張霸取爲《百兩篇》，東晉本因之別撰二十五篇，皆誤也。《史記》中羼有《序》文，今附録全用史文，僞《序》各辨於本條之下。

一、帝四篇《堯典》、《禹貢》、《咎繇謨》、《洪範》附焉，依《大傳》之次。三代夏《禹誓》一篇，殷《湯誓》、《盤庚》、《高宗肜②日》、《西伯戡黎》、《微子》合一篇，共五篇。周《牧誓》、《顧命》二篇，從成康而止。凡傳説言文武成康者，皆《尚書》專説，悉取以附於《顧命》、《康王之誥》篇目之下。

一、《書》政事制度，《帝典》盡之矣。而行事得失，則詳於《洪範》，《洪範》又爲全《書》之綱領。今據《洪範》作表，如五福、六極《書》中言及者皆依類鈔之。如《無佚》言先王長壽

---

① 武成：原作「武城」，誤。據《尚書》改。

② 肜：原作「彤」，誤。據《尚書》改。

短札、「永保休命」、「勦絶其命」之類，又如「三德」、總數。「峻德」爲天子，「九德」爲三公，「六德」爲諸侯，「三德」爲大夫。凡經中言德者，皆彙鈔爲表，據此推之。

一、書者，如也，略如史。説經尤貴事明，今取《大戴禮》、《周書》爲主，附以《史記》三帝三王世事實，各附本篇之末。始二帝，終成康，成康以下則詳於《詩》矣，列國、封國則詳之。由《書》而《詩》，由《詩》而《春秋》，本末詳備。

一、四岳篇以「王曰」、「公曰」分爲二類四篇，《文侯之命》與《吕刑》南北相比爲一類，既爲岳，又爲周之二伯。《費誓》、《秦誓》二「公曰」以屬周公焉。四篇無序，即以爲分篇亦可。

一、《尚書》經也，傳記篇章佚在各書，舊失採入。如《五帝姓》、《明堂位》、《作雒》、《文王官人》之類，是或佚在《禮記》、《周書》，或佚存先秦師説中。今并收入五十餘篇，以爲完璧，仿《左傳》先經後經之例。

〔附〕今文尚書二十八篇序例以二帝、三王、周公、四岳爲綱。

帝篇四次序從《大傳》「七觀」。

帝典君道。包括全書，以下二十七篇略如傳説，皆以發明此篇之義。

禹貢《帝典》分篇，詳禹爲司空事，故文見於《典》、《謨》。

皋陶謨臣道。謨，猶摹也。發明《帝典》之義，如傳之於經。

洪範範，謨範也。包君臣言之，帝堯舜也，禹夏也，箕子殷也，武王周也。此篇兼二帝三王言之，言義不言事，爲全書之總例，故《大傳》附之《典》、《謨》後。

三代篇八五言三王三，二伯二，各有分屬，不重見。

夏禹誓夏禹見誓一篇，明天子出征之制。

殷湯誓殷、周各見一誓，蓋以征誅得天下。

盤庚殷中興。

高宗肜日①殷再興，《孟子》云「賢聖之君六七作」是也。録盤庚、高宗二君，與周録成、康相起。

---

① 高宗肜日：「肜」原作「彤」，據《尚書》篇名改。

殷周之際西伯戡黎①、微子

周牧誓三代各録誓一篇，武王伐紂事，經只一篇，餘皆傳。

顧命成、康相繼，即「受終文祖」之詳文也。周道盛於成、康，故録《周書》至成、康而止。

周公篇十二《書》略於三代，詳於周公，以周公爲主。周公爲一代，以元聖、素王相起，故獨詳之。○周公似舜，舜攝堯之天下，而讓之禹，周公攝武王之天下，而讓之成王。

金縢此周公總序，以下十一篇皆其細耳。較之《帝典》具體而微，其文詳略互見。《金縢》所不詳，當於《帝典》中求之。

大誥五誓分説王伯，五誥則全爲周公書。《孟子》「周公思兼三王，以施四事」，一人兼王伯，故《誥》與《誓》數目相敵也。

康誥

酒誥

多方周公書當以五誥篇名爲正，凡此之類，皆五誥分篇子目。

梓材

召誥

君奭

多士

---

① 西伯戡黎：「戡」原作「之」，據《尚書》篇名改。

雒誥五誥皆言中州王畿，與下四岳相起。

無逸

立政

二伯篇四《顧命》最詳二伯四岳之制，故以伯繼王。○《費誓》東岳，《文侯之命》北岳，《甫刑》南岳，《秦誓》西岳。

甫刑《謨》：「天命有德，五服五彰；天討有罪，五刑五用。」命、刑對文。

文侯之命以上二篇皆王命。

費誓以下二篇皆「公曰」，此二誓與三代誓共五篇。

秦誓四篇以「王曰」、「公曰」分爲東、西、南、北，相對成文，兼舉則爲四岳，單稱則爲兩伯。

公羊春秋補證凡例

一、余既分注三《傳》，使門户不嚴，則三書直如一書，無煩三《傳》同注；今故於本《傳》中自明家法，二《傳》雖有長義，不更取之。惟鄙人一隅之見，不免雷同，故三書分撰，年歲不同，意見小異，今亦各存其舊。惟大綱抵迕者，則不得不改歸一律。三《傳》本同，自學人不能兼通，乃閉關自固，門户既異，盾矛肇興，先有自異之心，則所見無不異矣。今於三《傳》同異化其畛域，更爲《異同表》、《評》以明其事，疏中於此事頗詳。

一、《傳》不言事，因其事易明，故弟子不發問。今按《經》上下文義可以意起者，於疏中用《左氏》、《史記》説以補之；至於與《左氏》異者，亦於疏中論之。又，《傳》説非出一師，文又不無脱誤，其有未安者，皆於疏中立説以明之；其有本《傳》義未安者，則但於疏云「二《傳》以爲」云云，以示其意，不加駁斥。其途雖殊，其歸一也。

一、舊注《穀梁》專守本傳，《公羊》則以博通爲主。凡《穀梁》、《左傳》説與《公羊》異者，皆采用之；及《禮記》説《經》大例、《繁露》、《白虎通》引《傳》，亦皆采入，别爲《補傳》、《補例》。今改定，以《公羊》爲主，成一家之學，凡《左》、《穀》與《公羊》異義，雖二《傳》義長，仍守本《傳》。舊《補傳》及注中所引諸説，精要者悉作中字單行，餘文與所下己意始用雙行書寫，删《補傳》之名；舊本《補例》大字提行，别注雙行，今移《補例》歸入注中，其别注雙行易名爲疏。

一、自來注不破傳，舊本采用二《傳》，但取義長，多違《傳》意；今改定，正注一以本《傳》爲主。若先師異説與本《傳》相違，及移《傳》就《經》，不與本《傳》相次者，别爲《校義》，附於每卷之末；有先師誤説、本《傳》無文者，則仍存注中，正其得失。既非破傳，固不相嫌。舊有「誤問」、「誤答」二例，今概歸《校義》中，注中不斥本傳之誤。

一、事實據《左傳》爲主，參以《國語》、《史記》及哀、平以前經説，彙輯以附本條之下。凡《左氏》後師微説，與經例小異之條，及《穀梁》與本《傳》不合之條，皆不敢①用。

一、凡經有其例而《傳》未詳，及《傳》有其説而文未備者，别爲《補例》一書，今悉分條補入注中，稱爲「補例」，以便省覽。昔何、杜作注，皆自引别書，今倣其事，所有解釋例語則入疏中。一傳有誤問、隨答二例，别據正傳爲説，其有誤附之條，則移歸本《傳》，如「三世内娶」、「不言晦」之類是也。補正之例，附存注疏。

一、今合注三《傳》，《左傳》别出微説解經之語，凡詳事實之《左氏》原文，爲三家所同用。

一、今以補何爲主，凡《解詁》未備，務詳之；其所已明，則概從畧。

① 敢：疑當作「取」。

一、《公羊》與二《傳》異禮、異例二事，先師多主分説，遂至歧異。今立「參差」、「詳畧」二例以統之，悉歸一律。至於「異事」一條，則如《釋文》例，附記各傳之下。

一、《春秋》改制，以文備爲主。三統循環本春秋以後法三代而上之事，非周制以文備。孔子一意簡陋，爲救時之書。先師誤以三統爲春秋以前三代，故主改文從質，如此則須又立一改質從文之《春秋》矣。今不取之。

一、漢師所有遺説采附經、傳之下，殊嫌繁瑣。今不盡采，仿陳左海例，别爲《先師遺説考》四卷，以取簡要。將來收入疏中，亦可。

一、《公羊》日月例爲唐宋以後所詬病，在識者固不知本義，而説者亦殊失修理，穿鑿游移，何以爲定？今分爲三表：一《不爲例表》，一《有正無變表》，一《正月正時表》。去前二表，則以例説者不過百條。事既簡明，理亦精審。

一、《春秋》有「託古」一例，所言皆託古禮，所謂「考諸三王而不謬」者也。故《春秋》足以總統六藝。凡與各經相通，及須取各經以證明《春秋》者，悉於各條粗發其例。

一、《春秋》有「質文」一例，凡後世所行政事，莫不本之於《春秋》，合之則治，背之則亂，所謂「百世以俟聖人而不惑」者也。今於諸史所有制度，間引據以相證；至於禍亂之原，亦皆列之。通經致用，亦一端也。

一、《春秋》禮制盡本《王制》。今但引《王制》經、傳原文於各條下，别撰《王制疏證》二卷，録

《王制》文，而引《春秋》經、傳證之，即以附於經、傳之後並行焉。至於《王制》詳説，別見《輯釋》中。

一、經學以素王爲主。受命改制，乃群經大綱，非《公羊》一家之言，惟《公羊》盛行於漢，故其説獨詳耳。今以此爲微言，凡制度之事，皆以復古爲主，以孔爲擇善而從。經所改易，皆古法也。

一、《春秋》義例，有必須圖表方能明悉者。今於卷首將《圖表》彙爲一卷，凡筆削、善惡、進退、一見、中外之類統歸之。先讀《圖表》，則其綱領可尋矣。

一、《齊詩》、《韓詩》、《尚書大傳》、《檀弓》、《春秋緯》均爲齊學，今引用獨多。凡孤文僻證、魯學之書，亦在所採；至於真《周禮》，亦在所採。凡劉歆所羼，見於《周禮删僞》者，概不引用。

一、三世、王魯、三統諸例，《解詁》説殊蕪雜；今或改或删，務求簡明切實，以副《傳》義。凡衍説支語，概從删節。

一、經以明制度爲大例。孔子定禮，於《春秋》見其事，如親迎、三年喪、不内娶、譏世卿之類是也。今以《白虎通義》爲主，再加以徐、秦《通考》，逐一詳備，以復舊意。

一、《春秋》以謹禍亂、辨存亡。所有安危禍福，舊説多闕，今悉採補，以明得失成敗之數。

一、王魯、親周、王爲文王、周召分陝而治，皆《詩》説也；先師以説《春秋》，多所不合，今不用。王魯例主以二伯，亦以《春秋》事例說之，不全用《詩》家說也。

一、屬詞比事，《春秋》之教。今於百二十國本末，即《比事表》中所有義例，備一檢校，庶使義不空立，以免斷爛之譏。

一、《傳》義出於授受，實爲孔子所傳。唐宋諸儒好出新意，號爲棄傳從經，實則私心自用而已。其風半開於范注，所有攻擊二《傳》，皆范倡之。今彙爲一表，凡後世盛行之說録之，間於注中明其謬誤，以端趨向。

一、此編推廣《春秋》，以包舉百代，總括六經，宗旨與漢唐以下《春秋》多所不合，故不盡採用。其有同者，亦係偶合，不敢攘人之美。至於師友舊聞，亦録姓氏焉。

一、《公羊》舊多可駭之論，影響之說。今力求本義，務歸平實，凡舊爲詬病、與義未安者，十不存一焉。庚寅五月四日季平改訂。

穀梁春秋經傳古義凡例

一、①《穀梁》先師章句微，故著録班《志》者，魏晉猶有傳本。范注新學，不守舊訓，今志在復明古學，故②專以舊説爲主，至於范注，聽其別行，不敢本之爲説。

一、《左氏》與《公羊》同説一經，不須求異。唯漢以後，已經別行。今既別解《公羊》、《左氏》，三傳各立門户，不取苟同，務就本傳立説。然義本相同③，後來誤説，因致歧出者，則必化其畛域，以期宏通。

一、何氏《公羊解詁》與《穀梁傳》説多同。傳文各本自有詳畧，非取二《傳》相推，反不明著。何君之説，是爲推闡本傳，非竊取異説。今注間有與《公羊》、《左氏》同者，亦由本傳推得之，非用二《傳》也。若傳中所存異説與《公羊》同者，依義解之。

一、《春秋》爲萬世之經，《公羊》先師誤以爲救文從質，爲一時之書，與本書經義不合，今不

---

① 案：原無序號，據前篇格式加。

② 故：原作「以」，據廖平《穀梁古義疏》所收《重訂穀梁春秋經傳古義凡例》改。

③ 然義本相同：原作「然於本同」，據廖平《穀梁古義疏》所收《重訂穀梁春秋經傳古義凡例》改。

取之。至於三代之説，皆後王三統之義，何君于注中多所引用。今用其例，於一定之中，詳其通變之法。

一、陸氏《釋文》及本傳異文諸書所詳，今不暇及。至傳中字誤，新所考訂，皆爲標識。有所據改，説見疏中。至於訓詁，人所易明者不更贅及。

一、《春秋》據文，弟子本禮制，文句并用。説《春秋》者用文句而略禮制，多與傳意相迕。今注中據文，半主禮制。

一、三《傳》禮制者，多各言一隅，必須合考，方成完説。許、鄭訐争，皆失此旨。今于異同處，據參差互見例以説之，務使彼此相發，合于禮意爲主。

一、三《傳》舊例，文異義同，先師門户過嚴，彼此相激，不惟不能取益于人，白馬非白，主張太過，反於本傳有損。今于實不相通者，立《三傳異例表》；文異義同者，立《三傳同例表》以統之。傳中詳略，所不計焉。

一、三《傳》事實，末節細端間有差舛。後人吹毛索瘢，察及秋毫而不見輿薪。今將事實確有不同者，別立《三傳異事表》，其他詳畧參差，文實諸説可通者，于注中詳之，以見異者千百中之一二，而同者固大且多也。

一、注以《王制》爲主，參以西漢先師舊説，從班氏爲斷。凡所不足，乃下己意，注所不盡，更爲疏之。以疏附注，故與唐人注疏別行者體例稍異。

一、《王制》爲《春秋》舊傳，千古沉翳，不得其解，以《穀梁》證之，無有不合。今作《王制義證》一卷，以附經傳之後，引經傳及師説注之，以相印證。

一、《國語》爲左氏本孔子六藝舊説，採輯事實而成，爲經作傳。《史記》本紀、世家又本《春秋譜牒》而作。至《左傳》、《史記》説事解經與《傳》異者，皆《左氏》無，本弟子推考而出，其文皆見《説微》，非《左氏》原文也。今除《説微》舛異之外，疏中引用實事，《左》、《史》皆用之。

一、《春秋》立八方伯，存西京，收南服，以九州。中國國則早封之，邊徼國則漸引之。夷狄在九州外，《春秋》夷狄，凡所稱夷、戎、狄，多爲託辭。舊説多以吴與楚夷狄戎爲真夷狄，今并正之。

一、屬辭比事，《春秋》之教。事有本末，前人已詳。至於屬比，殊未盡其義。張氏《辨例》篇裒録此例甚詳，今悉取用，而推本傳例以補之。

一、董子治《公羊》，禮制與本傳實同。凡微文孤證，本傳先師無説，今悉取之，如制度及軍制、黜陟之類是也。又杜氏《公子譜》本于劉子政《世本》，是本傳師説，今亦用之。

一、《春秋》新義不惟損益禮制，名教綱常實亦在焉。制度以三統通其變，至於禮義，百世不變，傳中禮制、義理多本此意説之。至傳義與經小别者，于經下注明本意，傳下則就傳義解之。

一、孔子先立四教，托空言，後修《春秋》，爲實事。舉空言而實之，是六藝本一貫也。先師説相關之處多引《易》、《詩》、《書》、《儀禮》爲説，今仍其義，以明六經相通之實。

一、《春秋》改時制，人多不明此意。今于各條間輯周制遺文軼事，以見《春秋》改變之迹，而後素王、木鐸之意乃明。

一、何君《解詁》引用《京易》、《韓詩》，尊博士之説，本同一家，固不別異。今仿其例，凡本傳佚義，取博士説補之。

一、《春秋》之作，上考三王，下俟百世。今立古、今二例，上徵六經，下統諸史，政治、典禮，悉考其沿流焉。①

① 案：廖平《穀梁古義疏》所收《重訂穀梁春秋經傳古義凡例》，與此本多異。後有廖氏題識：「《凡例》未刊之先，已經數易其稿。癸巳，刊入《群經凡例》者多字誤，今畧爲補正。又加四條於後，爲丁酉以後續得之説。但雖有此義，不過詳於《易》、《詩》二經中。至於三《傳》舊條已成定本，於此例殊少牽涉，不敢因之而有移改焉。己亥十月，季平識。」

〔附〕穀梁春秋經學外篇敘目

一、①《穀梁》師法，漢初甚微。建武以後無博士，唯顯于宣、元之間，不過三十年，佚傳遺說，殊堪寶貴。今輯《孟》、《荀》及宣、元間本師舊說，仿陳左海例，作《穀梁先師遺說考》四卷。故注中引用，不復更注所出焉。

一、諸經皆有舊傳，今傳文乃漢師取舊傳以答弟子問者也。故傳中有引舊傳之文。今仿其例，凡傳與《禮記》、《公羊》傳文確爲舊傳者，集之以爲《舊傳》一卷。

一、《穀梁傳》有「孔子素王」一語，今佚，見《梅福②傳》顏注引。《王制》所謂素王也，注中詳之。更作《穀梁大義》一卷，以素王爲主，其中如改制、三世、親魯、故宋、黜杞、尊周、二伯、八方伯、六卒正、外夷狄、進退諸侯中國皆從之。

一、孔子修《春秋》因魯史，其著述之義，如正名、加損、傳疑傳信，尚志、謹微、本末之類，別爲《穀梁大義》第二卷，專明著録之義。

---

① 案：原無序號，據前篇格式加。

② 梅福，「梅」原作「枚」，今據《漢書·梅福傳》改。

一、《春秋》制義，如奉天、正道、貴民、貴命、重信、親親、尊尊、賢賢、賤利、貴讓、仁義、五倫、權謀、終始、有無、謹始、復仇、明時、法古之類，作《大義》第三卷，專明制義之事。

一、先師傳經淵源本末，如佚傳、異説、傳受、姓氏、闕疑之類，別《穀梁大義》第四卷專明傳經之事。

一、二《傳》之例與本傳大同小異，今作《三傳異例表》一卷，專明此事，故注中不必詳二《傳》例。《禮》、《事》二表同。

一、范注中採用鄭君《起廢疾》。案：鄭未有深解。舊作《起起廢疾》一卷，以明本義而駁何、鄭，故注中不更存何、鄭説。

一、范注採用何、杜兩家，全無師法。注中不加駁斥，別取其反傳倍理者爲之解説，作《集解糾繆》二卷。至其駁傳之條，則別爲《釋范》一卷解之。

一、傳有總傳，當分之；有數傳，當别之。有一見，有累言，有相比見義，有數傳方備，有不發傳爲省文，有不發傳爲別義，有傳不在本條下，有無所繫而發傳，有文同而意異，有文異而意同，有傳此包彼，有傳此起彼，注外別作《釋例》二卷，專以本經依傳比例條考焉。

一、天子、二伯、方伯、卒正、微國、尊卑儀注，一條不苟，説《春秋》者略焉。注中最詳此義，別爲《十八國尊卑儀注表》以明之。

一、《春秋》有一見例，以明見界畫。舊説皆誤與正例相比，注外别作《一見表》以明之。

一、中外異辭，最爲要義，説者略焉。注外別爲《内外異辭表》、《中外異辭表》以明之。

一、筆削等差共四五十類，注外別取傳文，作《筆削表》一卷。傳所不詳，依例補之。

一、進退次第共四五十類，注外別取傳文作《進退表》一卷。傳所不詳，依例補之。

一、功罪大小共四五十類，注外別取傳文作《善惡表》一卷。傳所不詳，依例補之。

一、爵位等差，最爲繁雜。今取傳中州國名氏人字不繫，作《爵禄表》一卷。

一、傳于日月例最爲詳備，注詳于本條下，更別作《日月時例表》三卷，如《公羊》之例。

一、《穀梁》久微，今取定傳議駁本于《穀梁》者，仿董子例，作《穀梁決事》一卷。

一、劉子政説有《外傳》逸文，今取之作《外傳》一卷，以符《藝文志》舊目。

一、三《傳》有師説同而所説之事不同者，如緩追逸賊、同盟用狄道之類，注中不復臚入，別作《三傳師説同源異流表》一卷以明之。

一、《春秋》瑣事孤文，三《傳》各異，無所是正，此在傳疑之例，孔子所不能信，傳者乃不能不説之。注外別作《三傳傳疑表》一卷，以平三《傳》之獄。

一、屬辭，《春秋》之教也。今將天王及十八國事緯本末分國編之，即取《史記》譜牒之説以爲之注，作《春秋屬辭表》四卷。比事，《春秋》之教也，注外別《比事》一卷，以見比義。

一、會盟列敘諸侯，皆有所起。苟無所起，則不見。舊説皆略，注詳説之，別作《中國夷狄争伯表》一卷，專明會盟列數之義。

一、方言異稱，華夷翻譯。孔子云：「號從中國，名從主人。」傳舉方言異稱，蓋大例所包甚廣。注外别作《中外名號異同表》，而以方言附之。

一、諸國地邑山水名號最爲繁賾，傳中詳其四向，并詳道里數目。此非據圖籍不能。注外别據劉、班之説，更推傳例，作圖一方，并疏解名號于後。

一、《左傳》因《國語》加章句爲今本，今凡《國語》所略而於經例可疑者，則皆誤解。今將注疏異説標出，爲《左傳變異今學事實表》。凡表以外，則皆合於二《傳》。今取其事實與本傳合而爲《史記》、《國語》所無，則命成鑑疏之，以「補疏」標題，示區别焉。

一、今學以《王制》爲宗，齊、魯《詩》皆魯國今學，劉子受《魯詩》，從之。今于先師外，凡今學各經師説，統輯爲《王制注疏》。凡本傳禮制不明者取之，已明者但詳出于注疏。

一、傳有從史一例，舊傳解多失。今取經文從史之例，先立一表，而後依事解之，如趙盾、崔杼、陳溺、楚卷、鄭髡之類是也。

一、今學《王制》外有佚文、佚義不傳於今本者，將據今學各經傳師説彙輯之，以爲《王制佚文佚義考》。凡傳文義不傳於《王制》者，皆就此説之。

春秋古經左氏説漢義補證凡例①

一、②《史記》云：「七十子口受其傳，左氏懼弟子人人異端，各安其意，失其真，故因孔子史記具論其語，成《左氏春秋》。」是左氏作傳特記事實，以定口受之真，非立異與二《傳》相反。舊來説三《傳》不務大同，專兢小異，弟兄鬩牆，久爲詬病，今於三《傳》大綱宏例以經爲歸，所有後師異説，歸入傳疑，務期同源共貫，以息入主出奴之弊。

一、今立意合通三《傳》，或以爲破壞家法，非博士專門授受之意；按此乃專己守殘之故智，不深考其源者也。以二《傳》論，前後自有異同，每一經列數傳，且多不敢質言之説，博士各有傳本，今本特爲一家之傳，不足以蔽其學。如《穀梁》言夏田，《公羊》不言夏田，先師以爲異，而《董子》言夏田，《説苑》言夏不田，是本同也；「州不如國」數語，《穀梁》與《公羊》不同，而《董子》所引傳同《穀梁》；「獨天不生」數句，「人之於天也，以道受命」數句，《穀梁》有其文，《公羊》無之，而《董子》有其説；「天子不志葬」一傳，《穀梁》無此

① 漢：原作「後」，據《群經凡例》原目改。
② 案：序號原無，據前篇例加。

文，而《説苑》引傳則言之甚詳。且《公》、《穀》定元年傳同引沈子説即位，是同師也。意雖同而文則異，是不可因文字偶異，遂斥爲異説也。又《穀梁》「葬桓王」引傳曰「改葬也」，《大傳》文也，而《左氏》同，是《左》與《公》、《穀》同引傳説。門户之言，勢同水火，豈知同①源共貫，皆是江公所傳。必破除拘墟之見，然後見其會通；知二《傳》之會通，則無疑於《左氏》矣。或云二《傳》可會通，《左氏》不可合於二《傳》，此亦先入之言，未暇深考。凡傳中與二《傳》同者姑不具論，其不同者，莫如赴告、史文、同盟書名數例，然《公羊》云「卒赴而葬不告②」。且《檀弓》云「齊穀王姬之喪」，鄭誤「穀」爲「告」，是有赴告例矣。又云《未修春秋》「春秋之信史也」，《穀梁》云「從史文也」，是以立史説矣。而《穀梁》「宿男卒，未同盟③，故男卒也」，則更爲同盟書名之師説。通考五十凡中，説經之條，直無與二《傳》相反者。且如諸侯卿經稱大夫，二《傳》無説，而《左》云「唯卿爲大夫」；二伯晉常在齊上，曹先莒邾、滕先薛杞，二《傳》無説，《左》則云「異姓爲後」；鄭稱伯二《傳》無説，《左》則云「入爲王朝卿士」；晉不記災、不見貴大夫，僖以下乃見經，二

① 同：前原衍一「仝」字，據文意删。

② 卒赴而葬不告：原作「卒告而葬不赴」，據《公羊傳》隱公八年改。

③ 盟：原誤作「監」，據《穀梁傳》隱公八年改。

《傳》無説，而《左》則初稱叔父，後稱伯父，以見外之統夷狄伯，故略之也；華督不氏、華耦稱孫、華孫與仲孫同，魯三家稱孫亦此例，二《傳》無説，《左》則云督「名在諸侯之策」。凡二伯分統之義，見於晉「撫征①東夏」與「風馬牛」之言。閏皆在終，特明歸餘之善。凡在《左氏》，長義仆數難終，實爲口受真傳，二《傳》所佚而僅存者。又當據《左氏》以補二《傳》。三《傳》有相濟之功，無相反之迹。若片皇②小節，動求立異，則自生其荆棘矣。

一、《藝文志》：「《春秋古經》十二篇。」服氏解傳不解經，以傳合經，始於杜氏，於傳文有割裂之嫌。叚本傳録經文，以爲《古經》十二篇；洪氏《春秋左傳詁》分經、傳爲二，是也。今用其本，與傳别行，以復《藝文志》之舊。

一、班《五行志》於《左傳》後劉歆之前引「説曰」有二條，言凡説不書，爲解經明文。考諸經皆有大傳，後逐條章句皆晚師説；今《喪服大傳》子夏作，後師乃有《服問》，《服問》之後，乃有今《儀禮》中逐章解釋之本。今定《左氏》爲大傳，説爲後師引傳推例以解經文之書。今據此以解經之語爲説，爲先秦左氏弟子引傳解經之本；今將解經之文摘附經下，仍《五行志》舊目，曰《春秋古經説》。體例略同二《傳》，其有事與二《傳》不同者，附

① 撫征：原作「鎮撫」，據《左傳》昭公十五年改。

② 「片皇」二字恐有訛誤，疑作「片言」。

録說之。至傳記之文則三《傳》所同，不獨可以說《左氏》也。

一、近儒據《史記》稱《左氏》爲《國語》，《漢書》言歆引傳解經，博士以《左氏》不傳《春秋》，詆《左傳》解經出於劉氏。劉氏甚尊《傳》，《五行志》引劉氏《左氏》說與杜氏所引者數十條，《傳》皆無其語，而解經明文，《史記》已多。《傳》本成於先秦，漢師始於司馬，范升、王充争辨《左氏》，皆以《史記》爲說是也。蓋漢儒習傳不習說，傳說藏在秘府，唯史公見之；後劉氏校書，乃得大顯。今以《傳》本成於先秦，司馬氏爲始師，東漢之說盡用之，故名《漢義》，晉以下不用。

一、《公》、《穀》非一師所作，續有附益，故顔、嚴、五家各本互異，今本猶有「傳曰」、「或曰」、「一曰」、「一傳曰」明文，於本傳間有出入。《左氏》亦非一師，其言「且」者即多異說。舊撰《公羊通義》，以經爲斷，凡後師附傳有乖經義者，則引佚傳師說附訂於後。《左傳》亦同《公》、《穀》，說不一師；除「且」字例外，如《成傳》「《春秋》之稱」數語，「稱族」、「說族①」之傳，與以女叔爲「嘉之、不名」，君氏爲聲子之類是也。今於本經條下注明正說，所言舊說，仍推本傳例解之。

① 說族：似當作「舍族」。

一、二《傳》多以經例解經，所謂空言也，而亦間用事實。如「宿男卒」，《穀》云「未同盟①，故男」；天子葬，《公》云「我有往則書」；書「尹氏卒」，爲魯主；書「王子虎卒」，爲「新使乎我」；書齊宋災，以「及我」之類；皆據事實，不空言立說。《藝文》云：「夫子②不以空言説經。」凡二《傳》筆削例，外事書不書，本傳皆以赴告言之，筆之，則傳以爲告；削之，則傳以爲不告，不拘事實。於内夫人大夫卒葬，則用儀注爲書法也。至於二《傳》加損例，本傳則多以「書曰」例當之。或以事實立説，或以經例立說，同於二《傳》，特二《傳》言事實多在釋例之後，以例爲主，以事實之，其説易明；本傳則言事實者多，不更言例，故易滋疑耳。諸侯三等：二伯、方伯、卒正，舊義賈、董以下治《春秋》者失其傳，本傳例具言其説，足見説出於先秦以上，與今《公》、《穀》傳本著録先後不遠，故能相同。今別爲《諸侯三等尊卑儀注》，取傳文及説以註之。

一、劉、賈以下，古學也，治別經力求與博士異；至於《左傳》，則引據二《傳》爲説。非爲風習所移，誠以口受本於孔子，不能自異也。杜於漢師難通之條則駁之，《春秋》無達例，言正言變，杜氏膠刻常例，不知變通，凡於難者，皆以爲經仍史文，並無義例。史官人有

① 盟：原誤作「監」，據《左傳》隱公八年改。

② 夫子：原作「夫夫子」，衍一「夫」字。

文質①，語有詳略，皆本舊史，且多闕略。按經本經，人何得更言舊史②？且變例不明，正例亦難自立。今於諸例先明正變，既知爲變，則不復以正疑之矣。

一、先師引傳解經，改分國爲編年，時有差誤。如僖公葬，傳在《僖公》篇，齊桓遷邢封衛，説在閔二年之類，惟爲舊文，故誤跳在此，使本編年，則當附經矣。杜以跳寫爲説，或乃就其誤處望文生義，非也。所言時日支干，鈔寫易誤，既非大旨所關，不足深計。

一、傳有而經不書，則爲隱避例；如交質、納子婦之類，經諱不書。傳多而經少，則爲特筆例；如晉、楚、邾遷不書，則書衛、蔡、許三國③遷爲特筆，皆各有所起，非常文也。二《傳》不言外，遷不書，據此可補。又，二《傳》言外事不書，無實據，本傳皆有明文也。諸侯獨詳十九國，記十九國事又有詳略，今以此立筆削例。凡傳與經異者，分類表出，各爲細例，以補二《傳》所不足。

一、《莊公》篇七年傳不及經事，十二公傳前後詳略迴殊，劉申綬據此以爲僞羼之證。按，解經果出劉氏，何以七年不立一説？蓋《左傳》本出於屋壁，不免殘佚，劉氏不敢補羼，正見謹嚴。今《晉語》一君一篇，可知原文甚備；《國語》、《史記》莊以上事詳於傳，可知

---

① 質：原作「盾」，據文意改。

② 舊史：原作「史舊」，據上文乙。

③ 三國：原作「王國」，據文意改。

《左氏》原本甚詳。考《五行志》引傳文與今傳本有詳略不同者，是劉氏後亦有脱佚，故《左氏》有逸文爲今本所無者。孫淵如《春秋集證》意在補傳事，今仿其例，凡傳文脱略，悉據《史記》補於各條下，如曹沫劫盟之類是也。事不關經者，則補於《國語》中。初補於傳中，嫌文過繁；後注《國語》，乃移於《國語》，不敢變傳文之舊。

一、《春秋》子夏所傳之傳，以《喪服》例之，當名《春秋大傳》；《公》、《穀》當名《問》。故《服問》、《喪服傳》引《大傳》之文稱「傳曰」，今《左氏説微》所引大例皆出《大傳》。三《傳》同祖一書，故多相同。本師間有由本傳推考而出之例，如以鐘、鼓分侵、伐，中國不獻捷之類①，今略爲分別觀之。

一、《公》、《穀》應對詞命多爲事實，《左氏》之文則不爲。經例即據禮説而撰，全與經例《禮經》相同。治他書，詞命應對皆在所輕，《左氏》則無一不本禮制，故於應對詞命皆本經例禮説以説之。尊卑同異，其大綱也。

一、《五經異義》有引《左氏》説，《左氏》無其文、文見《國語》者二條；是漢師以《國語》、《左傳》爲一，合而不分。今合考其例，蓋傳本爲《國語》，所有異同，特秦以前異本耳。今凡《國語》中所有經例禮制事迹，悉引以證經焉。如侵伐有無鐘鼓之例，即本《晉語》伐宋事而出，當仿其

① 類：原作「内」，據文意改。

例類推其餘。經例爲重，禮說次之。

一、杜氏説先儒膚引二《傳》，宜其不用二《傳》矣，乃於本傳無説之條直用二《傳》。治《左氏》與二《傳》立異始於杜氏，乃不能自堅，足見漢師引據二《傳》之不誤。今於本傳無文而杜氏引用二《傳》之條從漢師例，一律取入，更據此以爲《補例》篇之證。

一、師説義例與二《傳》同者，皆本舊傳，以外多從傳文推考。傳爲舊文，禮例乃其新得。如莊三十一年齊侯獻捷，凡義例本成二年單襄公語；莊公二十五年日食，凡惟「正月之朔①，慝未作」，本昭七年季平子語；隱元年「非公命，不書」、「公弗臨，故不書」，本莊二十四年「君舉必書」與王命「勿藉」之語②；桓二年③送女禮本少姜「送從逆班④」與卑聘卑逆之語；「啓蟄而郊」之凡本孟獻子語之類，是也。故除《大傳》之外，皆從傳文推考而得者，非如俗説傳文全出左氏之手也。

一、傳記事有二例：一緣經立説，一異經見義。凡傳有而經無者爲削例，傳詳而經略者爲

① 朔：此字原脱，據《左傳》補。
② 案，「君舉必書」見莊二十三年，「勿藉」見成公二年。
③ 案，據《左傳》，事在桓公三年。
④ 送從逆班：原誤作「逆違其班」，據《左傳》昭公三年改。

略例，傳與經不同者爲加損例。杜氏於經、傳不同者多指爲闕誤，不知藉此可以考見制作之意。凡傳與經異者皆紀實事，如《未修春秋》之原文也。至於緣經立説之條，則聖作賢述，道一趣同，就經立説，不必求合。本事異者可以見經旨，同者可以明傳意，不可以一端求之也。

一、三《傳》經例同出舊傳，《公》、《穀》先師引傳説經，乃成經本，然或引用失據，則違其真。左氏懲空言説經之弊，凡有義例，皆託於時人之言，具其首尾。例由事生，不能移易，此《左氏》不以空言説經之大例也。如《公羊》言伯子男一等，而《左氏》則有鄭獻伯子男加等平禮之説；二《傳》敘次先後以爲經例，而《左氏》則有滕薛、衛蔡、晉楚争長之事；二《傳》以高子爲貴，而《左氏》則有管仲「天子之守」之言。凡此之類，僕數難終，實爲真正古師遺範。秘在傳中，伏而未發，盡力推求，可以補證二《傳》。自來皆以傳文爲出國史，不知《左傳》本七十子之徒特爲六經作傳，語無泛設，而於《春秋》尤切。故二《傳》説時可以移易，而《左氏》本文則不能。此不以空言説經之效也。三《傳》義例同出舊傳，爲口受之真。其有異同，以説不一師，有先有後。以未陳爲敗，此先師常例也；而後師引以説魯事，則誤以常例説内外例；以不名爲嘉説高子季子，此先師説也；而後師誤以説陳女叔。先師知根原，故與經合，後師據文例，往往失真。今於原文中立此一例，凡後師不安之説，則提出别爲一册。

一、《傳》本意不專爲《春秋》，故所説禮制經意多不在見經之條，而附於無經之傳。如説「婦人見兄弟不踰閾」云云，不在夫人會齊侯下，而附於不見經之事及執行人事是也。漢師及杜氏皆引此以補經説。今仍其例，凡不繫經之師説禮制，悉取以補録於經文之下。

《春秋》三傳，《左氏》立學最晚，因出孔壁，漢儒謂之古文，然其禮制大恉同于博士，《異義①》崇尚古學，引與《周禮》同類，非也。《左氏》授受無人，《移太常書》亦不言其有師，則《漢書》所有《左氏》傳授與曾申六傳至賈誼云云，皆後人僞造②淵源，未可據也。從來言《左氏》者，皆喜文采、詳名物，引以説經者少，治二《傳》者疑解經爲劉氏附益，輒詆諆之。案博士謂《左氏》不傳《春秋》，《左》與《史記》文同者，凡解經之文，《史》皆無之，《史》、《漢》皆以《左氏春秋》爲《國語》，則解經爲後人所增無疑；然《魯世家》「魯人共令息姑攝位」，不言即位，正用隱元年傳文；《陳世家》「桓公病而亂作，國人分散，故再赴」，正用桓五年傳文。如此者數十條，則史公所見《左氏》已有解經語，疑不能明也。門下士廖季平進士，精敏賅洽，據《漢書·五行志》於《左氏》經傳後引「説曰」有釋經明文，在劉氏説前，又《藝文志》有《左氏微》，謂左氏事業具於傳，義例出於説。今傳事、説雜陳，乃先秦左氏弟子依經

① 異義：「義」上原衍一「議」字。按此指《五經異義》，據删。
② 造：原作「選」，據文意改。

編年。漢時《國語》通行，傳與説微，藏在秘府，獨史公得見之；《年表》爲《春秋》而作，且仿其式，與傳文疊矩重規。因仿二《傳》之例，刺取傳中經説釋例之文附古經下，引漢師舊説注之，爲《春秋古經左氏漢義補證》十二卷，與傳别行。意在申明漢法，刊正杜義；更爲外編若干種，説詳首卷。觀其鉤沈繼絶，著於「長義」、「補例」二門，至異禮異例，□□不蹈爭門户者專己守殘之故智，以本傳爲主，亦不至膚引二《傳》。又據《史記》，以左氏爲魯君子，在七十子後，不用國史史文之説。其書乃尊以解經皆爲師説，與二《傳》一律，尤足釋劉申綬①附益之疑。至以《左氏》禮同《王制》，歸還今學，不用漢説；其論雖創，其理則易明也。季平謂史公引董子説是漢師説《左氏》不求異於二《傳》，余謂史公治《左氏》實兼通《公羊》，其論述大旨主《左氏》而間用《公羊》。如《宋世家・贊》推美宋襄公，與《敘傳》引壺生所述董子《春秋》説是也；《孔子世家》所言素王義，與據魯、新周、故宋、筆削、加損諸例，又季平所云《左氏》與《公羊》同者矣。今、古相争，勢同水火，皆在劉歆以後。西漢十四博士，道一風同，諸儒多兼習數經；小夏侯采歐陽與諸經義，自成一家，與大夏侯同立學官，其明驗也。劉文淇《左傳正義》伸明賈、服，抉擇甚嚴。其言曰：《五經異義》所載《左氏》説皆本左氏先師；《説文》所引《左傳》亦是古文家説；《五行志》劉子駿説皆《左氏》一家言；《周

① 綬：原誤作「受」，今改。

禮》、《禮記》疏所引《左傳》注，不載姓名而與杜注異者，亦是賈、服舊説。今閲是書，多所甄録，惟劉書于古注所無皆以杜注補之，此則不用杜説，推傳例、師説以相補，惟杜氏用二《傳》説者乃引之，句輯之功，無愧昔賢。季平謬以余爲知《春秋》，挾書求序，略爲述之，恐不足張之也。案此書期月已成，加十年之功，當必有進于此者。改官廣文，正多暇日，季平勉乎哉！光緒庚寅四月，吴縣潘祖蔭。

唐人設科，以《左氏》爲大經，固以卷帙煩重，亦因晚出，師法闕亡，貫通者稀，故與《戴記》①同號難治。范升謂《左氏》授受無人，孝平以後乃暫立學，不如二《傳》師説詳明，其難一也。太常指爲不傳《春秋》，傳中義例間説史事，與經例不同，二也。史稱《左氏春秋》、《國語》，《劉歆傳》云「引傳解經，由是章句理解備焉」，近人遂疑解經爲歆附益，三也。古文博士各立門户，傳爲劉立，《異義》引爲古學，而禮説不同，《周禮》或古或今，疑不能明，四也。三傳同説一經，自異則嫌於迕經，隨同又疑於反傳，五也。全經要例，《公》、《穀》文詳，本傳多僅孤證，欲削則疑於本有，補之則近於膚引，六也。古先著作，惟存杜氏，通塞參半，高下在心，未可依據，七也。漢師根據《周禮》，間乖傳義，一遇盤錯，皆没而不説，八也。六朝以來，辨難皆在小節，不究經義，無所采獲，九也。《公》、《穀》既已紛争，攘臂助鬥，更形

---

①　戴記：原作「載記」，據文意改。

轇轕，十也。積兹十難，久爲墜學。季平素治二《傳》，近乃兼治《左氏》，庚寅成《經説》十二卷，舟車往反，相與辨難，因得盡悉其義。季平經營《左氏》已久，倉卒具草，固無足奇，然巨經墜學，隱義難通，卒能犯險攻堅，拾遺繼絶，不可謂不偉矣。綜其長義，凡有廿端。傳爲解經而作，以經爲主，經例著明，則三《傳》皆在所統，一。先成二《傳》，洞徹異同，補治《左氏》，故舉重若輕，二。以《左氏》歸還今學，理古學牽引之失，考《王制》合同之妙，一貫同源，門户自息，三。以編年解經，出於先師，非《左氏》之舊，則傳義與博士舊説皆明，四。據《史記》爲始師，則傳非古學，説非劉羼，不待詳辨，五。於傳中立「異經見義」一例，傳不合經者可借以見筆削之旨，反爲要例，六。據傳不以空言説經爲主，推考事文，多關義例，雖同二《傳》，非由竊取，七。三《傳》大綱皆同，小有參差，不過百一，别立異同諸表，既喜大同，又不嫌揉雜，八。取《戴記》爲舊傳，六藝、子史莫不同條共貫，闢國百里，如日中天，九。無傳之經説，多詳於别條，鉤沈摭佚，具見詳備，十。杜氏通塞相防，周孔錯出，盡刊新舊之誤，不遺斷爛之譏，十一。據《五行志》所引劉氏諸條皆不見傳，知劉無附益。莊公篇寧闕毋補，尤見謹嚴，説皆舊文，乃足尊貴，十二。於傳中推出新例，確爲授受微言，傳專傳經，不爲史文，二《傳》不書諸例，皆得證明，十三。别出經説，附經而行，與二《傳》相同，則傳本三家，可以共用，古經易於誦習，二《傳》事實易明，十四。據《移書》不言授受，僞撰淵源，無從附會，十五。同盟、赴告、公舉諸例，舊皆以爲史法，今據本傳，證爲經例，然後知傳非紀事之史，十六。三《傳》事禮例，舊説以爲不同者，今考證其互文參差，隱見諸例，不惟不背，反有相成之妙，十七。傳例不全，今就傳文爲之推考等差正變，作爲補例，每立一義，皆從傳生，不苦殘佚，又無嫌膚引，十八。筆削爲《春秋》所重，二《傳》但詳其筆説，削則略焉，今將不見經事依經例編成一書，删削乃詳，因其所棄，知其所存，十九。賢者作傳，祖述六藝，故不獨傳《春秋》，凡所引用，多屬六藝微言。今搜考群經佚説，並可由傳以通群經，廿。有此廿長，故足以平兹十難。余初學《公羊》，用武進劉氏説，以爲《左》不解經。今觀所論述，凡余之素所詬病者，皆非傳義。且旌旗既改，壁壘遂新，不惟包舉二《傳》，六經亦藉以愈顯。吁，何其盛也！自來説三《傳》者皆有門户之見，入主出奴，不能相通。季平初刊《凡例》，亦屬分途，乃能由疑而信，深探本原。禮樂政刑，本屬故物，爲詿誤者所蒙蔽自絶者二千年，一旦歸依故國，復覩冠裳，此非季平之幸，乃傳大①幸也。鄭盦師既爲之序矣，時余方治《周禮》，力申本經，與季平宗旨小别，然通經致用，詳制度而略訓詁，同也。二經皆爲世詬病，歸獄劉歆，今正前失，搜佚義，彌縫禦侮，以期存亡繼絶者，又相合也。既歎季平之勤，自感著述之苦，故論其難易之故以歸之，殊未足自盡其意也。光緒庚寅七月，年愚弟宋育仁撰。

① 大：原作「太」，據文意改。

春秋左氏傳漢義補證簡明凡例 二十則

一、用洪氏本，經、傳别行。倣《公》、《穀》例，將説例解經之文摘録經文下，中字寫，加「○」以别之。傳本不更注釋，分傳用林氏本，有經之傳加黑「●」以别之。至不見經之傳，所有解釋不書於經文例者，則詳於傳。續經亦同此例，以歸畫一。

一、傳文下引經、傳及漢本傳師説者，仿汲古閣注疏體，中字居中寫，古説、非本傳先師及自下己意皆雙行寫，餘意不盡及異説别録疏中。但以説例解義爲主，所以平常訓詁、地理、人所易明者，各書已詳，不再登録，以省繁重。

一、孔子作《春秋》，證明詩書禮樂之道，傳亦不專説經，兼綜六藝，是其巨功。傳中所言《詩》、《書》、《禮》説，今悉據以解説。諸經中多微言大義，足爲全經綱領，較大傳、外傳尤爲精要；因解傳兼《詩》、《書》、《禮》三經，彼此發明，相得益彰。乃知傳兼六藝，不獨爲《春秋》而發也。

一、《國語》與《傳》本爲一書，其中沿變，後人之説皆誤。本當悉取其文，以補傳義，惟其文多，又自爲專書，當存其體，故别加補釋，附傳以行。傳中但云《國語》同異有亡而已，不舉其文也。

一、近人洪氏、林氏，皆志在補傳事。洪書未見，林本所補，僅二《傳》、《史記》數事而已，未能詳備。今先以馬氏《繹史》爲主，仿裴注《三國志》例補之。有補録其事，而注釋可省者多不同也，加考證。又仿李氏①《繫年要録》之例。但此事殊繁，以後再有所補，别自爲書，恐本傳過於煩重也。

一、史公爲《左氏》始師，又所見傳本較今本詳，藉以補證傳義、訂正杜註者最多，故取之甚備。且既録《史記》，則注釋可從省；若《史記》全與傳同者，則於疏中云「從某至某《史記》與傳同」，則不更録《史記》。

一、《國語》用本末例，不編年。先師引傳解經，訂爲此本，其中仍多本末例。以數年、數十年事載於一年之中，杜氏多誤，今據《史記》爲之注明年歲，以明其例。至於杜氏分年，每以追敍之文附於去年之末，割裂猶甚，今悉正之；於追敍之文概歸入本年，於前添註年數，加圈以别之。

一、元年傳言十四事，見經、不見經各半。傳於不見經七事皆説所以不言之故，皆爲筆削大綱，蓋發凡起例，故二年以下遂從略。今推補其例，於不書之事必爲之説。二《傳》但詳見經之事，削例不甚詳明；本傳兼録不見經事，愈以見經之所書皆有所取。據補經例

① 李氏：原作「季氏」，誤。李氏即《建炎以來繫年要録》作者宋人李心傳，今改。

甚多，如據晉、邾遷不書，知衛、蔡書遷有別義，交質子、臣執君皆不書，爲不足爲訓諱之之類是也。

一、二《傳》解經直引師説，禮文如出胸臆，全書無一稱引當時名卿大夫者，《傳》於二《傳》經例禮制之文皆託之時人議論，此不以空文説之故。今於《傳》中閒文瑣事皆以解經之例求之，則大義微言多爲二《傳》所無。《傳》爲左氏自撰，非史官史文愈明。

一、二《傳》經説隨經附見，《傳》則多不見本經下，而見於他傳。莊、僖以上，文雖缺略，然見於文、宣以下追述者不少。二《傳》解經之外説事之文質實簡樸，全與經説無干，《傳》仿經文，緣經説起，引經據典，九流枝術，無所不包。故經文不可以史説之。今就《傳》中閒文佚事著其意在於經，則《左氏》不解經之説可息矣。

一、《傳》由先師續編，故文有失次者，杜氏謂之「跳書」。師非一人，故經説有複出，文見數處者；亦有彼①此小異者；更有説不附經者。至敘事之文，有本一事中間以別事，割截兩傷者；有删削本文，殘文未盡者；有猶存本國紀年稱號之語者。至於前後詳略相反，尤爲易見。使果左氏一人手定，未必如此。今以二《傳》之例説之，以爲出於先師，則諸疑可釋矣。

① 彼：原作「比」，據文意改。

一、三《傳》大故事、大典禮無一不同，後人不能兼通，自生荆棘。今於舊説所稱異事異禮皆能一貫多，合之兩美，經義乃備，凡《異義》、《膏肓》①諸書皆可不作。小有異同，皆經無明文及傳寫歧異者，歸入《傳疑表》，不過十餘事，又皆小節，餘則無不同也。

一、舊説以二《傳》不詳事實，非也，弟子不問事，則師不言耳。故二《傳》所言事實乃多爲傳②所脱佚，及載而不詳者。今悉取以補證，使知三《傳》皆必先明事實，而後可以説經。二《傳》不詳事、《左傳》不詳例之説，可以破矣。

一、二《傳》之筆削，《傳》以告赴代之；名字進退，《傳》以儀節代之。至於内外、尊卑、三世、日月諸例，莫不相同，特二《傳》爲空言，《傳》必以事實代之，恐其衍説失真故耳。今據此立説，救正杜誤甚多。將此例摭拾，彙爲一編，曰《左氏不以空言説經長編》。

一、治《公》、《穀》者畏言《左氏》，甚其言事多與師説不合，不知加損筆削，本傳原有明文；惟其事異，經義愈顯，必須鈎門，乃見合同。三《傳》正以不同爲要，使因循苟同，反不足取。他山攻③錯，兩有所益。

① 肓：原誤作「盲」，今改正。
② 此「傳」字，據文意似當作「經」。
③ 攻：原作「玫」，形近而訛，據文意改。

一、昔人不喜二《傳》空言，務以史説《左氏》。郝氏《非左》動以附會薄之，不知藉事寓言，古書通例，《春秋》爲經，正在撥亂反正，垂訓萬世；《左氏》大功在於發明六藝，皆包九流，兵刑技術，莫不兼綜；使但録淫亂之遭、狂瞽之言，有何可貴？今將《藝文志》所有學問全包於《傳》，六藝以外，九家爲詳，兼採各書，以證明本始支派；文以上詳於經例，昭以下説此事爲詳。著書明聖，固不以鈔胥爲能事也。

一、《傳》有説事實例，有説經意例。如經以齊、晉爲二伯，《傳》則於楚、吴、鄭國皆有伯義，鄭爲卿士，以齊、宋朝王，此事實鄭尊於宋、齊。又云「齊大非耦」，則就經言之，事爲桓、文，義則孔子。三《傳》説經異同，多不出此二例。今於《傳》中意旨務求分别，以各安其意。

一、《傳》文與經同異，杜氏立依經、錯經二例是也。有爲二例不能包者，如「克段」二《傳》以爲殺，《左》以爲出奔；戎伐凡伯於楚丘，《穀梁》以爲衛，二《傳》以爲戎。今立事原、經説二例以統之。事原者，經雖如此書，而事實不如此；經説者，但就經解經，不更探考本事。有此二例，則不惟本《傳》可通，合之三《傳》皆可通①。

一、經傳義例、名號、事實，有非圖表不明者。今别爲《圖表》一卷，加於經傳之前。

---

① 可通：二字原缺，據文意擬補。

一、杜氏有《釋例》，今將其本並馬氏《釋例》詳加駁正，別撰《釋例》。一書合通三《傳》，兼包六藝；除杜氏舊目外，添補要目數十，悉本傳義。此書一成，巨細皆舉矣。

左氏春秋學外編凡例①

一、②三《傳》同説一經，本屬兄弟，表裏③既分，自各有面目。然全書同異不過一二十條，皆屬微末，至於大事宏例，三家未有不同，特爲舊説所蔽耳。學者苟於立異，自謂家法分明，實係畏難苟安，不求甚解。今於素來争執不能一尊之條，立《三傳合同表》以統之。凡古今紛争辨訟不劃一者，盡歸此表。《合同表》。

一、三《傳》初本相同，末流漸異，今於其異説中立《同源異流表》。如用夷禮則夷之，二《傳》以爲滕、秦，《左傳》以説杞，然而相傳事此例則同也。諸侯同盟，於是書名，《穀梁》以説宿，《左氏》以説滕，然其同盟書名之例則同也。枝節雖殊，本根不異，今故立《同源異流表》，以見其異中未嘗不同也。《同源異流表》。

一、傳例有專條，有通例；通例可推於他條，專條則專説本事而已。二《傳》如三世、内娶、

① 案：《群經凡例》原目作「左氏學外編凡例」。

② 案：序號原無，據前篇例加。

③ 表裏：原作「毛裏」，據文意改。

外災、及我乃書、賢者不名是也；本傳如妾者因不赴不祔、不稱小君、内戰有二、未陳曰敗、諸侯卒同盟書名之類是也。自來師説，皆張皇所短，推説他條。漢師已多誤説，杜氏尤甚，每諸侯卒必言同盟，夫人葬下必言三《禮》是也。推補之例，必皆精實；通例不敢主張，專條以致疑誤。作《二傳專條表》。

一、傳例五十凡，前人有專書，皆隋修《經籍志》①，今補之。凡已具者不必論，其不備者補之。有凡例僅言其半，就傳例補全者。如傳例言弑君稱人君無道，稱臣臣之罪，同二《傳》，而不言殺大夫。據此可補：凡殺大夫，稱人以殺，臣之罪也；稱國以殺，罪累上也。凡君不道於民，諸侯討而執之，則曰某人執某侯；不然則否。此同二《傳》也，而不言執大夫。可據補：凡臣無罪，諸侯討而執之，則稱行人；不然則否。入歸凡四語，諸侯、大夫互文，各有其半，當補之。五十凡舊説多蒙混，一事凡不能清晰。如同盟、赴名二凡，分之，一爲内例，一爲外例；去國凡四句，二爲諸侯，二爲大夫；赴告二凡，一爲内，一爲外。其有字誤，則證之，如「稱君君無道」，上「君」字當爲「人」；「得用焉曰獲」，「用焉」當爲牛馬之類。所有禮例十七凡，並爲分别考證，皆引經、傳以證之，又爲補二凡，如《五行志》引「凡雹，皆冬之愆陽，夏之伏陰」，本傳「凡物不足以講大事，其材不足

① 經籍志：原作「籍志」，據《隋書》補。

以備器①用，則君不舉」、「君舉必書」二凡是也。作《五十凡補證》二卷，上卷爲經例，下卷爲禮例。

一、《左氏》晚出，説、微多亡佚，漢師、杜氏皆引二《傳》相補，今不能不仍因其例。惟分門已久，一意合通，難免壞亂之譏，《補例》篇採擇尤宜詳審。今立十例，以嚴門户，將《三傳同例》、《同源異流》二表冠於首。一補師説。與二《傳》同者，再加擴充，如素王三統、義同文異之類。二補五十凡例。五十凡與二《傳》同者，皆見同表，然多未備，宜采補之。故《五行志》引「説曰有雹凡」一條，鄭興傳説「齊小白入」一條，皆爲傳所無，今據以補其全。三補傳例。傳中散見，文多未備；如有君無臣、有内無外、有正無變、有綱無目，今悉補之。四補闕例傳文。漢師、杜氏同有之例而文不全備者，如内外、中外、尊卑、日月、隱見、筆削、加損、輕重、詳略之類，爲治經要例，而三者皆略而不備，不足用，今悉推廣之。五補新例。傳有古義師説，爲二《傳》所無，本師闕而不説、新傳推得者，如異姓爲後、宋王後有監、唯卿爲大夫、長義諸條是也。六補細例。鄭君於「自外虐其君曰戕」條補細例，潁氏於「邑曰築」凡下補細例；今仿其例，於舊例中補之。如「未陳曰敗」、「皆陳曰戰」當補内外、尊卑、中外、大小諸例是也。七補漢師例。如賈既用《穀梁》「桓

---

① 器：此字原脱，據《左傳》隱公五年補。

無王」之説，則隱無正、文無天、昭無正終、定無正始當用之矣；既用《穀梁》言桓十年有王以正曹伯，則諸侯卒皆言正不正可知矣。當①推補其闕佚。八補杜例。杜氏號爲簡二《傳》以去異端，實則其取二《傳》者十分之三四；其所不通、不敢引用，或立異求新、不肯因仍之條，有爲要例不可少者，今悉仿其例取之。九補史例。凡傳文與經異者，此爲筆削加損例；今悉取其異文，以補經、史不同之例。終爲《補例表》。凡不見《三傳同例表》，爲今所補者，統爲一表居後。志在以《左氏》言《左氏》，當不致有亂家法也。

一、漢儒舊説，臧氏、李氏、洪氏、馬氏、劉氏諸本久已刊行，今《補證》中採録漢説，其出處詳於疏中，其有新得者，亦同此例。一俟採録已齊，當别爲《左氏漢師遺説②考》，補證諸家，以爲定本。師説於《史記》、鄭君採之尤詳。又③，漢師説間有誤解。附録證之。

一、《傳》傳於劉氏，漢師因其晚出，歸入古學，説者遂以《左氏》與《周禮》同爲古學。今考傳文，禮制全同《王制》、博士，絶無《周禮》專條，今故歸還今學。所有舊説，以《戴記》爲宗，至漢師誤用《周禮》説者，隨文駁正之。别立《左氏與僞周禮不同表》。

① 當：此字原無，據文意文例擬補。
② 説：原無，據文意補。
③ 又：原作「文」，據文意改。

一、三《傳》禮説不同，見於《異義》者三四十條。舊説立意求分，不知異同每爲起數，參差互見諸例，今考傳記，靡不通貫。所有舊以爲異而實同者，爲《三傳禮制相同表》。

一、《春秋》制作，但存大綱，所有細節，七十子之徒各有己意立説，所謂此其大略，尚待潤澤者也。《傳》中所爲三代之制，多爲三統例，蓋《春秋》百世不易，而易代興王，不能不改，故孔子别撰三統之例，以通其變。今立《禮制三統表》，凡諸經傳與《傳》參差者，則統歸之三統。務使同源共貫，不致紛歧，亦以賈、服原有三統説也。

一、近人以傳爲劉歆附益，劉申綬有《考證》一卷，今駁之。後人考《左氏》者，京山郝氏有《非左》二卷，亦駁之。凡本傳舊説之闕失，前人所譏詆者，務别求實義以説之。

一、舊撰《公》、《穀》二經皆不用舊注，别撰《商確》、《糾繆》二書駁正之。今倣其例，作《集解辨正》四卷、《釋例評》四卷、《馬氏左傳例評》一卷，所有誤承漢師説者，並爲正之。别爲《删例表》，凡舊説之誤者悉入此表，以便觀覽也。

一、舊撰《穀梁古義》，作《起起廢疾》一卷。今從其例，别爲《箴膏肓評》一卷，鄭君要義摘録之，以歸簡要。鄭説《春秋》多本《左氏》，故《起廢疾》、《三禮注》、《詩箋》及鄭氏佚書中凡説《春秋》者，悉採之。《左氏》爲今學，以《王制》爲歸，舊以爲古學者誤。今以《王制》爲主，取傳文注之，以明其義，作《左傳王制注》二卷。

一、《左氏》淵源，《史記》不詳，劉氏遺書①不舉先師，范升云師徒相傳，又無其人，古學弟子頗有異説，魏、晉以下，尤爲荒誕，劉申綬《左氏考證》下卷嘗攻僞説。今作《左氏淵流考》，以《史記》爲主，所有《釋文・序録》、《隋・經籍志》等僞誤，悉爲考證，以祛僞説。唐、宋以下，則不復論及焉。

一、説經取二《傳》，以補未足，然《傳》中所有真古師法、與經切合不可移易，而爲二《傳》所遺者，編入《左氏長義》，並於《公羊》、《穀梁》傳中補入此例，以見三《傳》同源。若有異同之條，則惟各存其實，不必淆亂也。

一、董子云：「撥亂反正，莫近《春秋》。」漢師皆主此義。《春秋》固爲萬世法，切要尤在救時弊。今據傳文作《反正表》，凡傳文時事與《春秋》相反者列於上方，以《春秋》禮制撥正之。如世卿不親迎、同姓昏、不討賊、諸侯再娶、不三年喪、喪中祭之類，悉録事實，以《春秋》救之。

一、近人於二《傳》皆有「禮徵」之作，《左氏》善禮，乃無專書。今於師説之前輯經、傳、《戴記》禮制之説，以爲《左氏禮徵》。其中詳於二伯、四岳、方伯及國器服、名號，以補江、秦諸家之闕。

---

① 遺書：似當作「移書」，謂劉歆移太常博士之書也。

一、六藝傳於孔子，同源一貫，董子所謂「《春秋》明三王之道」，《中庸》所謂「考三王而不繆」者也。今以《春秋》通群經，如二伯四岳方伯之制，群經皆同，在《詩》爲周、召，在《書》爲太保、畢公，在《曲禮》爲六官之長，是也。又如方伯之制，在《書》爲四岳，爲東方諸侯、西方諸侯，在《詩》爲邶、鄘、衛、鄭、齊、唐、魏、豳、秦、陳，在《禮》爲州牧、侯牧、九州之長，是也。《春秋》譏不親迎，而群經皆主親迎；譏不三年喪，群經皆主三年喪。《左氏》經傳以通群經，作《春秋法古表》，以通經學。

一、《春秋》上以法經，下以徵史，百世以俟聖人而不惑，繼周百世可知。《春秋》立一王之法，百世皆入其範圍而不能異。又，後世禍變，經、傳實已先設其防。今立《春秋俟後表》，一爲因法，見秦以下事故百變，不出《春秋》，以通經、史之聲氣；一爲鑒戒，見亂臣賊子①所依託之事，聖人皆已爲立防，此《春秋》成所以懼也。如開選舉、改郡縣，即本不世卿②之意；禮樂兵刑，固無不本於經傳也。

---

① 亂臣賊子：原誤倒作「亂子賊臣」，今乙。

② 卿：原作「鄉」，據文意擬改。

禮經凡例①

一、《經解》所言禮教，即指《儀禮》，與《詩》、《書》、《樂》、《易》、《春秋》合爲六藝。《禮記》爲傳記，出於先師，至《周禮》則爲官職，如今《搢紳》。中多制度，非儀注，以「周官」之名爲正，當爲《王制》立官傳説。或以《周禮》爲經禮，《儀禮》爲曲禮者，誤也。

一、《王制》司徒所掌六禮，即今《儀禮》，專詳儀節，爲上下日用行習通行，凡非司徒所掌者，於《别録》屬制度，不得以禮爲名。《漢書·志》、杜氏《通典》專以儀節爲禮，最得古義。自朱子誤收王禮，近人更毫無區别。《儀禮經傳通解》誤收王禮，《禮經通例》、《五禮通考》遂以典制之事概名爲禮。今以儀注爲禮，不用僞「周禮」、「五禮」名目，以合司徒之義。凡軍制、明堂皆不取之。

一、禮與樂類與《詩》、《書》爲四教，《論語》稱「執禮」。《詩》、《書》屬諷誦，禮樂屬行習，不易之論也。庠序立教，故於士禮爲詳，取其切近，兼以用之者多。若天子、諸侯禮節，則有司存，故詳於卑而略於尊。

① 案：《群經凡例》原目作「禮經補證凡例」。

一、經傳庠序貴於簡易，十七篇録要起例，本末已備。邵氏《通論》言之甚詳。以禮書論，若《開元禮》、《會要》、《儀注》等書，非不詳盡，然何能人置一編，命之肄業？且與各經多寡懸殊，三年通經，豈能過爲煩重？既已通經，經之所無，緣經草創，後世禮官，職掌千百，經文固不出其範圍，何嘗苦於缺略。以十七篇爲不全，乃古文僞説，惟之別經，其事自明。

一、禮有五等差別，經則但録一篇，傳記補其異同，此一篇可作五篇，於《相見》、《覲禮》、《少牢》、《特牲》更即等差以示推比。經言大略，潤澤在人，固不以不收《公冠》爲疑。

一、禮有異名同實，朝聘、會盟、燕享、飲食，名目雖有區分，節儀無大改變，舉一反三，由顯推隱，傳記或示異同，亦如五等差分之例，一篇可作數篇之用，端由善悟。使備録其文，則重複雜沓，反生厭倦①之心矣。

一、經不但篇目不備，且每篇亦多互見之例，此篇已詳，於彼從略，既始已詳，則終可推，不可拘無明文，指爲缺典。如冠無見父及兄弟之文，昏無初見廟及舅姑、賓客之類。《春秋》之例，貴於比屬，又因疑惑，乃爲明之。凡所易明，皆不再見各篇文，一例即各篇文不全録也。

一、經從簡貴，傳務詳明。《詩》、《書》、《春秋》，其例可推。除本經記傳以外，凡雜見兩戴及他書，皆取附各篇之下。以《喪服》而論，《大傳》、《小記》、《閒傳》、《服問》、《三年喪問》、《喪服四制》合之本經

---

① 倦：原作「卷」，據文意改。

之傳，是經一，傳、記、問共有七篇。以此推之，是傳記之文當過於經文五倍也。其非全篇者，亦依類采入①。至於事蹟，亦仿《經傳通解》之例於篇末。

一、《左傳》有先經之例，今取吴氏所補《逸禮》篇補篇前，以爲先經起義。如《釁廟》、《遷廟》補於《祭禮》之前。

一、《左傳》有後經之例，今取吴氏所補《逸禮》篇目補於篇後，以爲後經終事。如繹祭之類。

一、存附篇。凡事與經不屬者，則依類取其儀節附存之。

一、補儀節。各篇所有關義萬不可所②者，則爲補録於後，如祭禮但詳享尸，而祊祭迎主於堂，薦毛血之儀皆無之，有終無始，萬不可缺，則取《禮記》諸文補其儀節。《昏禮》先祖後配，則據《左傳》補之。

一、《禮經》但録綱禮常文，至於臨事不能拘泥。《春秋》藉行事以明王制，多有變化，無一板執。如《王制》、《左》、《國》藉行事以明《禮經》，亦如《春秋》之作。《春秋》無一不本禮而發，特事有常變，文有差互耳。當實引據之，不可斥爲異己。

一、賈子《容經》所謂曲禮威儀，但説一事，不相貫串，先習《容經》，後通《儀禮》，以《儀禮》由

---

① 入：原作「人」，據文意改。

② 所：疑誤，或當作「無」或「闕」。

《容經》湊而成。《容經》如小學釋字，《儀禮》則經説。今既别注《容經》，凡單説一節者歸《容經》，不入此門。

一、後世儀注諸書，多爲禮臣草創，事雖新出，儀可類推①，識者不非之，以爲但得禮意，不外人情。然其草創皆由經推例而出，故十七篇足以盡天下萬世之變禮。叔孫通草朝儀，固不必出舊文也。

一、孔子所作，以《春秋》爲大綱，所謂天子之事，其文皆見《王制》、《儀禮》，皆司徒所掌之儀節，在三公爲所掌一事。凡《春秋》所譏失禮者，皆爲周制。如喪祭、喪娶、喪中用樂、不親迎、喪不三年，與世卿、税畝之類，在周爲通行，在《春秋》爲失禮。而《儀禮》所言，皆與《春秋》合，此爲制作無疑。

一、《儀禮》但説六禮，其有在此外者②，皆係别經説，非《儀禮》之文。如《明堂》、《月令》，《尚書》説，《弟子職》、《胎教》、《禮論》之類，則《孝經》説，皆不在六禮之中。由此推之，總之司徒所掌六禮儀注乃入此。儀注甚繁，舉一以示例，故舉十七篇以統之。

一、《儀禮》經以互文爲大例。凡儀注之文，重言則嫌瑣，不詳則闕略，經則專以互文相起，

---

① 推：原作「惟」，據文意改。

② 在此外者：原作「此在外者」，據文意乙。

凡見於此篇者，則彼篇可略，又凡人所知者，皆不言之。如昏之見廟、冠之見母，非無其事，文不備耳。如祭祀，經但有享尸之事，而無祭主之儀，而記則多言祭主，此當由存記文以推補之。

一、《喪服》爲經中要篇，前人多專門相傳，其記最多。今彙輯附以便考尋，凡同者别附存之，以爲異義焉。

一、孔子修《春秋》，據百二十國寶書，則《儀禮》亦從周禮出。《禮運》言得夏時、殷易，蓋以周有文徵也。孔子適周問禮，即録其底本而歸，文則周禮，獻則老聃，《論語》所謂「夏殷不足徵」、「周郁郁」、「吾從周」，《中庸》「今用之，吾從周」。孔子周之臣子，從周何待言，以吾與周對文，明此繼周之義，本可參用二代禮以相損益，而無徵則不得用周禮爲底本，而加損益，緯以孔子爲周殷禮，亦據周禮册，而參以殷意，非參以殷册。諸書所云「吾從周」者，謂定《儀禮》皆由周會典作藍本，於他事不相干也。

一、《禮經》有記、有義。記以推儀節，義以詳義理。如《戴記》鄉飲諸義是也。凡專屬别經者歸别經外，如《祭義》屬《孝經》之類。説《儀禮》者通輯之，《士冠禮》已取《郊特牲》一篇，今從其例，悉爲補入。其中有明文篇名者少，經凡無明文篇名與零篇脱節，悉依其例歸之，以記附經，以義附義，凡《儀禮》説皆當類輯，如《經傳通解》之例。

一、周禮專條與《王制》異，而儀節則多用《儀禮》。今於周禮儀節細爲推詳，凡與《儀禮》不背者悉取附記義中。

一、禮家議禮，異説最多，俗宜各有所從，文質自隨所近。今凡異説皆輯之，以爲《禮家與儀禮禮制不同表》。

一、孔子翻定六經爲一王之制，《儀禮》與五經實相通。今凡諸經儀注之事有與五經相通者，彙輯之以爲《儀禮與五經通禮考》二卷。

一、草定儀注，凡記文佚傳殘脱不全，或重文複見參差不齊者，則推類援例，草定儀注，以復舊觀，兼以收拾殘零。

一、後世典禮、儀注如徐、秦《通考》所采通書，皆《儀禮》之支流也。今當溯①其源於《儀禮》，故治《儀禮》者宜通考歷代儀注節目也。

① 溯：原作「朔」，據文意改。

容經學凡例①附《儀禮》後

一、班《志》、《儒林傳》云：漢興，魯高堂生傳《士儀禮》②十七篇，今之《儀禮》爲經者也。又云魯徐生善爲頌，師古曰：頌，讀與「容」同。孝文時以善爲頌爲禮官大夫，傳子至孫延、襄。襄其資性善爲頌，不能通經；延頗能，未善也。襄亦以頌爲大夫，至廣陵内史。延及徐氏弟子公户滿意、桓生③、單次皆爲禮官大夫，而瑕丘蕭奮以禮至淮陽太守，諸言爲頌者由徐氏。蘇注引《漢舊儀》有二郎爲此頌貌盛儀事，有徐氏，徐氏後有張氏，不知經，但能盤辟爲禮容，天下郡國有容史，皆謁魯學頌。案：頌即賈子之《容經》，爲《禮經》之緯者也。

一、徐氏所傳之禮，與高堂生所傳一經一緯，至今其書存於《新書》，猶有經名。欲習儀者，當由容始。今以《容經》傳記附於《儀禮》之後，同爲魯學。

① 案：《群經凡例》原目作「容經類纂凡例」。
② 士儀禮：《漢書・儒林傳》作「士禮」。
③ 桓生：原作「柏生」，據《漢書・儒林傳》改。

一、《容經①》共十六門，志色、容、視、言爲四經，立、坐、行、趨、跘、旋、跪、拜、伏、坐車、立車、兵車爲容之節目。四經又分四目，曰朝廷、曰祭祀、曰軍旅、曰喪紀。立、坐又分四目：曰經立經作、曰共立共坐、曰肅立肅坐、曰卑立卑坐，而末以總禁統之，皆經文有韻，以便誦習。後八節皆總論此事，如《儀禮》之義也。

一、《容經》又名《曲禮》，所謂「曲禮三千」者也。經以志容視言爲綱，以下詳於容而略於三事，當是以容包三事。然佚容只四字，定有脱文。考之《戴記》、子傳，闕節尚多。今先就此十六門剌取記傳，爲之注説，凡有此經未備而見於記傳者，依例補目，附於本經傳記之後。大約其旨亦數千也。

一、經首志色，志在中，色發外，實一事也。今分朝廷、祭祀、軍旅、喪紀四目，分取傳記之志色，其有言志色不入四門者，彙附於後。

一、《容經》既分四目，今作爲四巨册以歸之，而下文言容之事復有十一門，則爲志容一門子目。大約此條爲詳，然有出於四目、十一門之外者，如飲食、饋獻、洒掃之類，則仿其例，附於巨册之後。

一、視經依例分四目，所有以下十一門之視亦依例分收。其有不入此目者，彙附於後。言

---

① 容經：原無「經」字，據《六譯館叢書》所收别本《容經凡例》補。

經倣此。

一、立、坐分經、共、肅、卑四目，而以經坐爲綱，下三目皆由經而小變。經立微罄微折，又爲下諸門之綱領。今依彙鈔附傳記焉。坐以經立爲宗，餘亦同例。

一、行、趨、跸、旋、跪，皆以共立微罄之容爲本，而小有參變，各依類纂，附同上例。

一、拜以肅立罄折之容爲本，而小有參變。跪禮有脱文，然傳記之言跪者亦依例分入。

一、末三門皆車事，坐、立依經禮，兵車則變之。今亦依例分類纂輯附入。

一、總禁統説失禮者，凡傳記禁止、勉勵及一切總論節目，皆附之。

一、容事所有五等不同之制，總爲一類，立表以明之。又一人之事因人之尊卑而變者，别爲一類，亦立表以明之。前一例如「天子穆穆」云云，下一例如「孔子於鄉黨」云云是也。

一、孔子制禮，故弟子及時人問禮多主新制而言，非舊有之文。問者不知翻檢，徒瀆煩取巧便也。今立此一門，凡問答之詞皆入焉。此爲《儀》、《容》二經之凡例，非數舊典而已。

一、孔子制禮，故《鄉黨》兼記儀、容二經之事。此孔子草定之佚文，與弟子法聖之身教。儀注猶多據舊典。至於《容經》，則尤多以意起也。此當以《禮運》三篇爲首。

一、傳記所問答詞命之節，舊無所統，今以歸入言經，彙爲一册。如《曲禮》、《少儀》應對諸條是也。

一、《新書》禮容語皆《容經》之傳義也，取以附《容經》之後。所闕上篇依例輯補，更廣輯舊事，以爲附篇。

一、《别録》有「通論」子目，今依其例，凡《戴記》所有説儀容專篇，取爲通論附後。外有散文脱節，凡係説禮與儀容者通輯之。

一、此經專以儀容爲主，所有制度之事歸入《王制》，樂事别爲一經，至於婦女禮少，《儀禮》胎教、保傅、學禮之類，統附《孝經》後，以示區别。

〔附〕容經凡例①以《容經》爲主。

一、學堂修身教科書苦無善本，厥有二端：一舍身本位，泛及倫理社會，不能劃清界限；一牽涉理解，如《論語》、經傳高深玄微之論，使初學無從領受，視爲畏途。今以《容經》爲主，專就身字立説，以符其名實，舉切於耳目、手足、衣服、飲食之事，專主行蹟，不涉理論，教者故易於指授，學者亦易於領解，豈不兩得其益哉！

一、古昔以《爾雅》、《説文》爲小學，以其但解本字，不與他字連綴成文，取記憶之力爲多，故于幼稚腦力相宜。後人乃以《四書串講》等書代之，義理高深，非幼稚所能領解，則不得不以俗情俚論開導之，繆種流傳，積非成是，群以孔孟爲村學究，其於②學問大有防礙。

---

① 案：此爲別本《容經凡例》。據廖宗澤《六譯先生年譜》光緒三十三年丁未（一九〇七）記：「先生舊有《容經學凡例》十九條，今更增七條，意以《容經》作學堂修身教本。按，所增七條不詳何年，因有『作修身教科書』之言，故以意附於《倫理約編》之後。」今兹附録於《群經凡例·容經凡例》之後，以便比較。

② 於：原作「餘」，據文意改。

《禮經》如四書，《容經》如《爾雅》、《說文》，綴文字以成經，連六容以爲禮，習容爲習禮之初基，亦如讀經之先治《爾雅》、《說文》也。

一、此科專就修身立教。《大學》言修身在正心，心學深隱，非初學所宜，俟入中學以後，再行補授。至於倫理屬家學，社會屬國學，另有專科，故亦不濫及焉。《大學》：天子、庶人皆以修身爲本。《孟子》亦以身爲天下國家之本，脚踏實地，易知易行，不似格致舊說之頭上安頭名目也，亦難解也。

一、班《志》、《儒林傳》云：漢興，魯高堂生傳《士儀禮》①十七篇。今之《儀禮》爲經者也。又云：魯徐生善爲頌，師古曰：頌，讀與「容」同。孝文時，以善爲頌，爲禮官大夫，傳子至孫延、襄。襄其資性善爲頌，不能通經；延頗能，未善也。襄亦以頌爲大夫，至廣陵內史。延及徐氏弟子公户滿意、桓生②、單次皆爲禮官大夫，而瑕丘蕭奮以禮至淮陽太守。諸言爲頌者由徐氏。蘇注引《漢舊儀》：有二郎爲此頌貌盛儀事，有徐氏，徐氏後有張氏，不知經，但能盤辟爲禮容。天下郡國有容史，皆謁魯學頌。案：頌即賈子之《容經》，爲《禮經》之緯者也。

一、徐氏所傳之禮，與高堂生所傳爲一經一緯。今其書存於新書，猶有經名，欲習儀者當由

---

① 士儀禮：據《漢書・儒林傳》，當作「士禮」。

② 桓生：原作「柏生」，據《漢書・儒林傳》改。

容始。今以《容經》傳記附於《儀禮》之後，同爲魯學。

一、《容經》共十六門：志色、容、視、言爲四經，立、坐、行、趨、跘、旋、跪、拜、伏、坐車、立車、兵車爲容之節目。四經又分四目：曰朝廷、曰祭祀、曰軍旅、曰喪紀。立、坐又分四目：曰經立經作、曰共立共作、曰肅立肅坐、曰卑立卑坐，而末以總禁統之。皆經文有韻，以便誦習。後八節皆總論此事，如《儀禮》之義也。

一、《容經》又名《曲禮》，所謂「曲禮三千」者也。經以志、容、視、言爲綱，以下詳於容而略於三事，當是以容包三事。然佚容只四字，定有脱文。考之《戴記》、子傳，闕節尚多。今先就此十六門剌取記傳爲之傳記，凡有此經未備而見於記傳者，依例補目，附於本經傳記之後。大約其旨亦數千也。

一、經首志色，志在中，色發外，實一事也。今分朝廷、祭祀、軍旅、喪紀四目分取傳記之志色，其有言志色不入四門者，彙附於後。

一、《容經》既分四目，今作爲四巨册以歸之，而下文言容之事復有十一門，則爲「志容」一門子目。大約此條爲詳，然有出於四目十一門之外者，如飲食、饋獻、洒掃之類，則仿其例附於巨册之後。

一、視經依例分四目。所有以下十一門之視亦依例分收，其有不入此目者，彙附於後。言經仿此。

一、立、坐分經、共、肅、卑四目，而以經坐爲綱，下三目皆由經而小變。經立微罄微折，又爲下諸門之綱領。今依彙鈔附傳記焉。坐以經立爲宗，餘亦同例。

一、行、趨、跘、旋、跪，皆以共立微罄之容爲本，而小有參變，各依類纂附同上例。

一、拜以肅立罄折之容爲本，而小有參變。跪禮有脱文，然傳記之言跪者亦依例分入。

一、末三門皆車事，坐、立依經禮，兵車則變之。今亦依例分類纂輯附入。

一、總禁統説失禮者，凡傳記禁止、勉勵及一切總論節目，皆附之。

一、容事所有五等不同之制，總爲一類，立表以明之。又一人之事，因人之尊卑而變者，别爲一類，亦立表以明之。前一例如「天子穆穆」云云，下一例如「孔子於鄉黨」云云是也。

一、孔子制禮，故弟子及時人問禮多主新制而言，非舊有之文，問者不知翻撿，徒瀆煩取巧便也。今立此一門，凡問答之詞皆入焉。此爲儀、容二經之凡例，非數舊典而已。此當以《禮運》三篇爲首。

一、孔子制禮，故《鄉黨》兼記儀、容二經之事，此孔子草定之佚文，與弟子法聖之身教，儀注猶多據舊典，至於《容經》，則尤多以意起也。

一、傳記所問答詞命之節，舊無所統。今以歸入言經，彙爲一册。如《曲禮》、《少儀》應對諸條是也。

一、《新書》禮容語皆《容經》之傳義也，取以附《容經》之後。所闕上篇，依例輯補，更廣輯舊事，以爲附篇。

一、《别録》有「通論」子目，今依其例，凡《戴記》所有説儀容專篇，取爲通論附後。外有散文脱節，凡係説禮與儀容者通輯之。

一、此經專以儀容爲主，所有制度之事歸入《王制》，樂事别爲一經。至於婦女禮少，《儀禮》胎教、保傅、學禮之類，統附《孝經》後，以示區别。

一、《鄉黨》、《曲禮》、《少儀》、《内則》、《弟子職》各篇，爲修身設教專篇，若按門分别，不免過於破碎。今於五篇皆摘録原文，又不嫌破碎，乃爲合宜。

一、衣服、飲食於修身最爲切要，今於《容經》外立此二大門，凡古書原文，或依其次序，或以類相從，各從所宜。

一、婦女修身科條，與男子本屬相同，唯其中有特别之條，亦如醫書於通治以外，特立女科一門，附於各門之後。

一、修身一科，爲蒙小學之根本，所謂普通知識，國民之資格。《大學》言「自天子以至於庶人，壹是皆以修身爲本」，近之齊家治國，遠之參乎天地，皆不外乎身學。故經説有「中國一人」例。今以《素問》、《蘭台秘典》爲主，而推一身以比天下，及位育天地之説，亦略備其文，以爲修身之歸宿焉。

兩戴記分撰凡例①

《分撰凡例》已刊，今所見與前説有異同，别訂爲此編焉。篇章義例無所更異。丁亥六月八日識。

一、六藝皆孔子一家之説，改制之文，全在《王制》，故以《王制》爲首，凡下十四門皆爲《王制》所包，兹不取以爲説，惟言經濟、制度者乃入此門，立《王制記》。一。

一、《王制》有佚文，制度不全，其説往往見於傳記、子史。兹於《王制》凡例中立此一門，取今學説禮之書以爲證，並於記文中立此一目。凡與佚禮合者附采之，立《王制佚記》。二。

一、《易》爲六藝之首，《本命》、《易本命》、《中庸》用惠説，前後皆《易》説。皆《易》説專篇，《禮運》、《樂記》亦多《易》説。兹立此門，收録全篇，凡散見者亦采之，立《易記》。三。

一、《周書》出於東漢以後，雜采諸書而成，與《書》近。如《踐阼》、《明堂位》之類是也。兹立一門，凡散見者皆附焉，立《書記》。四。

一、子游習禮，見於《記》中者，《禮運》三篇。今分訂經、傳、記，以爲《禮説記》。五。

---

① 案：《群經凡例》原目作「兩戴記凡例」。

一、樂禮早佚，劉歆以《周禮·大司樂》章爲經，俟考。《樂記》一篇，乃其大綱。今立《樂經》一門，其詳見於《樂例》。於《記》中取《樂記》以外，散見者皆取之，立《樂記》。六。

一、《春秋》因以《王制》爲舊傳，既立《王制》統今學，茲不取之。凡記文之散見，説《春秋》者彙輯之，以爲《春秋記》。七。

一、《儀禮》記義多見《記》中，於儀例立此一門，取記文及《儀禮》記文，立《儀禮記義》。八。

一、《儀禮》外傳多見於《記》中，於儀例立此一門，取記逸禮，立《逸禮記》。九。

一、《儀禮》爲經，《容經》爲緯，所謂三百、三千也。《容經》今在《賈子》，茲於儀例中立此一門，以收記文，立《容經傳記》。十。

一、《喪服》爲《儀禮》大門，茲收傳記並散見者，凡與《喪服》不合者歸入周制佚存，立《喪服記》。十一。

一、曾子傳《孝經》，《大戴》十篇皆《孝經》説，經少而傳記詳。茲立爲《孝經》一門，凡全篇之外散見者亦附焉，立《孝經記》。十二。

一、《論語》六藝總滙，茲取《哀公問》等篇孔子言歸入《論語》之下，立《論語記》。十三。

一、三代不尚學，學禮皆孔子所開，特爲選舉而改，所謂三代共之者，皆推本三王，與《詩》、《書》同意，所謂微言也。茲立《學禮》一門，凡教學事師之事皆入焉，立《學禮記》。十四。

一、婦女禮無別本，兹立此門，盡收禮文，編類成帙，以便講習。内官百廿，皆外官之妻，天子十二名，名見《董子》。今考婦職與外官相配，立《婦女禮》。十五。

一、小學所傳朱子本多割裂，經文不善。兹除歸入《儀》、《容》二經外，凡單言弟子禮者歸入此篇，《弟子職》亦附焉，立《小學禮》。十六。

一、緯書爲治經要秘，兹單鈔出《經學説》一門，立爲緯學，並取《記》文合者以相印證，立《緯學考》。十七。

一、《記》文别録有「通論」一門，兹立此目，以符舊觀，凡屬通論禮制者盡附之，立《通論》。十八。

一、《記》有「經學」一門，先師説經之書也。兹專立此門，《經解》爲主，《喪記》、《坊記》、《孔子閒居》入焉，立《經學記》。十九。

一、《記》有孔子家録入者，爲儒家言，如《儒行》、《本命》之類，集爲《儒家説》。二十。

一、記有陰陽五行家説，此亦《洪範五行》之流也。《夏小正》、《月令》、《盛德》之類是也。彙輯之以爲一門，立《陰陽五行記》。廿一。

一、自七十子以至哀平，傳習皆今學，久則不能無異同。《記》有異説、異勞者，多爲互見例，是必求同，凡有不能同者，以爲三統説之文，立《三統表》。廿二。

一、《左氏》漢人以爲古學，欲與今學立異。然其①本爲今學專派，不能□②以爲古。如《曲禮》、《檀弓》所有《左傳》説，兹仍歸之今學。兹立此一門，如《祭法》專篇收入之以外，散見者亦采焉，立《左氏記》。廿四。

一、《周禮》爲《逸禮》舊文，《曲禮》六大、五官、六府、六工即其原目。除劉歆羼補，餘皆今説。《朝事》、《盛德》、《玉藻》、《深衣》、《内則》文多同《周禮》是也。今既删去僞説③，更輯録諸篇以證周禮④，立《周禮考》。廿五。

一、《記》有「古史」一類，如《五帝德》、《帝繫姓》是也。此爲尚書傳説之文，兹立《古史記》。廿六。

一、六藝皆孔子所定，當時行禮佚事，乃有與《王制》、《儀禮》不同者，此爲真周禮。兹彙輯之以爲《周禮佚存》。廿七。

一、當時禮論有不爲弟子所傳，或古人所説多與今學不合，與《異義》有别，此爲時論異説，

---

① 其：原作「侍」，疑誤，據文意改。
② □：原書此字漫漶不清。
③ 僞説：「僞」字原爲墨丁，據文意補。
④ 周禮：「周」字原爲墨丁，據文意補。

立《禮説佚聞》。廿八。

舊以《記》有今、古派，兹併歸入今學。其有異義者，立異例四門收之，不以爲古。古學成於東漢，皆晚近之説，《記》中無之也。古《書》、毛《詩》，漢人推《左傳》、《周禮》以説之者。古《易》、古《孝經》、《論語》所出尤晚，又漢人推古學四經以説之者。皆爲漢派，《記》無此義，又不能成家，故古學中不立《詩》、《書》、《易》、《孝經》、《論語》五經説也。

周官考徵凡例

一、①《周官》終西漢之世未立學官，傳習者稀，師説甚微，源淵不具，實出孔壁，即劉歆《移書》所稱之《逸禮》也。《藝文志》：「《禮古經》者，出於魯淹中及孔氏，與十七篇②文相似，多③三十九篇。」漢師因此三十九篇，釐爲六篇，乃爲今本。

一、《周官》漢儒以爲周公作，稱爲「古經」，以爲古文學本源。據《周官》以説各經，乃成爲今、古門户之説。今考訂《周官》原文，制度實與六藝相同，並無齟齬。無論果否出於周公，但六藝折中孔子，既經論定，統爲經學而已，不再立今、古之目。

一、《周官》詳於制度，如今之《政要》、《搢紳》。舊説雖有七名，當以《周官》爲正。《儀經》爲禮經，乃司徒所掌之六禮。官中稱五禮，禮本可兼制度言，但各有正名，宜從其朔。又官

---

① 一：原無。按，本篇後半部分段首皆有「一」字，據補。後六段首「一」同。

② 與十七篇：原作「學七十篇」。顧實《漢志講疏》引劉敞曰：「孔氏，則安國所得壁中書也。『學七十篇』，當作『與十七篇』，文相似。五十六卷除十七，正多三十九也。」據改。

③ 多：原脱，據《漢書·藝文志》補。

繫以周，亦如《易》之稱《周易》。孔子有「從周」之言，官繫以周，以爲從周而損益之也。

一、自來駁《周禮》者代不乏人，皆未就經文實力推考，其所考駁，多爲先師誤説，非經之過。今將舊有鄭、賈誤解並流衍諸説改入《古學考》中，以明其誤。本經疏義力申本旨，務與諸經制度符同，無古、今之異。

一、《曲禮》之六大、五官、六府、六工，當爲周官。舊題《逸禮》，在秘府者數十年，元始後乃釐爲今本，不無參差失次之病，故《冬官》迄無定説。古書脱簡失次，各經皆有，不足爲嫌。今於經文不改舊次，但於經末附《曲禮》舊題統屬各官一表，以不没其實。

一、《藝文志》有《周禮説》四篇，今其書不傳，蓋已附入經文之中，如《左傳》説之附入傳文，六官首之序與序官下之府、史、胥、徒是也。以外皆屬古經，亦如《左傳》並無劉歆羼補，但歆説經好立異同，後人因其誤解，遂攻及經文耳。今别出誤解，力申經義，以還舊觀。

一、舊刊有《周禮删劉》一卷，以九畿、九州、五等封爲劉歆所羼補。原約能講明一條則刊去一條，今已將三事説通，全爲經制，故將舊名刊去，改入《古學考》之末。緣經雖不誤，而鄭、賈師説則誤解經文，力求與博士相反。辨明師説異同，當即《古學考》改易，以明此例。

一、舊於九畿、五等封、九州諸條，以十二證删之。今既考證明白，則十二證皆可不立。今因講明三條，故收回三條，删去劉氏羼亂經文一説。六官分合，尚有疑難，今姑以爲殘缺，一俟已後講明，再行補正。實事求是，不得不慎重也。

一、《周官》官名、職事本有佚缺，如司空、司禄其明徵也。今將先秦以前諸書官名、職事悉爲採輯，然後就本經考其異同。如係名異實同，則取以作注；如爲本經所無，則依彙補於各卷之末，如后稷、田、田畯之類羼入農官是也。

一、侯國官職，考經傳，諸侯官職與王臣名目、職事全同，特品秩有異。王三公：司馬、司空、司徒；諸侯三卿，亦司馬、司空、司徒。以今制言之，京師有六部，下至州縣亦有六房。王臣之職掌明，便可推於侯國，非有二事也。今考定王臣後，即由王臣以推侯國，立大國、次國、小國三職官表以明之。

一、軍制將佐，本即公卿，用兵之時，隨而任之，非常職，如今之養兵也。考之《左傳》、《國語》可見。所有差使亦多非常職，皆爲攝官。今立攝官一門，使不與正官相淆。

一、政治之學，官禮爲近，以所載職事最爲明確也。時務之學，莫切《周官》。昔人多以此致誤家國者，非經之過，用者之過。今務求平易可行，所有農政、工政、商政、軍政、財賦等項，分門考之。

一、五等封地，專指五長而言。《王制》之地三等，則爲本封，二者相合，乃爲全璧。至所稱公、侯、伯、子、男，皆爲五長，鄭君誤以九命之小國説之。今别爲五長名號、封禄、器物、儀節表以明之，詳大略小，與諸經相同。

一、本經制度，實同《王制》。如作伯、作牧、立監、冢宰、制國用之類，莫不相同。其大者既已伯、牧、監皆同，則小者可知矣。今取相通之義，《周官》未備，以《王制》補之；《王制》未詳，亦用《周官》相補。合爲一家，不立今、古門目，以收大同之效。

一、地志仍用《禹貢》九州。周非無梁、徐，略而不言耳。外州見幽、并，互文相起①，《爾雅》之見幽、營，亦同此例。以幽、營屬燕、齊，非實指燕、齊也。後師誤解之，如《職方》之并多内地山水名目，甚至以北岳之恒歸之，此亦由後師誤解經文，譯改校補，遂至於此，非經之過也。今於二州皆以要荒解之。

一、九畿即《禹貢》之五服。《禹貢》每服五百里，又以三百里、二百里分界。大綱師爲五服，細目則爲九服，名目、里數皆同。是經本同《禹貢》，師説萬國、萬里皆誤也。詳《王制圖表》。以國蕃屬九州，使如師説，則蕃在四千里外，何尚以九州之目耶？惟其屬要、荒，固可以侯②、綏説之也。

一、經説一門，舊刊《古學考》以爲全由羼改，意主攻擊博士。今既改訂條例，凡舊説此例，悉以爲經外未經傳譯之書，如有別解，再行補正。

---

① 起：原作「超」，據文意改。

② 侯：原作「候」，誤。《禹貢》五服，甸、侯、綏、要、荒。

樂經凡例

一、①《樂經》或以爲亡，或以《大司樂》當之。《大司樂》乃《樂記》逸篇之《竇公》也。紛紛陳説，悉非的解。竊以樂備六藝，殊無亡理，聲容工度，久無不變，《禮記·樂記》爲説樂專篇，由記考經，如因影求表。今立經爲主，以記附之。《大司樂》以下論樂教、樂器、樂舞之文附焉，總爲一書，附《詩》而行。《論語》「正樂」、「雅頌得所」，繼絶鈎沉，樂教復顯，亦庠序盛事也。

一、《禮經》樂章有二《南》、《小雅》六篇明文。《鄉飲酒》以二《南》爲正歌，間歌《魚麗》三，大射《鹿鳴》三終，但言二《南》、《小雅》二門。《樂記》言歌《風》、《齊》、《小雅》、《大雅》、《頌》、《商》，共六門，《左傳》季札事，言歌二《南》、《邶》、《鄘》、《衛》、《王》、《鄭》、《齊》、《豳》、《秦》、《魏》、《唐》、《陳》、《小雅》、《大雅》、《頌》，共十六門，又間見《文王》之三、《鹿鳴》之三，以例推之，是凡《詩》首三章爲樂，故歌《詩》以三爲斷。又有間歌三篇之例，然諸言工歌者，皆不出此三篇之外。是《詩》首三篇爲《樂經》之切證。

---

① 一：原無。按，本篇後半部分段首皆有「一」字，因據補。後五段首「一」同。

一、諸經傳記言工歌者，爲詩爲樂章；言奏者，皆樂聲工尺之名，非詩。如奏《肆夏》、奏《騶虞》。以此例推，則《貍首》非詩，《采繁》、《采蘋》亦與《詩》名同實異，與笙奏《由庚》、《崇丘》、《由儀》爲一類。奏譜鏗鏘，歌傳文字，聲律無百年不變，文字終古不磨。譜湮而經存，由經可以反本、原制器聲，此經所以不寓鏗鏘而寓之于《詩》也。

一、諸經文皆不過一萬字，惟《詩》篇帙繁重。據經記，《詩》中有樂之文，皆首三篇，今别録爲《樂經》。二《南》十一，國風除檜、曹二國不用。共三十九篇，大、小雅正歌、間歌共十二篇，三《頌》當屬全文，周三十篇，魯、商九篇，共三十九，合爲九十篇。再補以《小雅》之《車攻》三、《庭燎》三、《小旻》三、《瞻洛》三、《魚藻》三、《泂酌》三、共百零八篇。於詩中分此百八篇，别爲《樂經》，寓于詩而樂存，詩分乎樂而詩備。

一、荀子云：「歌《詩》三百，誦《詩》三百，舞《詩》三百。」誦屬詩，歌、舞屬樂，全數三百，是詩皆可爲樂，樂亦可同名詩。惟《禮經》傳記言工歌者，皆在首三篇，是詩樂大同之中正不無小别。又《儀記》、《樂記》、《左傳》言樂歌詳畧不同，故不得以一書爲據。《左》、《國》于首三篇亦有言賦者，如昭元年穆叔賦《鵲巢》，二年北宫文子賦《淇澳》，襄二十六年子展賦《緇衣》、《將仲子》，二十年公賦《南山有臺》。是樂亦可賦明證。《樂記》言六門，《左傳》工歌以首三篇爲斷，此樂詩不合之故也。今立《詩》中百八篇爲經，刺取各經樂事爲附經，取《樂記》、大樂正爲記。取諸傳諸樂爲傳，再取子史緯之文以爲義疏。大約將陳氏《樂書》排纂别爲一書，秦氏《通考》樂門所引亦頗采之，但門目前後不同耳。至于經文，亦就其中推考義例，與詩義相關，及出入之處，一俟已定，再行補入《詩經》例中。《樂記》分段，畧用《纂言》之例。考《樂記》逸篇有季札，有律呂，有竇公。按季札即用《左傳》，律呂當是《國語》、史志之文。至竇公篇，則《周禮・大司樂》也。是取諸書爲記，乃《樂記》舊例，《樂記》逸而今補之也。

一、新周、王魯、故宋，三《頌》舊説也，文見《樂緯》，知《頌》全爲《樂經》。又《樂緯》之文中有門目義類，今悉表出以爲大門，於以《詩》爲經之説，尤三致意焉。

一、律呂之學最重，緣工尺久則必變，量數則終古不磨。律呂專書，始于經傳，迄于近今，官私撰述，可云詳備。如有作者，可由此制器，由器得音，以合古樂。是作樂之事，復古以律呂爲根原。

一、樂德。考《大司樂》以「樂德教國子」，即《帝典》夔教胄子之事。「中和、祗庸、孝友」，簡言之則爲中和。《中庸》「索隱」以上，中庸中和皆爲樂德，專説三《頌》，言樂最詳。以其爲《樂經》，故於樂事無所不包。古法樂以養德，當與後人不同。宋以後之心學，未免近于禪宗。

一、《大司樂》以樂語教國子，興道、諷誦、言語。蓋樂語即詩，所謂「誦《詩》」、「《詩》可以興」、「不學《詩》無以言」之教也。今于《詩》中分歌、賦二門，歌爲樂，賦爲詩。既分以後，又有相通之義。

一、樂舞。《大司樂》以《雲門》、《大卷》、《大咸》、《大磬》、《大夏》、《大護》爲六舞，與《左傳》説同。《詩》中雖不立舞專門，然其文雜見各篇，《雅》《頌》尤詳言之。今以傳記言舞之條比附説經，詳其義例，務使經中足以包樂。

一、樂器。據《樂書》八聲考八州，一音化一州，各有所宜。今就《詩》中所言，各標宗旨。《詩》惟《頌》中樂器甚備，乃王者之制也。以下單見者，各有取義，務就經傳切實推考，不取泛説。

一、《樂記》按照原目分篇，依次登列。今據記以定經文，故取詩文以證記。如六歌之《風》、《雅》、《頌》、《商》、《齊》，今依次序，定《齊》爲《齊風》，《商》爲《商頌》。至歌詩一門，舞樂一門，證以詩語，《周》《召》左右、六成綴崇，皆在詩中。又八音鐘鼓琴瑟，《詩》中樂器皆全，所有金奏雖非《詩》，可由《詩》推考其義。又鄭、衛、宋，桑間、濮上，亦可由《詩》而推。立《詩》爲經，以記爲傳。以後條目，皆求與經傳相通。

一、《大司樂》以下屬官，如樂師、大胥、小胥、小師、瞽矇、眡瞭、典同、磬師、經師、笙師、鎛師、韎師、旄人、籥師籥章、鞮鞻氏、典庸器、司干，共十八職，人皆屬伶，書皆爲傳。《大司樂》樂師總統以下，爲分曹，或掌學，或掌器，或主聲器，或司舞具，各分門説之。

一、子史中論樂之文，有言聲器，有言名義，有言創作者，今依《樂書》及《五禮通考》所采，再加排比。凡此皆先師遺説，鈔入子史，多非諸家自撰之文。

一、傳記説樂，除《樂記》全篇外，所有《左》、《國》、兩《戴記》，以至博士各師説，除陳、秦已采之外，再爲補正。所有門目，更加審定。

一、樂中品級，有天子至于大夫之分，今爲立表。樂中又分三事，曰祭、曰祀、曰享，取經傳以證之，所有變例隆殺，亦附于後，以别其等差異同。

一、三代以下樂章，見于各史《樂志》及《樂府詩集》，各門言其體例，于傳記之後，所有文辭亦附于後，作爲《樂書彙函》。

一、古王者除歷代舊樂以外，兼用四裔之樂，《尚書大傳》所陳是也。《周官》鞮鞻氏掌四夷之樂及其聲歌；旄人舞夷樂。又中國八州，每州一音，八風八佾，每州各主一音。舊説甚詳。《樂記》廣魯于天下，《論語》太師摯適齊一章，即王者居中，以樂化成八州。舊説一卦一音，主化一州之風教而言之也。

一、功效同禮。《孝經》以安上治民歸之禮，移風易俗歸之樂。禮樂乃平治之要道，王者之首務。《樂記》言樂，皆與禮對舉，文義重複，不便觀覽。今别爲《禮樂原流功用同異表》焉。

一、立《原流功用表》，《樂記》以外，補以傳記子緯，彙萃其文，功用愈著。後世言學術治法者，未能真實用心于此，推盡人己之量，觀于此表，彌天極地，乃知見禮知政，聞樂知德，尼山片席所以遠過姚嬀也。其分門，一致鬼神，二和邦國，三諧萬民，四安賓客。

一、心性之學，古出于樂。宋儒盛推《樂記》以言心性，其宗旨相同耳。竊以六藝門面，功用各别，如《書》與《春秋》詳政事，心性之説未見詳備。惟聲音之道，由心而發，既聞聲可以知治亂憂喜之原，可由聲以却乎隋慢陵亂之病，感應之機甚速，和平之效最宏。由此治心，庶爲古法。《樂記》由外治内之説甚備。

一、三德九德。《帝典》命夔立教，以樂立三德九德門目。古人以樂立教，以八音化八州，以剛柔正直化成三德，由三而九，人才由此出，錫命因之，樂所以爲移風易俗之要也。《樂記》言剛柔正直，與師乙所言六歌、所言寬柔正直温良等字，皆爲九德之目。樂之工用，此爲大宗；樂之有學，以斯爲準。

一、音聲。按，五聲由人發，八音由器出。樂器貴音而賤聲，則凡響皆爲聲，可入樂者乃爲音也。《通考》于五聲八音之説最詳，今悉取之，證以經傳之文，並列其源流，以爲將來復古之用。

一、樂通于《易》。按《樂記》自「天高地下」，至「一動一静天地之間也」，全用《繫辭》爲説。以别屬禮，以和屬樂，由别而和，和而又别，如《易》之以别卦生和卦，又由和卦生别卦也。《易》中言樂之條，更細考之。

一、古人以制禮作樂爲王化之極功，既有律吕可名，則由數製器、由器定音，而五聲八音克諧翕成之道，可得言焉。後有作者，功成德洽，禮樂可興；因時制宜，今樂猶古。既有程，則奸蛙無自而成。《語》「三王不襲禮，五帝不沿樂」，然則創復古樂，不爲難事。惟爲經所統，經乃聖作，後人無從參贊，至於樂乃聲容歌舞之事，後有作者，信不誣也。

一、樂分三統，以天、地、人當之。祀屬天，天神。四望當爲地屬，山川屬地，先妣先祖屬人。《大司樂》以辰黄鍾子大吕丑姑洗辰南吕酉屬天，大簇寅應鍾亥蕤賓午林鍾未屬地，夷則申小吕巳無射戌夾鍾卯屬人，分三統。

一、奏、歌、舞三門，爲樂之大綱。然奏與舞皆不能久傳，惟歌一門在二者之中，可以垂久，因以爲經。凡言奏者，皆非詩，如《騶虞》、《采蘩》、《采蘋》皆名同而實異，故《貍首》亦非詩，更立《歌奏舞三門同異表》。

一、大、小《雅》主賓客，人事之樂也；三《頌》主祭祀，鬼神之樂也。於經中細考條例，統括傳記，務使經體廣大，包孕無窮。

易經新義疏證凡例①

六經終於《易》。

孔子傳經垂教，始於《詩》，終於《易》，故經惟《詩》、《易》體裁相合，藉物託比，寄懷深遠，以《詩》在言志，《易》明陰陽變化之故也。蓋六經專明人事、制度、典禮、道術得失，平實顯著，一成不變。方體雖有據依，樞機或昧變化，終以《易》象，明示屈信進退之妙。六經稻秫，《易》則醴齊；六經營壘，《易》則兵法。以《易》視六藝，不無精華糟粕之分，然必先考典禮，明道德，詳治亂，知是非，下學已精，方語上達，微言啓悟，故意不盡言。非六經既成之後不作《易》，非六經既通以後亦不足以學《易》也。

以筮立經。

以《樂記》求《樂經》，即《雅》、《頌》是也。樂有器舞、音律之分，而聖經惟重於辭語，以可傳者在辭語，而器舞、音律義既甚微，久而必變，難於立教，故取明著簡易者以爲經。古人龜重於筮，聖經舍龜而用筮，亦以占法微渺，不如《易象》之明著簡易也。《易》以陰陽相摩

① 案：《群經凡例》原目作「今文易凡例」。

而成六十四卦，商之作者不必聖人。孔子因其象而翻其辭，所云「繫」者，藉釘掛壺，其妙不在釘也，不過取其簡括顯明，使人不穿鑿於各爻之象，以便專力於所繫之辭。諸家圖表汗牛充棟，雖有可觀，君子不爲也。

《易》出商人，經由孔修。

《傳》兩言作《易》以爲當文王之時，詞疑不決，其不出於文王，是本經自有明文也。《記》云「商得坤乾」，是《易》爲殷末人作，孔子得而修之，亦如《春秋》之魯史，是經出於孔修，亦無所謂《周易》、《連山》、《歸藏》之説也。古學家創爲三聖之説，以文王敵孔子，别爲「三易」之名，猶是攻博士經文不全之故智。文王不已，馬、陸更足以周公。總之經由孔修，事無異同，受命作述，豈如經師之爲？文王作傳，舊説甚明，要在學者之自悟耳。

《左》、《國》引《易》，據經傳立説。

《左》、《國》引《易》，不但經歸之古人，即《文言傳》例亦以爲全出於孔子之前。審是，則不惟經不出於孔子，即《十翼》亦皆古説矣。不知季札觀樂，服注以爲傳家據已定言之。蓋聖人以經義附之於經，賢者以經説寓之於傳，其事其理同也。左氏作傳，兼傳諸經。所言某人筮得某卦爻者，實則卦爻即指其事以繫辭，以作爲述，故託於筮。其所有訓詁義例，皆爲漢師所祖。《左》爲《易》學之始師，今就諸條推考漢法，不如舊説之以末爲本。

釋象出於七十子之徒。

以僞《古文尚書》出於僞撰，閻氏作《疏證》，遂爲定案。《十翼》不出於孔子，自歐陽文忠①、楊慈湖以外，不下數十家，擬仿閻氏《疏證》體，作專書以明之。蓋文周不傳經，孔子不作傳，《大傳》有「子曰」明文。假如孔子作傳，乾坤爻辭一而已矣，奚爲至於五六見？此在先師當非一人之手，今乃以爲聖作，可乎？《繫辭》既有「子曰」明文，又有引「子曰」爲斷者。如：「子曰：易有聖人之道四焉，此之謂也。」則非孔子作可知。歐陽文忠《易童子問》言乾坤傳説重複同異，非一家之言，而《説卦》之取象，多於經無干，爲術士影射之所祖，諸本多寡不同。又《繫辭》亦采合諸家而成，故所列多文異義同。正如《論語》「季康子問政」三章同一事，而記者三家文小異，并録之比。今欲尊經，必先明傳，衆星斂采而後日月光華也。

《大傳》問先後不同。

諸經皆先有《大傳》，以相傳授，繼傳弟子讀經疑問，師乃引傳説之，如《喪服》其明證也。引傳解經，如乾上九《文言》引《繫辭》爲説，是其明證。別經傳問多佚，惟《喪服》尚全。《禮記》之《大傳》爲《喪服》最初之説，當爲子夏所作，其名則與《易大傳》、《春秋大傳》、《尚書大傳》同，是《易》之《繫辭》如《記》之《喪服大傳》也。《大傳》統論大綱，不條列經文，是爲最初之

① 歐陽文忠：原作「歐文忠」。按，此指歐陽修，謚文忠。

本。次則弟子疑經而問，師引傳解之。如《服問》之引《大傳》立説，此其書大約爲二三傳弟子所作，以其但及大疑總例。尚未依經釋義。經每條皆有傳。如《繫辭》引經之十八條擇要而説，此《服問》之比。但論總巨，餘可意起，《三年問》與《服問》同例。至於《儀禮》中之《喪服傳》與今三《傳》、《夏小正》傳同爲弟子據經發問，師引傳説解之。一經一傳，此爲晚近之本。以《喪服》之例推之，當名「問」，不當名「傳」。《喪服傳》引「傳曰」有二條，文見《大傳》。引傳立説，則本書不當名「傳」。《穀梁》引「傳曰」者八條，近人不知傳、問之例，以爲刊本誤羨者，非也。《彖》、《象》一經一説，則例同《公》、《穀》。《喪服》爲後師晚出之書，以《喪服》例《易》，則其先後輕重可見。舊説誤以爲全出孔子，故《易》例不可通也。

《彖》、《象》非一師所作。

《彖》、《象》皆問也。最初之問，不依經立説。如《服問》及《上繫》之「鳴鶴在陰」八條，《下繫》之「憧憧往來」十條是也。中不皆有問辭，如《文言》上九有「何謂也」。至於依經立説之書，如三《傳》、《喪服傳》，則經多無傳，不似《易》之一爻必有一傳也。三《傳》雖爲傳授問難而作，非一師所爲，其初立説不過十之二三，漸及五六，漸及七八，至於一爻一傳，則更爲後來補綴而成，既非孔子，亦不出於一師，所以宗旨不能一律也。

諸家意例不同。

傳説不出一師，宗旨固難畫一。在當日作傳之時，有訓釋象數者，有闡發卦德者，有推衍義例者，有比附人事者，有專詳休咎者。其實卦爻全具數義，作傳者互文隱省，所謂「言不盡意」也。且有正解，有反説，有比喻，有對文。使諸卦盡如《乾》、《坤》，文字將近十倍。故因其舉隅，心知全體，因其一節，以推萬端，由所言以求所不言，更由不言以求所言，不可膠刻，拘於行墨。又《春秋釋例》之書多不順經作訓，但分類立解，一例中神理自相起發，與上下文不必貫通。讀象、爻亦當似《春秋》之法，乃盡其妙。

爻象廣大，兼取諸例。

漢宋説《易》，宗旨不下數十種，通蔽錯見，不能全通，學者每欲奉一説以爲宗，而苦於所從。不知《易》道廣大，非一端所盡。聖人當日繫辭，洽人事，備王道，除傳問大例外，即卦氣、爻辰、消息、互體諸法，亦在所包，豈可株守一説，而謝絶他術？作者既明言廣大，學者豈可自囿諸法？合者取之，不合者别求義例。三《傳》之義，尚未足以盡《春秋》，況晚師一家之説。今故於成説之外，推求新例，以補先師所未備，固不必專己守殘以自囿也。

事、禮、例。

諸經皆以事、禮、例三門爲綱領。《孟子》引孔子論《春秋》，分事、文、義，是也。今就單經本先考事實，下及春秋，舊説誤以爲文周作，故事止於周初。今以爲孔修，則事及哀、定，如《左傳》所引諸條是也。禮文博采《儀》、《戴》，而義例則舊法之外兼及新得諸條，並以是三門編爲一書。

師説互文，以《乾》、《坤》示例。

諸卦彖象只一說。《乾·文言》外，上九一條與《繫辭》同。更有下也，潛藏乾元繫辭上九四說。共六家。《坤》亦有《文言》，使無《文言》，以下四説不能謂傳不全，必列五家。《易》道廣大，非一説所能盡，以廣異義也。五家之説，宗旨不同，師法小異，分别列之，以明宗派。而餘卦之異師異法，可由此推矣。使盡同《乾》，則文當數倍。今本大詳過繁，大簡則孤，即《乾》、《坤》作起例，則皆可推衍爲五六説。《乾卦》詳六家，餘卦則六家各用一爻，而文已全。則即《乾卦》六説爲六爻互文隱見之起例可也。歐陽文忠以四德與性情之説必不可合，元亨利貞串説與四德不同，諸家解説亦别宗旨。故餘卦當以《乾》、《坤》起例，知不言之隱不可尋行數墨也。

古本。

經爲孔子所修，《彖》、《象》先師就傳衍説而成。三《傳》、《喪服》通行本皆以傳附經，《易》則經義多爲師説所蔽。又經學以經爲歸，經之功當十倍於傳。凡學《春秋》者莫不先研究單行經本，經義既熟，然後推考傳義，以相輔助，故《屬辭》、《釋例》諸書皆單録經，不及傳，所以事半功倍。《易》則經爲傳所蒙亂，必先有單經本研究既熟，然後及傳，則義例分明。又《彖》、《象》、《文言》之屬，由《大傳》而出，當附《大傳》後，庶不致先後失當。

重卦内聖外王，《孝經》内，《春秋》外。

《詩經》多以潛飛起兩京。《乾》之潛飛分行藏，是内外卦之分内聖外王，爲重卦之分。

内爲自修之誠正修，外爲治人之齊治平。二爻主《孝經》，五爻主《春秋》，即《乾卦》可見。《易》二五爲主卦，五爲天子大君，二爲君子。

中外例。

《春秋》有中外，先本國，次諸夏，次夷狄。《易》以上卦爲外，下卦爲內。內三爻如《春秋》之魯，外三爻則諸侯、天子、夷狄。《易》之親疏遠近、往來出入，皆由是起例。大綱如此，細目再詳。

六爻分配六經。

孔子作六經已，再作《易》以明其變化，藉陰陽消長以明進退取舍之道。故以六經分配六爻，專以用爻屬《易》。六經如六書之形事意聲，《易》則轉注、假借，專明四書之用，《易》亦專明六經之用，顧氏《日知録》以《論語》「假年學《易》」合下「雅言」爲一章。《易》言學，雅言四教，即此意也。不使有拘泥滯塞之敝。內三爻聖，以二爲《孝經》；外三爻王，以五爲《春秋》。《孝經》統《詩》、《書》。初爲《詩》，三爲《書》。《詩》、《書》自治，《孝經》引《詩》、《書》二經爲説是也。《春秋》統禮樂，禮四樂上。《孝經》：「安上治民，莫善於禮；移風易俗，莫善於樂。」禮樂王者治世之要務，《春秋》統之。

通三統。

《易》之三統有前後之分。前三統，黄帝、堯、舜，而庖犧、神農爲二代。夏、殷、周爲後三統，而堯、舜爲二代。黄帝以下乃稱帝，則五帝從黄帝數。庖犧、神農以氏稱者，則不在五帝之數也。舊説以爲文王作則三統不全，今訂爲孔子所翻，然後全有三代，與諸經通三統之例相起。又一説三統之義以父母爲堯舜，長男女爲夏，中男女爲殷，少男女爲周。

八卦配九州。八風、八音。

《説卦》四方例之説，又以分配九州、八風。一州一卦，州九卦八，不足其一，蓋以巽統東南之徐、揚二州。《論語》「少師陽、擊磬襄入於海」，州雖二而方同，是徐、揚屬巽之説也。坤在西南，不立州，則移於中州，爲王畿。坤土黄，六五之「黄裳」與《詩·緑衣》之「黄裳」同爲中州王畿言之。坤在中爲王，居四方八州，以七卦配之。坎、離、震、兑爲四岳，乾雍，艮兖，巽徐揚。凡言州地者以此。八音則坤磬居中，震鼓，兑鍾，坎竹，離絲，爲四正。乾木，艮土，巽匏。由九州之説而定八風，亦由此而推得之。

《戴記》説專篇。

《戴記》之《本命》，《郊祀志》劉向引稱爲《易大傳》。是《本命》與《繫辭》同爲《易大傳》也。考《喪服》所引，多爲《大傳》所無，是古之《大傳》不止一二篇也。至《易本命》則更有明文，《中庸》明誠變化，亦爲《易》説。

四爻配帝王周孔。

《莊子》「在上則爲二帝三王，在下則爲元聖素王」，此《易》説也。合則五爲天子，二爲君子，分則初爲孔子，三爲周公，四爲王，上爲帝。《乾》、《坤》「潛」、「伏」、「履霜」，多爲孔子自説。外六十二，初爻義皆同。《乾》三爲周公，上不在天、下不在田。終日乾乾，餘六十三。三爻多爲周公立説，四王、上帝義例同此，實即内聖外王之《孝經》、《春秋》，而小變其説，以人實之，亦如《春秋》之行事深切著明也。

南北遷封，《既濟》清平。

《易》言「攸往」、「利涉」，一切遷變之説皆爲坎、離而發。以性情言，則火炎水濕，未濟之象，六爻皆失位。爲《易》第一失位之卦。以經義言之，聖人開闢南服，南北遷封，俗所謂取坎填離。陰陽互易，爲《既濟》之象。水在火上，六爻皆得位。亦爲《易》第一得位之卦。《詩》云：「原隰既平，泉流既清。」故《詩》多取《既濟》之義爲説。

六十四卦分配八伯、五十六卒正。

《易》定數也，聖人封建之制法之。案《王制》，天子統二伯，二伯統四岳，四岳分統八州，八方伯各統七卒正，合爲五十六，加入八伯，則爲六十四。《易》以太極統陰陽，陰陽統四象，四象生八卦，每卦生七卦，共五十六卦，合之原卦，共六十四。天造地設，不得不謂封建由《易》出也。《春秋》見國舊撰《圖表》，每州見七卒正，合之方伯爲八。王畿別算。然則《易》亦當以六十四卦配八伯、五十六卒正矣。就中以坤居中，主豫。王臣所居，太極、陰陽在焉。以外一州八卦，由每州生卦，以爲卒正。冀坎，青震，梁兑，荆離，兖艮，雍乾，巽徐揚。更以各州之七卦，配春秋之七國。《易》之取象，此爲大例。

上下圖。

《説卦》「天地定位」四句，俗所謂先天圖。與「帝出乎震」説四方者相起，所謂上下四旁合爲六宗者也。首言「天地定位」，以天地爲主。雷風本天，山澤本地，水火居中，水屬地，火屬天，炎上流下，二者中分。舊説誤以爲亦言四方，以兑次乾，以震次離，今改爲乾震離兑，以風雷居天左右，以山澤居地左右，上天下地，方以類聚，物以群分，凡經傳上下諸説皆由此推考而出。如《乾》九五變離火炎上，《坤》六五變坎水就下。炎上故云在天，就下故取黄裳。《文言》曰：「水流濕，火就燥。本乎天者親上，本乎地者親下。」爲《乾》《坤》五爻而發。凡經傳上下之例，皆由此圖而出也。

四方圖。

《説卦》「帝出乎震」一節，俗所謂後天圖。爲四方例。《詩經》與《月令》、《尚書大傳》所言四方，皆本此而推，與「天地定位」合爲上下四旁爲六宗，凡經傳言四方者皆由推考。如坤在西南，移居於中。西南舊居東北對待，故以得失言之。

一説以乾爲天子，坤爲王后，艮巽爲二伯，震兑坎離爲四岳也。

三統四岳合圖。

《論語》太師摯四適爲四岳。齊晉秦楚即《尚書》之費晉秦甫，《易》之震兑坎離也。四適爲四岳四隅之卦，合爲三統，移坤居中。乾雍，坤豫，艮兖，巽徐揚。一説艮夏，巽商。乾坤配周之東西京，通畿二卦，合爲一代。今訂爲魯、兖、周、雍。《易》本素王，徐爲留都，豫爲東都，東西通畿二卦爲兩京。故「飛龍」與「黄裳」文見《柏舟》、《緑衣》，是以徐坤屬商，所謂笙、磬同音，專爲此例言之也。

元亨利貞例表。

歐陽文忠以「乾元者始而亨，利貞者性情也」與四德平列，别爲一師之説。考聖經文義，以後説爲長。又四字全見者，《乾》、《坤》外，《屯》、《隨》、《臨》、《无妄》、《革》五卦。《彖》釋《屯》、《隨》曰「大亨貞」，《无妄》、《臨》、《革》曰「大亨以正」，皆無「利」字之解。《文言》曰：「君子行此四德者，故曰乾，元亨利貞。」是《易》中惟《乾》一卦四字連文，坤已云「利牝馬之貞」。然則五卦之「利」字同爲羨文矣。據傳訂經，止云「元亨貞」，無「利」字。可知《乾》、《坤》四字皆全，以下借文互見，分有《乾》、《坤》之一體。今立此綱，餘再推考。

《論語》。

《左傳》爲釋經總説，《論語》爲諸經總例。微言大義，多具於斯，以空言説之，未能深切，必證以經文，義乃大明。如「過不及」與「中正」，《易》之「得位」、「不得位」也。君子、小人，《易》之陰陽邪正也。「損益」、「群黨」、「比周」、「仁義」、「性道」尤爲明證。故《大傳》所引聖言，多取之《論語》。今仿其例，凡《易》中文義與《論語》切合者，備引作證，合之兩美，相得不益彰哉！

卦象考補。

諸卦取象，舊説有本義，有假借，有舉隅，有推類，有經師專説，有經外别傳。八卦之取象，至於三百餘條之多。其中有字誤，有奪寫，今悉爲考訂，分别正變，不足者補之，誤者删之，編爲一書。大約以明白簡要者爲主，若過於附會支離，則概從删削。

九家。

班《志》論九家，引《大傳》「殊途同歸」、「百慮一致」爲説。《易》道廣大，兼包九流六藝之外，此爲大宗。今採輯九家專書引《易》立説之條，附於經下，以標宗旨。綱領既立，子目餘説更爲推廣。經文簡略，未暢所言，證以群言，實義乃顯。

屬辭比事。

宋元以來，説《易》諸書多推衍圖象，累牘連篇，各矜所得，千奇百怪，殊惑聽聞。不知藉象繫辭，義重於象。既以依象立辭，則但當就經立説，不必枝蔓。如《春秋》未經筆削之先，當千百倍於今之經文，既以立經，則不必窮搜遠引未行之底本、删削之異聞。治《春秋》者有屬辭比事之書，專就經文推考義例，《易》反無此書。惠氏《易例》略有此意，書未成，亦未盛行。今仿《春秋》作《釋例》一書，分經、傳爲二，一字一句，備列其文，實物虚字，大義孤文，悉爲徵引，加以論釋。《春秋》有起文之説，《易》尤重之。虚字如大小、往來、進退、消長之類，共百餘門。

明用。

《乾》、《坤》爲《易》之門，諸卦皆分《乾》、《坤》之畫而成，故《乾》、《坤》爲父母祖宗，特添用九、用六兩節，明六十二卦皆由《乾》、《坤》而生也。六經成文，以《易》用之，六爻定位，以變用之。《易》爲六經之轉假，用又爲六爻之轉假。於文中爲中的，用從中從卜，則用爲《易》專字。卦變：《乾》六十二變成《坤》，《坤》六十二變成《乾》，《乾》、《坤》各三十一變，則用九、用六者專指此諸卦之體而言，不謂《乾》、《坤》六爻皆變也。諸卦分《乾》、《坤》之體而成：《乾》初九爲《姤》，《姤》但明潛龍之義；《坤》初六爲《復》，《復》但明堅冰之義。由此而推，生生不已。卦變但言《乾》、《坤》乃爲經旨，諸卦皆爲六十三變，則不惟重複雜沓，經《乾》、《坤》二用之義反爲所蒙蝕矣。

三德。

《洪範》三德：剛、柔、正直，分配知、仁、勇。三公其源出於《易》。陽剛陰柔，當位則正。天地之道，人才之德，三者足以包之。《易》之義例，尤莫外焉。陰陽除《乾》、《坤》、《坎》、《離》外，共三百六十爻，正直三分取之一，各得百廿爻，正直即在剛、柔之中。故傳記所言剛、柔、正直，皆由此推之。三公，剛司馬，柔司徒，正直司空。一公，三卿，九大夫，二十七元士，八十一下士，得百二十人。三公三百六十人，則除《乾》、《坤》、《坎》、《離》四卦，即每一官占一爻，其視爻辰、納甲等爲切要也。

九德。

《皋陶謨》九德，即《洪範》三德，由三輔一化爲九也。三德之文，剛塞，柔立，温直，亂敬，愿恭，簡廉，擾密，寬文，固詳見經傳，當編録爲一類者也。而九德所包之異文尚多，一德應一錫命，此官人之要道也。又《繫辭①》言德，九卦即九德專條，所謂和而至、尊而光、小而辨、雜而不厭、先難後易、長而不設、窮而通、居其所而遷、稱而隱云云，即《謨》九德之異文。基本柄三者爲綱，以下爲目。此乃全經大例，當類輯各條以説之者也。

經文互省。

經互文相起，以《儀禮》爲大宗，《易》亦如此。如吉、凶、悔，卦爻不皆有其文，有者或重複焉。總之，對峙之卦義皆相起，既見一端，必有全體，有見有隱，當由所見以推所不見。如《公羊》上天子，下方伯，則中之二伯可推。每爻必辭占俱全，但言象不言占，但言占不言象，此均當推例以補之者也。今於象、變、辭、占四門，每爻必求全義。

卦象六十四以釋例。

六十四卦爲六十四天下，每卦象曰皆有「以」字。其中一大人，二后，七先王，五十君子。所言制度典章、道行道藝無不該。大人古帝，二后堯舜，先王三代，君子則周孔也。今

① 繫辭：原作「繫詞」，據《周易》改。

立爲一表，以《王制》制度，三公六大所掌，及三德、九德，分別條目以釋之。此爲大綱義例。

貞悔。

内卦爲貞，外卦爲悔，此《洪範》之説，《易》中大例也。而文與「悔亡」、「利貞」之「貞」、「悔」相混，而「貞」、「悔」二字遂無内外分卦之解。今別立表細爲考訂，以還古法。

訓詁。

《易》文多古字，不可以俗義解釋，故最重小學。如「大有」爲祭肉，「同人」會同，「隨」爲卵之類，故尤重小學。又卦名多一爻一義，不可蒙混解之。

要義不必在本條。

《左傳》解經，要義多不在本條，而見於無經之傳。《易》亦同此。卦有對峙，多於一卦兼包別卦。如《乾·文言》「火就燥」爲釋《乾》五，而「水流濕」則釋《坤》六五。《坤》下但言「在中」，並不言裳之下義，此類最多。又《左傳》凡以一二字、一二句解經者，多因別有詳文起伏照應，不待煩言。而《易》之簡略者文多別見。諸「象曰」有録經文加一二字者，有但録經文不加字者，有隨文敷衍無實義者。此類皆爲通例，義見他條，本可不加傳説，因本經一經必加一傳，故其文如此。當因所不言，知其所言，通貫其義，不可亦以簡略了之也。

分別家法。

三《傳》非一家之言，故不無出入。《公》、《穀》所存異義，間引先師姓氏以別之。如所稱「沈子」、「尸子」、「高子」之類是也。其不著姓氏，有稱「曰」者，有稱「傳」者，有稱「或曰」者，可謂分條流示以黑白矣。而《公羊》之説猶不免有彼此異、前後互異之處，則以師非數家所盡未盡標其同異也。《易》所稱之「子曰」不盡爲孔子。先師名氏如左氏，不一詳焉。今除消息、錯綜、卦氣、爻辰諸法，凡合傳總説、對文反語、引伸假借、逐條細爲分別，不使蒙混，以爲全傳皆出於一人一時所成也。

屏絶術數。

古今藝術莫不祖《易》。占卜、鉛汞皆假以爲説。易道廣大，物理固不能外，然異端邪説，無益人生，徒亂經旨。彼雖自託，而非種必鋤。今於《藝文志》除六藝九家外，以下學派則不取之，恐流於淆雜也。

正《周易》名。

《周禮》「三易」之説，乃劉歆攻博士經之僞説。《詩》之賦、比、興①，《易》之《連山》、《歸藏》，事同一例。《易》作於中古，孔子得之，翻以爲經。《大傳》、《禮記》有明文，古文家攻經不全，六十四卦不能加，則創爲「三易」之説，以博士所傳只三中之一，以本經專歸之周。考

---

① 興：原作「與」，誤。《毛詩序》：「故《詩》有六義焉：一曰風，二曰賦，三曰比，四曰興，五曰雅，六曰頌。」據改。

之傳記，全無依據。《左傳》所稱《周易》，亦爲古文家所加，當以「易象」之名爲正。

删例表。

漢師家法多矣，宋元以後又有所加，詳及微細，大綱反在所略。今别纂新例，凡舊法過於穿鑿支蔓、無與全經宗旨者，則删之，别爲一表，詳所削删之義。

論語彙解凡例①二十八條

一、微言。《論語讖》：「仲尼没，弟子子夏等六十四人纂孔子微事，以事素王。」此《論語》專説。然則所録皆授受微隱之秘傳，非《孝經》、《禮經》明白顯著日用行習者可比。蓋天生孔子，祖述六經，師表萬世，匹夫制作，義屬非常，翻舊爲新，寓之前哲，實爲王者改制之事，猶託庶人不議之規，其中損益擇從、受命自作之事實，弟子著之此篇，故謂之微言。使非此篇之存，古文家盡奪孔經歸之文周，國史舊文無預尼父，學者亦隨波逐流，無所依據，以重光聖學矣。宗廟百官之美富，不能久湮，及門造郄之心傳，勢必更顯。非常之説，專屬天生，固不可終絶，亦非後人所得藉口。

一、受命制作。經義非天子不云天生，不託天命。《論語》動言天命，孟子以孔子爲五百年繼周之王者，又云「仲尼不有天下」，即所謂素王之説也。《論語》本記微言，故多非常可駭之論。斯文則統承文王，躬稼則事比禹稷。歎鳳鳥之不至，商餼羊之可存。即以從周而論，魯國大夫，周家臣子，從周夫何待言？況言從，即有不從之義，本係受命，故語

① 案：《群經凡例》原目作「論語凡例」。

異常科。後人不知此義，謂聖語皆屬庸言，學僮發口，便思攀擬，苟有異同，皆以俗解銷滅其跡。以金科玉檢之祕書，下同《急就》、《蒙求》之讀本。天生至聖，見解不出三家村學究之外，斯可傷也。須知示人行習，别有專書，庠序微言，不可輕授，六經粗通大義，方可語以精微。苟不明等級，妄欲實踐聖言，則亡身喪家，自罹刑網，乃歸過《論語》，晚矣。

一、分類編纂。《朱子語録》行之未久，編爲《語類》，後儒雖有異同，而學者便之。六經爲聖人手訂，次序各有精義。屬辭比事，《春秋》之學，首重編例。《論語》爲弟子雜記，本無次序可言，同類錯見，各篇依經排寫，殊少貫通之妙。今編纂解説，預先分類，或同或異，各占一門，附以《集語》，再加新義。編纂已定，仍依本經次第鈔寫，以還舊觀，兼取《語録》、《語類》之長，而袪其二者之弊，名曰《類解》，以示貫通之義焉。

一、空言義理之誤。孔子教人，大而内聖外王，小而日用行習，六經言之詳矣。凡《論語》所記，皆弟子從後追録，非經傳之要例，則制作之大綱，決不空言義理，如近世家訓、勸善之書。魏晉以下，乃以爲聖門訓戒之專書，所言皆訓戒學人之語。須知六藝所陳，精粗備舉，《春秋》之義，見者不再。記録聖賢遺言，一條有一條之用，在當日皆衆人所不知，斯文不可少，如雷霆之震動，如日月之昭明。凡在常言，皆别有隱義，如但言義理，則老生常談而已。

一、知聖。聖學根柢六藝，包括九流。宰我、子貢方窺美富，古學諸儒所言皆不得其髣髴者也。「衛公孫朝」四章彙記子貢知聖之事，《孟子》「動心」章發明此義，可謂深切。蓋自有天地以來，一聖而已。前王因之聖，後王以爲師，前不必有孔子，後亦不再生孔子也。學者必具此識力，方足以小窺宗旨，自擴心思。魏晉以來，誤於「人皆可爲堯舜」一語，莫不師心自聖，實則委瑣迂腐，無鉛刀一割之效，人才之壞，經藝不明之過也。須知聖人如天如海，極力追攀，不過得千萬分之一二，非假託玄遠可以坐致。又聖人行事，見於《世家》，舊解多與史異，史説皆有所本。今考訂異同，以史爲歸，自强禦夷之術，固不必外求也。

一、群經總例。《左傳》爲群經之總匯，《論語》則作述六經之要祕全在焉。考《經解》一篇，兼説六藝，以一人通群經，其次第得失，各有條理，及門與聞，著之此篇，以明宗旨。今類集總説六經總例者爲一類，如「興於詩」章、「雅言」章是也。《易》。群經惟《易》與《詩》多見「君子」明文。《詩》皆稱頌之詞，《論語》以君子、小人對勘者，皆《易》説。如周比、利同及損益三説，其明切者也。外如「中正」、「過與不及」，莫不由爻象取義。今列其文，證以實象，至於文句相同，如「先難後獲」、「不見知而無悶」、「得服」之類，附於後，推類鉤考，當更有新義。至於陰陽消長，天道流行，與夫仁義、性命、道德之説，亦《易》之所統宗，今悉取之。

《詩》。《論語》經說，於《詩》獨詳。義例、篇章、功效、傳受各例，皆有專條明說。而「思無邪」與「興觀群怨」均難得其實際。今類集《論語》以説之，庶得其詳。「素以爲絢」句，非逸詩文，乃師説，以釋上二句。「後素」即《商頌》。殿末解説亦用「兮」字者，如《易》文言、彖、象多學經體。《關睢》兼指三篇，「一成」、「哀樂」，皆《詩》明文。凡此類皆删去誤説，以求正義。

《書》。《論語》中推詳帝王者皆《書》説。「堯曰」章爲主，論堯、舜、禹、湯、文、武、周公者附焉。「巍巍乎舜禹之有天下」四章爲一類。書王魯，夢見周公，則素王學。元聖精神相通，見之寤寐，即《商頌》殿《魯頌》之意也。《書》以政事爲歸，凡外王之事，如問政、安民、治國之類，悉以附於書説之後。

《春秋》。「禮樂征伐自天子出」二章，即《春秋》之三世例也。「庶人議」即謂作《春秋》。「陳司敗所言謂之吴孟子」即指《春秋》書法而言。凡譏刺時流，亦《春秋》改制、因行事加王心之説。外如「季氏伐顓臾」、「陳恒弑君」、「諸夏不如夷狄」、論桓文之正譎之類，皆《春秋》宏綱巨領，後來三《傳》祖此立説。今類集其文，證以三《傳》義例，並取《論語》以爲三《傳》例本。

《禮》、《樂》。孔子制禮作樂以垂爲經，《孟子》所謂知政德者是也。論三代而從周，别《武》、《韶》而取舜語，説禮樂或言其本原，或論其流弊，或詳其等差，或説其終始，皆自取制作之禮。而「大師摯適齊」章則廣魯樂於天下，以化八州，所謂八風和、八方平也。

《孝經》。《爲政》篇連記四「問孝」章，此《孝經》家說也。「生事之以禮」三句，《孟子》引爲曾子語。曾子傳《孝經》，故《孟子》歸之。以外錯出之文尚數十條，有爲傳說，有爲通論。外如「事親」、「事君」、「孝之終始」，擇要録之。外如「子所慎：齊、戰、疾」、「見義不爲」、「祭如在」之類，亦附之《孝經》類也。

《容經》說。《鄉黨》篇全爲《容經》傳說。以志、色、視、聽、言、動爲綱，「非禮勿視」四句爲專條。「九思」章亦屬此類。聖人以身立教，故篇首舉孔子立說，實則制作之言，不皆實事也。其中「緇衣」三句，又別爲《詩經》例說。至篇中記聖賢之言貌容色尚數十條，今類集之，以見爲《容經》一家之學也。「邦君之妻」章亦入此例。

一、包括九流。九流爲六藝之餘裔，各分聖人之一體。蓋同祖仲尼，而性近小別。後來弟子各尊其師，張皇所短，以爲新異，論議歧分，遂成別派。考班《志》論九家，多取《論語》爲說。以聖人廣大，無所不包，枝葉雖分，其源可溯，無爲即道家之旨，仁義爲儒者所宗，形法既有明文，堅白是所託祖，由從質而成農、墨，因言語流作縱横，雜家、小說，亦莫外焉。今證其義，可見《論語》無所不包，一語之微，遂成宗派。乃知聖無虚言，學有總滙，殊途同流，百慮所以一致也。

一、立教。庠序之教，《大學》、《學記》詳之矣。《論語》以此爲大門。雅言以四經爲主，執禮包樂言之。四科以三公居前。文行忠信，各有旨歸。進退啓發，莫非妙用。君子之教，何只五門；忠恕之傳，統歸一致。《戴記》有「學禮」一門，此即其綱領。類輯其文，細分子目，同源一貫，以爲學人級階。

一、文質。文質之説，王者大綱。二者不偏，乃爲至當。《論語》或取伯子，或譏子成。蓋上古簡略，由質而文，孔子定禮，自當從周。此一説也。孔子殷人，以商後自託，故公羊家有改文從質之説。《論語》一主創制加隆，一以王後自比，而「野」、「史」一章，折中一是，彬彬合中，是爲定制。須知法久必至於敝，矯枉難免不偏。救弊之言，與通行之義，固兩不相妨也。

一、三統。諸經皆有三統義。《論語》之社主松、柏、栗，三統循環，指法三代之後王而言。孔子學禮，首及夏殷，爲邦兼采四代，擇善而從，固非專己守殘者可比。又孔子制禮，從周加隆，空存其説，當時不能全見施行，而有「文勝」、「近史」之説。此蓋爲百世後預計三統循環之流弊。禮家所謂文弊則救之以忠，其所謂周，指法周而王者言，非當日之周也。文弊舊説未明，斯義當急正者也。

一、素王、素臣。孔子以庶人身與制作，故先師有素王之説。孟子曰「《春秋》天子之事」，《論語》「無臣而爲有臣」，即所謂素王、素臣也。篇中言王道熄、天命制作，不下四五十章。後人不知《論語》多微言，聖賢自明，非教人行習之書，乃學聖人，先從《論語》始，於非常之論不加駁斥，則創爲别解，於是聖言專爲三家村教學老儒而發，凡講説者亦莫不以堯舜周孔自待，其敝至今亟矣。考緯説孔子三公四輔，即今十哲之説，顔、仲爲司馬、司空。今全用①其文，以明古義。

一、商訂禮制。古説以孔子惟《春秋》出於聖心，餘者皆與及門商訂，故《論語》此例明著。蓋草創禮樂，事乏前規，函丈考詳，不棄葑菲。如子貢棄朔羊，子張詢損益，高宗三年，推求古帝，國卹期月，模範後王，凡此之類，皆弟子與聞制度，不厭參稽。必明乎此，而後知諒闇爲絶世之奇聞，免懷爲牛刀之戲語。國喪漢文改臣民爲以日易月，奉行至今。宰我以臣民從服，必如《帝典》「三載四海遏密八音」，則必有禮壞樂崩之懼，專爲天子言之。孔子以期年亦難實行，而使天子以尊降，又不可爲訓，其意難與明言，故答語如此，專爲國卹商定，非宰我自欲短喪也。

一、三公。知、仁、勇三公也，食、兵、信亦三公。孟武伯、季康子所問三人，三公也。子路、曾晳章前三人，亦三公。言志、行藏二章，顔子②、子路，則三公之二伯也。《論語》中凡三公之説不下數十章，今類輯其文，互相啓發，乃知非以三公爲説，則文嫌錯雜也。

① 全用：原作「用全」，據文意乙。
② 顔子：原衍一「子」字，今刪。

周游聞政。孔子周游，非以求仕。天命有在，五十已知。惟是九州風土，四代典制，必須周游，乃定取舍。《論語》開宗即以聞政標其宗旨，以見馳驅不爲投贄。自衛反魯，然後正樂，此周游之效也。《禹貢》之山川，南北之風氣，二千餘年猶不能出其範圍，非神智何能如此？俗説乃以孔子急欲求仕，又不能下人，所如不合。豈知聖人道行德和，捷於影響，子禽且驚其奇，子貢略窺其奥，而俗説乃以腐儒視孔子，且以迂謬固執學孔子，天下所以無人才也。

一、觀人。帝王之要，首在明德。《戴記·文王官人》篇即聖門選舉黜陟慶削之舊章也。《論語》「視其所以」章文見其中，《論語》略而《官人》詳，其實一也。以外凡褒譏諸侯大夫與進退及門諸子，皆爲官人立法。其於君子小人義利之分，尤極毫釐之辨。學者欲求經世之務，當以此爲第一義。自古明王賢相，莫不知人善任使也。

一、及門。孔子弟子，史公别爲立傳，此等識力，非深明聖學不能也。孔子後儒分爲五，諸經之傳授，與九家之流衍，皆由此分别，不可不詳。考諸①緯説，子路爲司馬，與顔子同爲左右輔，故《公羊》特出二賢之卒。《論語》言志，二賢與俱，子路亟見駁斥，乃深喜之，故爲戲言，如「回也非助」、「雞用牛刀」之比。後儒於子路動加譏訕，乃大誤也。今類輯

① 諸：原作「者」，據文意改。

諸賢行事，證以史文，而其學派原流，並加詳考。

一、三德、九德。孔子至聖，克明峻德，固非三德、九德所能包，記者推測所及，言各一端，有可相證者。如「温而厲」一章爲柔、剛、正直之德。三變之儼、温、厲，五事之恭、寬、信、敏、惠，燕居之申申、夭夭，皆是其例。又弟子各有德容，互相啓發，其宗旨不殊。如閶閶、行行、侃侃，此亦三德。司徒柔，司馬剛，司空正直也。其他散見之文，直、愿、信三德，狂、侗、悾。悾①以及《鄉黨》所言，尤不一而足。聖賢觀人論世，每舉此以爲繩尺，立此門目以收之。《尚書》以明德慎罰②爲大綱。明德者，用人之法也。

一、譏時改制。居是邦不非其大夫，《論語》多刺時之言。又《春秋》之義，每因人所惑而爲之立義，至於其事明著，道路所知，則不待聖人而明，亦不必記録爲説。且《春秋》時賢動用僭禮比之，斯世乃屬希聞，豈古人愚而今人知耶？蓋周公制作之説，原屬寓言，名器不假，本爲新説，辨上下，決嫌疑，乃仲父之新章，非周家之舊典。就時人通行之中，設立等級，指爲上僭，或云違古，此乃譏時以立制，初非舊禮彰明，不辟訐上之嫌也。此等刺譏，宜辟禍害。《公羊》云「定哀之間多微辭」，故《論語》爲微言授受秘本，非日用教

---

① 此「悾」字疑涉前夾注而衍。

② 明德慎罰：「慎」下原衍一「曰」字，據《尚書·吕刑》改。

人之書也。

一、輯古説。《論語》有真古説，見於秦漢諸書中。説者不加采録，殊爲遺憾。如《説苑》論子桑伯子與子路瑟聲，《白虎通》説四飯爲天子食四方之類，遺文墜典，一字千金。今於前人采擇之外，再細搜求，文異事同，皆在所録，並仿陳氏《三家詩遺説考》之例，輯爲《論語先師遺説考》。必使本經儒先微義不致零剝，其有益道術①不小。前人但就明文小事輯録，此則務須力盡其事耳。

一、附録《集語》。孫輯《孔子集語》爲治《論語》要要②之書。蓋《論語》記録聖言，過於簡略，多渾穆不得其旨，諸儒得各以己意立説。而《集語》則别有詳説之條。在《論語》爲一二語，《集語》有至千百字者，此當急引詳説以證明者也。即使多寡不殊，而文字異同起悟不少。今故依類將《集語》文全附於《論語》後，得借證之益。又《禮記》、《左傳》等書，孫本未輯，亦當援例將其文補入。聖言固不可散佚，以《論語》爲經，以統諸條，合之兩美，集爲大成，此固庠序不可少之事也。

一、類記異同。《朱子語類》同一説而記者小異，並録之以廣異義。竊以此例《論語》中已有

① 道術：原作「通術」，據文意改。

② 要要：前原衍一「爲」字，據文意删。

之，如「季康子問政」三章，問同答同，本一事也，記者三家，其文小異，遂併存之，亦如《語類》之例也。其散見之條，亦有此例。學者因其文字小異，遂别絶之。試觀《集語》所録，同爲一事，而詳略互省，貌異心同者不可覼數，以此見讀書當觀其異同，不可尋行數墨，過於沾滯也。如「不患人之不己知」三章，文字小異是也。

以上共二十八①條，别有新義，再爲補入，更乞同志加之箴砭，匡所不及，是爲大幸。丙申二月花朝日，井研廖平自識。

① 八：原作「人」，顯誤。

國語義疏凡例①

一、②韋氏誤以内傳、外傳分《左傳》與《國語》爲一人之作，前人駁之詳矣。然其《敘傳》曰：「昔孔子發憤於舊史，垂法於素王，左氏因聖言以攄意，托王義以流藻。」其敘《國語》以爲與經藝並陳，非特諸子之倫。蓋韋以傳因《春秋》而作，《語》因群經而作，實則左氏全書分國繫事，本名《國語》，爲群經作傳。史公所稱《左傳》、《春秋國語》是也。後來左氏弟子專取《春秋》一門，編爲《左傳》，加入經説，遂與《國語》歧而爲二，《語》先《傳》後，非先作内傳③，後作外傳，固章明較著者也。

一、昔者聖人作經，《春秋》以外之《詩》、《書》、《禮》、《樂》、《易》，其筆削同《春秋》；賢者作傳，《春秋》以外之《詩》、《書》、《禮》、《樂》、《易》，其解説亦同《春秋》。聖人因事加王心，賢人即事明經制，亦莫不相同也。服子慎注《傳》季札觀樂事，以爲傳家據已定言之，實

---

① 案：《群經凡例》原目作「國語凡例」。

② 案：序號原無，據前文例加。

③ 傳：原無。此與後「外傳」對言，故補。

則不但《詩經》如此，六藝莫不皆然。六經微言大義，因事以傳，左氏固古今第一大經師也。舊以《國語》編入古史，殊失其旨。

一、群經皆有大傳，今有考者，《喪服》、《尚書》、《春秋》而已，《國語》則群經之總大傳也。一大傳之中，可以分出六七門。孔子因史事加王心，因卦爻繫吉凶，《國語》之因時事託經說，其意同也。後人論《國語》之文，以爲冗蕪，不知意在備録禮例，藉事寓言，非有意爲文。如救火一事，以奏對言之，不過數語已盡，特救火典禮别無所附，不得不備言之。必知爲經説，爲據已定言之，方能知其用心所在也。

一、《國語》今惟存周、魯、齊、晉、鄭、楚、吴、越八國。以春秋名國言之，如宋、陳、衛、蔡、秦、曹、莒、邾、滕、薛、杞及燕十二國皆無之。洪氏、林氏皆有補左氏之例。舊撰《左傳補證》，以爲傳文已極繁重，别補於《國語》。今用《繹史》爲藍本，所有諸子史由《國語》采入之文，仿裴氏補《三國志》之例，分國補之。除春秋諸名國以外，有事蹟專屬一國者，悉照國名補入。補文低一格，於末注引用書名。

一、考《周語》、《晉語》文例，是《國語》原文，乃一君一篇。晉由武公至昭公共九代，此《國語》原例。又以《晉語》論，每代之文亦爲摘録，非全文。《齊語》一篇只桓公初年謀伯事，餘皆缺。《鄭語》只桓公與史伯謀遷一事。是所存八國，亦爲殘本。今據《史記》譜帙，各國每公一卷，按代補入。所有《左傳》已具之事，文見别書，有異同者，亦行補入。

以《左》、《國》今本原有同見小異之事，管、晏、荀、韓、商、賈子、劉子政。尤多《國語》佚文。

一、傳用《國語》紀事，間截去原文首尾，又多分紀瑣事，《左傳》乃鎔化貫串之，如晉、楚鄢陵之戰，《晉語》臨戰言鄢之戰、鄢之役凡五段。磨笄之戰，《國語》亦分數段，傳則補綴其文，以數篇爲一篇。又《國語》一事互見二國，文不無互異，《傳》或單録，或兼取。見經之事，今《國語》有之，《傳》乃間以文多不録。《國語》與《傳》異者爲異本，或别國異文。

一、諸國分代補完之後，所有制度、典禮、義理得失各門，按照各經分篇，編爲大傳。如論律吕編入《樂經》，命官佐賢編入《尚書》，救火編入《春秋》，以外皆用此例，事兼兩經者可以並存。左氏不空言經文義例，必因事見義者，即《春秋》深切著明，《左傳》不以空言解經之意也。大傳既立，然後微言隱義愈見昭明。《大傳》之書亡佚者十之七八，得此輯録，尚可恢復舊觀。

一、《國語》於分國之中仍有編年之意，每條之末多具斷語，與其後來得失成敗之微驗。今《傳》不録，但詳後事，又與《傳》年月不無差迕，或《語》有而《傳》無，或《傳》詳而《語》略，今悉審訂一是。又《國語》各國自紀年，今《傳》易爲魯，有改易未盡之條，於《傳》下注明之。

一、諸經師法大義與典章舊説，其存《國語》中者，今務考證推廣，扶微繼絶，悉引以説各經，於《國語》解中亦詳引各經原文義例，以證明其義。至其事蹟、典禮有與《傳》及各經傳小異者，各以參差本末例推求，細心考校，折中一是，如封國、律吕、職官、祭祀之類是也。

一、二《傳》解經引師説，《左傳》則必託之當時名公巨卿。又《左傳》經説多不見本條别出前後，實則《國語》之例因事附見，不專在經本條。如二《傳》刻桓公桷典禮文見《晉語》張老對趙文子，諸如此類，舊誤以爲間文，今悉引注本條之下，以相印證。總之，《左》、《國》無一條不爲經發也。

一、兩《戴記》中有《國語》專篇典禮，如《祭法》是也。其分條①解説之文尤多。今悉互相印證，以收兩美之效。又有《國語》紀事之文，如《檀弓》趙文子論隨會事，悉互證之。

一、《國語》依經立説，而無解經釋例之文，與《傳》有説者異，然與《傳》同爲一家。《傳》之凡例，如侵、伐、襲、社、雩之類，原文皆出今本《國語》。又《異義》引左氏説董伯爲尸、日祭、月享之類，亦見今《國語》。又《國語》多緣經立説之文，今解《傳》用《國語》爲詳，解《國語》亦多取《傳》文爲證。

一、春秋時事，諸子以外，如《史記》所紀之事，《國語》有，《左傳》無者，爲《傳》失引，當據

①　分條：「條」下原衍一「攸」字，據文意删。

《語》補《傳》。《國語》、《左傳》皆無者，《史》所據全本，當據①《史》補《語》、《傳》。《左傳》有、《國語》無者，當爲《國語》今本脱佚。《左傳》略、《國語》詳，爲《左傳》摘録《國語》。如晉文出奔之類。其文小異者，非别本，則兼採二國之文。三書必務求貫通，與所以異同之故。

一、孔門四科，言語居次。受命專對，古人所難。見在時艱，使才尤切。今取使命之文，編爲一册，分别門目，詳見解説，以爲達辭正宗。文有不足，取之於《傳》。至於《國策》之文，按②類附入，低一格書之。

一、舊以《語》屬今學，與《周禮》不同，故從來兩漢舊法，劈分二門。今既博通，不立今、古名目，道一風同，無取區分。所有《王制》、《周禮》典禮，務須貫通一是。至於官制，《國語》最詳，藉以考訂《周禮》官屬次第，故論説尤詳。

一、國朝治《國語》名家最多，先以校勘爲主，將諸先達校本訂義擇善而從，凡所遵用，略注所從，不録詳文，以歸簡要。《國語》有舊説見韋注者爲古書，韋多駁之。今以爲正義。所有近人義疏，凡涉訓詁者，但録要語，於典禮、事體得失不厭推詳，務求歸之實用，可

---

① 據：原作「報」，據文意改。

② 按：原作「桉」，據文意改。

見施行。《國語》《傳》而兼《史》，於通經致用尤爲捷要。

案：《國語》凡例，多與《左傳》相關，今不取繁複，參悟可也。

四代古制佚存凡例

孔子修述六藝，其道則一。六藝皆孔子新訂之制，迥非四代舊典。自七十子後，此説失傳，今雖力復微言，聞者疑信參半。以素王之制，舊皆屬之四代，必創立今學，欲張明此義，非備言四代軼聞與六藝不同者，不足以取信於人。今故撰爲此例，務搜求四代事實，實與六藝不同者，彙爲書，然後人乃悟六藝果素王之教，非四代舊制矣。

人讀《春秋》，皆欲得孔子未修之底本，以見筆削之義。今除《公羊》所引「星不及地尺而復」一條，别無明證，今輯此書，即欲見未修《春秋》之意，知古制之不同六藝，則修《春秋》之意見，讀此書即如讀未修《春秋》之原文也。必明著底本，而後筆削之功可見。

《論語》云「杞宋不足徵」，是二代文獻殘缺矣，而唐虞可知。孔子時周禮尚有可考，然藏之秘府，非民間所有。孔子定禮作樂，用周處固多，餘者皆以意起。故《詩》、《書》所言，皆孔子新制，全與《王制》同，則當時實事不如此可知。則但考《書》、《詩》無沿革，全與《春秋》、《王制》同，而六藝之爲素王無疑矣。

先師傳記，四代異制，舊彙輯爲一表，曰《四代異禮表》。然表中禮制有確爲中古所無，六藝皆出素王，何得有此詳備文雅之事？不知三代即三統，謂將來之夏、殷、周，非既往之夏、殷、周也。董子云：《三代改制》篇文。「主天而王，法地而王」，「主天法商而王，主地法夏而王」云云，皆後王之事也。蓋素王定制以傳百世，異姓而興，不能不改異。若制度拘滯，定於一律，則易代改革，莫之適從，既不能不改，又不可以輕變，於是撰爲三統之説，取已定之制，分擬三品。如明堂非夏殷所有，而立三品明堂通變，以備後王之用。三代不用學校，《孟子》言學校之名目有三品是也。故三代制有實事，有託名，學者所當實考者也。

四代原文，舊制不惟不傳，所傳人亦不道。史公曰：「百家言黄帝，其文不雅馴，薦紳先生難言之。」然而《尚書》獨載堯以來，是未經孔子潤色，文皆不雅馴，學者多不傳，傳者皆孔子弟子所述，故舉素王一人，以包四代，而四代原文，則人不能疑之。如《山海經》真禹制也，而《禹貢》爲孔子之書；《穆天子傳》真周事也，而本紀多弟子所傳。今當博考群書，凡其隻文孤證，彙而集之，以爲六藝之印證。

四代禮制，仍以周制爲主。周既無之，則以上可知。如周喪期，夏三月，殷九月，信矣。周世卿，無學校，則二代皆世卿，可知矣。周人不親迎，居喪不釋位，娶妻不避同姓，則二代可知也。故周以上可詳者詳之，不能詳者舉周以包之，可也。後儒説孔子功績，不過託之空言，遠不及管、晏，而子貢稱其生榮死哀，其傳後事實，不過删訂六經，如今選詩編文之比，則司馬公、真西山優爲之，而宰我以爲「賢於堯舜」，孟子以爲不阿，誠實有所見。但如舊説，則堯舜至聖，孔子纂輯其書耳。作者爲聖，述者爲賢，豈得比堯舜？至「遠過」之言，更爲誣妄矣。此皆不知其實之言也。堯舜去孔子千餘年，由質而文，中古實多簡陋，至於文王、周公，猶有未備。孔子乃斟酌損益，定爲一王之制，踵事增華，去弊除害，文質彬彬，而後爲萬世可行之政。堯舜有禮樂，孔子亦有禮樂。以堯舜禮樂較孔子禮樂，孔子實賢之遠矣，故云見其禮樂，而知政德也。孔子一人之事業也，分之於堯舜，則堯舜直與孔子無所優劣。其云賢者，就事實之堯舜言，不就《尚書》之堯舜言。《尚書》之堯舜即孔子，禹、湯、文、武亦即孔子，同爲一事，不能强分優劣也。

《春秋》言復古之例，所謂古者，指文王而言。《春秋》託其制於文王，古即所謂文王也。蓋孔子所新定之制，渺思微慮，多出胸中，但無徵不信，不信民弗從。非天子不制度，孔子有德無位，如何可作？又實受命制作，故變其局，託之於文王。蓋周公制禮，在成康之時。孔子改周制，在當時必有執簡而争，以爲周制實不如此，孔子則託之以爲文、武之政，故以所改之事全歸之文王，所謂「文王既没，文不在兹乎」。《論語》、《中庸》皆累言文、武之政，此以改制託文、武，而不主周公之故也。

周制不親迎，不三年喪，毛西河有此説，尚未暢。不立學校，當時本爲通行之禮，孔子乃起而譏之，以爲古不如此。成、康以後，然而文王不然，故凡周制，皆以爲失禮。後來拘於其説，不復深求於真周制，皆以爲後來流變，以新制爲周公之制。即如此説，本無不可，惟積久遂失本意，全不見聖人之功用。今故直探本原，深祛誤説，欲以見生榮死哀、賢於堯舜之實迹也。

徐、秦《通考》，有變古、失禮一門，半爲宜俗，半爲周制。以改制例之，則爲失禮，不知實當時之事實也。今分門别目，就其中分出，與六藝不合者，以爲真四代之制，如周人之不親迎，不丁憂去官，不論賢不肖皆如此，又有毫無便利，而人競於違禮傷教，此必非失禮，實本時制如此。總之，舊説必指爲失禮者，以爲古帝聖王制度必不如此粗略。不知欲見孔子之功於四代，則孔子失其功；以孔子分主四代，四代雖簡略，而孔子之功乃足以爲生民一人，考三王而不謬，俟百世而不惑，子貢、宰我之言乃不虚也。

孔子訂制託之於古，當時弟子誦法，官府信從，合口同聲，以爲古制，此孔子過化存神之妙用，子貢所以歎其不可及。若使人不信，信而不能行，則便不足爲聖人矣。故當時公卿大夫有事，皆詢問於孔子，得一言以爲決。弟子如曾子、子游等所請問，夫子皆就己意答之，非有古制如此，所謂「從心所欲不踰矩」者也。如昭公娶同姓，本周制也，孔子「不娶同姓」，新制也。陳司敗聞孔子言而不疑，云「謂之吴孟子」，謂《春秋》書法，非昭公自謂之吴孟子。據孔子以疑孔子，此正化行之妙。孔子之教，在當日實已大行，如修六藝，而弟子通者七十餘人，欲立學校，而爲師授徒之風遂以大盛。其書在當時即已施行，而萬世仍因而不能改，此乃聖人之真實行事，非僅一老村學究已也。

《孟子》爲講學家尊信之書，其中言周制與六藝不合者亦多，即此足以知之。如云周人百畝而徹，《詩》云「雨我公田」，與周徹不合。滕國云「吾宗國魯先君莫之行，吾先君亦莫之行」，是周時無三年喪。《左傳》、《國語》所載列國婚姻之事，多父納子妻，是不行六禮可知。其有言親迎者，皆傳者仿禮制爲之。吴楚稱王，而《春秋》書之爲子；晉文召王，而《春秋》書「王狩」，此皆與《春秋》不合之實事明證也。

此書以大綱爲主，細事不必求全。如封建、職官、井田、禮制乃其大者，列以證孔子改制之意足矣，不必穿鑿求通，必求詳備，亦分四代唐虞爲一類，夏殷二周爲一類。夏事以《山海》爲大綱，殷朝真書不多，恐不甚詳，唯周則以《詩·國風》四州爲一大門，上三代事皆從周制推得之。

孔子當時人皆從信，至於弟子以後，人乃以爲疑，以新制於古説無徵，如滕諸大夫所言是也。弟子乃以爲諸侯惡其害己去籍，孟子所言，經師一大例也。

賢爲聖譯，皆緣孔子之意而作。蓋三代真制，實有沿革，古禮荒略，不足爲法。六藝於舊事多所改更，今若直録真事，文與六藝相反，而不相合，不惟簡陋不足爲法，而文有沿革，亦不一律，故傳者之意，全祖六藝而言，不敢復存四代真制。此如孔子六藝之删潤，今不能據賢者傳記，以爲四代禮制皆如孔子新文也。

鄭伯更説《楚詞》，不言孔子，亦不用經語。所言怪力亂神，大旨與《山海經》、《竹書》相似，是孔教未行於楚之證。按其説是也。《楚詞》所言怪力亂神，皆爲事實，孔子起而文飾之，不言怪力亂神，而言《詩》、《書》、執禮，傳記折中聖人，故屏神怪之説。屈子不用經義，故皆當時事實。欲知古事之實，《楚詞》其實録也。時孔子經教尚未大行於楚，故屈子所言，皆不用經義。宋玉則引用《詩》詞矣。

群經大義

洪陳光　編纂
楊世文　校點

校點説明

《群經大義》原爲響應張之洞《勸學編·守約第八》而作。張之洞憂慮當時有人倡言廢經，欲守約以存中學，其中列「經學通大義，切於治身心、治天下者謂之大義」爲守約第一條。《群經大義》「因以《白虎通義》爲藍本，略加排次，以應師命」（《群經大義序》），就《白虎通義》編爲《群經大義》，以應學校之急需。本書《凡例》曰：「今重訂目録，曰經總、曰書數、曰格致。以六藝爲主；次修身，以《容經》爲主，爲小學；次倫理，次實業，次曲藝，爲中學以上，爲普通自治之學；次王制，爲法政學；次帝德，次皇道，爲高等大學。共爲八門，分經分目，皆依是爲次。」今《群經大義》署名洪陳光編纂，實爲廖平託名。後又作《群經大義補題》附後，列《孝經》、《春秋》三經、《尚書》、《周禮》、《禮經喪服》、《詩經》、《樂經》、《易經》、《論語總論》九項，「分經立題，以俟補撰」。此書爲廖平經學三變「小統大統」到經學四變「天學人學」過渡時期的著作，可窺廖平後期經學思想旨趣。作於光緒三十年（一九〇四），《群經大義序》載於《國粹學報》一九〇五年第十一期，《群經大義》連載於民國三年（一九一四）《國學薈編》第三、五、七期，《群經大義補題》載於民國五年（一九一六）《國學薈編》第四期。民國六年（一九一七）四川存古書局印入《六譯館叢書》，今據此本整理。

目録

群經大義序

經學有微言、大義，有事文，有取義。《勸學·守約篇》擬編纂《群經大義》，蓋去幽奧，取顯明，舍糟粕，擷精華。因其章句繁多，博而寡要，勞而少功，説「堯典」二字至三萬言，青年入學，皓首不能通一經，儒者無用，實經累之。方今去古愈遠，史册政典，日新月積，數十百倍於經傳。西學渡海，篇帙繁多，過於中典，子史流派，尤屬蕪雜，書簡浩繁，古今變局也。南皮慮學人訟言廢經，欲掇精華，以便誦習。惟是事體大思深，海内無人應命，知難而退，固其常也。蘇子瞻云：「藥雖進於醫手，方多傳自古人。」若已經效於世間，不必皆由於己出。計窮智出，化舊爲新。因以《白虎通義》爲藍本，略加排次，以應師命。綜考原書，長義可數，略舉梗概，有十二絶：

東漢初，中國經學天子臨雍，標題講義，迴非寒素所能比儗。西漢石渠講論，其書早亡，群書引用者，亦只數條，惟《白虎通》巋然獨存，爲中國有一無二之作。一也。

西漢博士由少漸次增立，東漢立十四博士①，爲經學古今盛會。博士篤守師法，專門名家。魏晉以下，不能有一，何況十四！又其身價尊貴，難乎供奉。明帝時當全盛，以國家禄位尊養，乃得供給京師，同堂講論。二也。

東漢去古未遠，孔門傳授師説淵源可考，不似魏晉以後，分門別户，黨同伐異。東漢以後師法絶響，是書粹然鄒魯微言大義，迥非後世所及。三也。

古典制度，一經不能全備，故漢師古文家。以設明堂、建辟雍彼此相難，十四博士萃聚一堂，各出所藏，以應詔命，克臻美善，無抱殘守缺之憾。四也。

入學既屬高賢，詔命班孟堅論次其説，文章斐然，條暢華贍，故雖談經之書，辭旨無注疏支繁、理學空衍諸弊。即以文論，非後世所及。五也。

今、古學調和彌縫，儒林勢成聚訟。當時古文雖興，未能成派，辨別異同，不敢參入。諸老篤守師法，志合道同，尊仰尼山。古文晚説，百不取一，引《周官》數條，皆經文，無師説。不似魏晉事雜言厖，以僞淆真。六也。

班《藝文志》著録古書，全在故府，今則百無一存。以見行《公》、《穀》論，當時各本俱

---

① 東漢立十四博士：「立」原作「五」。案：東漢只立十四博士，見王國維《漢魏博士考》。疑「五」爲「立」之訛，故改。

存，故多佚文。如「伯姬歸於紀」，明待年也，與譏娶母黨之類，皆今本所無。《樂記》引八音配八風，今本亦屬遺佚。《穀梁》作三軍，傳有脱文，范氏因之疑傳。是書獨存古本全文，高出范本遠甚，多足補正今本。七也。

魏晉以下，儒生專宗鄭學，全失家法，浸淫至於六朝。唐初《正義》不知取舍，爲經學大厄。是書遺文墜典，一字千金。如三公居守，順八風施行政事。《論語》天子四飯，取諸四岳所貢，故文遺義數十百條。又僞古文經傳與《毛詩》公孤、百二十女、周制七千里、司空缺官之類，絶無其説。真文秘記，允堪寶貴。八也。

道德天命、陰陽五行，爲皇帝家法。後儒誤解，於平治修齊之外，別有所謂道統，趣天下學人同爲禪寂。是書表章皇帝，道出於天，不似後儒有王伯無神化，聖教囿於偏隅，不足以收血氣尊親之效，繼往世，開太平。九也。

自馬、鄭學盛，孔子外別主文周，與博士日尋仇讐。如《五經異義》、許叔重撰。《墨守》、公羊。《膏肓》，何邵公撰。古、今紛爭，攻戰不已。如仍主異同，經義何能得一是？原書不別姓氏，本爲長義，《石渠論》其書無存，近人以爲恨事。又以史讀經，糟粕芻狗，啟西人廢經之説。是書首論六藝，推及百行，繼往思來，萬世師表。儒不如吏，庠序蒙羞忍詬，頑固彌堅，以是立基，別有天國，資我遨遊。既得真詮，足奪迷惘。十也。

國朝初雜心説，繼困音訓，刊録雖多，尚屬門外。陳氏《疏證》踵事增華，後來居上。既習是書，阮、王《經解》皆可束閣。又原文不過五萬，綱領俱全，義雖深淵，辭極顯豁。蒙學誦此，可不再讀全經。《大學》法政始基，王伯可治；《春秋》入手得宗，不迷歧路。功鉅事簡，從此經籍光昌。十一也。

漢宋章句繁碎，鄙俚語言，識同學究。近人治經，又徒鑽研音訓，空衍義理，一入仕途，必須别换心手，所習全無所用。此書專言政法普通，綱領洞悉，然後擇治專經，以簡御繁，收效較易。且經切人事與史，法政掌故、風教輿地，疊矩重規，尊經即各學堂之準繩，博覽又經學之輔翼。能通是書，乃知經統中外，聖學當與地球相終始。凡後來論説，皆可屏絶。學術一明，人才必盛。十二也。

惟學堂之設，專取中材。古之作者，曠代一覯。董、劉、匡、韋，或學究天人，或勳閥宰輔，考其致力，仍屬專經。四君歷二千年來，不可多得，尚且專經。今中國學堂百千萬億之學生，能如是，是亦足矣。乃以古者聰明絶世之偉人所不能不敢之事，强此芸芸，有何仇怨，陷以深阱？且專經而經存，兼習而經亡，覆轍昭然，昔賢所嘆。學生藉是書爲經學普通，擇一官爲專業，千谿萬逕，以適國爲歸。既得歸國，奚必徧歷歧途，枉勞車馬？管中窺日，終勝霧裏看花。若董、劉諸君，文章、政事取諸宫中，原逢左右，由精而博，應變無方。蓋各經包羅萬有，泛應不窮，然非專治，則熟視無覩。行有餘力，方可學文。一國三公，心何所至。故功課繁，教者亦難，騖廣貪多，斷難成業。藉是爲老馬改道前驅，事半功倍。若因其簡要，便於檢綜，則失編録之苦心。《王制》一册，包典考而有餘。《春秋》一篇，即廿史之模範。必先分學分經，分官分事，各究偏長，合爲全善。學堂數百萬人，各究偏長，每門可用，不下萬人，即屬專材，何憂乏用！若求全備，以周公才藝，徧責學生，清夜自思，亦當發笑。即使人皆周公，受職之外，均屬枉勞。時局需人，尚欲别開速途，本有迫不及待之勢。與其一日徧習十餘事，徧讀四庫書，大而無當，徒勞仰屋，何如改弦易轍，仿速成科，一人十年課程分之十人，則一年而畢，共分二十人，則半年而畢。中外學術，專科有師，一年皆可有成。以此求速，則三年之艾安，見終身不得乎？日本章程，譯者恐失其旨，否則明於局廠，昧於庠序。博考歐美，原不盡同。日本初亦全師外人，自福澤諭吉保國粹，張祖學，以馭外界，而後人才出，國勢張。芻蕘之言，智者不廢。敬告同人，急求改良，師法諭吉可也。清光緒三十年正月序。

群經大義凡例二十條

一、《漢志》：「仲尼歿而微言絶，七十子喪而大義乖。」《董子》：「《春秋》文成數萬，其旨數千。如冠、祭、鄉飲諸篇，大義詳，綱領與《大傳》比。《勸學篇》以六經章句繁多而寡要，欲求簡約，以爲兼讀西書地步，擬撰《群經大義》，收經傳之功效，無章句之繁勞。因撰此篇，以副香帥作育苦心。

二、徵求已久，海内無人應命。蓋總括群經，事極重大，斷難一人一時可能猝辦，合衆爲之，尤難其選。既曰大義，凡支離破碎之訓詁、空疎晚近之語録，皆所不取。不惟撰作全書，即標舉題目，亦非易事。

三、於萬不能作之中，得一簡要之法，以述爲作，取《白虎通義》爲藍本，分經標目，排次删補，略有異同，易名《群經大義》。《白虎通義》爲地球有一無二之書，肇錫新名，當之無愧。

四、《白虎通義》爲古今絶品，不可無一，不能有二。蓋用帝王之全力，集秦漢之大成，分門别類，終始燦然。惟西漢《石渠禮論》足與抗行，乃散佚略盡；惟此書巋然獨存，以待表章。蓋嘗推其事，有十二絶，迥非《韓詩外傳》、《風俗通》、《申鑒》、《論衡》所可同日而語。

五、原書流傳既久，淺人校刊，失其原次。今重訂目録，曰經總、曰書數、曰格致。以六藝爲主；次修身，以《容經》爲主，爲小學；次倫理，次實業，次曲藝，爲中學以上，爲普通自治之學；次王制，爲法政學；次帝德，次皇道，爲高等大學。共爲八門，分經分目，皆依是爲次。既異名曰《群經大義》，本應别加編次，依經爲卷。惟原書文義連貫，且多互見，若加割裂，不見原委，頓失其妙。篇帙不多，無嫌全讀。今於原文一仍其舊，惟别編《分經目録》，閲新目，知所習本經各有若干條。原書、新目，二者並行不悖。

六、群經之目，厥分十二類：一曰孝，二曰容，三曰儀，四曰王制，五曰緯候，六曰《春秋三傳》，七曰《周禮》，八曰《尚書》，九曰《論語》，十曰《詩》，十一曰《樂》，十二曰《易》。就各類自編目録，以爲專經之先路。考漢博士，如一《春秋》立三家，《公羊》又分嚴、顔二家，《書》有歐陽、夏侯之分。《五經異義》各標宗派、姓氏。此書意在大同，合諸經爲一局，故群經合爲一學，不再分别宗派。

七、目次由學堂高下爲先後。首經總論，全書綱領；次修身習禮，中小學也；次倫理，高等學也；次王制，法政之初等也；次帝德，法政之高等也；次皇道，則爲哲學也。大約倫理、言行、綱常，《孝經》、《容禮》所詳。《禮經》修己，《王制》治人。由中小學以進小學高等，皆屬普通各人自治。典章制度，《春秋》治法，爲治人；中學詳《書》、《樂》、《周禮》，皆帝學哲理，詳道德，《詩》、《易》、《樂》也。學門深淺，諸經次第，略有此界劃焉。

八、當時由天子詔命，故多朝廷大典，經傳異同，詳於政治，略於自修，蒙學門目，未得完備。普通切於日用，又爲各學基礎。略仿其例，爲之補題。又學禮爲今學堂先路，考古明法，以爲規模。凡新增補，加「補」字於上，以别原作。

九、原書有一條兼引數經者，不能分經立目，注明互見。又當時博士極多，詔標異同，諸博士或言或隱，非所録外，别經遂無其説。博士專門名家，議政決獄，各據本經，泛應曲當。若必就一經，兼包衆條，未免繁重。再推本經，補足衆條，是學者之善悟。通經以後，自行補編，每經自爲一書，更爲盛事。

十、原書所引，間有闕疑，如初級蒙養小學，與皇帝宗派未極闡明之類。今以班録爲初編，各經未盡之條，今仿其例，再作續編，分經之説，體例稍有不同。又《經説大同》書名尚未成。於《異義》、三《傳》同異相争相諸説，最爲詳明，與是書並行，尤資啟發。

十一、原書義藴淵深，非註則難明，詳註則繁重。今擬刊二本，無註以便誦讀，有註以便推考。

十二、以是書與注疏論，是書爲精華，注疏爲糟粕，深淺難易，互異其塗。譬諸草木，必有枝葉，然後著花。蓋非糟粕則精華無所附麗，亦如花離枝葉，花將焉附。且中多非據本書推考前後文義不能明者，所以讀此書，必不可不讀本經。學者明大義後，再推考本經，爲善之善。若得精華，遂鄙糟粕，殊失作者之意。是書義理精詳，文字淵雅，但推行中國，且必流傳海外。將來注本擬於陳氏《疏證》外，加入西説。西人昔繹經歸國，惜多高頭講章，冬烘庸語，讀此書然後知聖道廣大，包舉六合，其淺近者固撥正其政法風俗，其高深且在存而不論之列。

十三、中國經學，非老師宿儒不能言。凡士宦官商，皆望而生畏。今於讀本略加淺注，詞取淺近，注本亦主明豁顯露，文簡義淺。凡入學堂者，人可手置一篇，使知本屬日用平常，並非高深玄遠之事，庶得推行，無遠弗屆。

十四、前人刊本，每遇疑難，輒以己意校改，古義奥旨，多爲淺人改易，舊本脱誤，幾不可讀。陳本、盧本補改至數千字，號爲精善。其有校改不盡者，間爲補正，以期完善。

十五、《白虎通義》稱論五經異同，今本異説絶少，蓋由班氏删汰。群經家法，惟《五經異義》最詳。今於原書異同折中之外，别撰《經學大同》一書，以平差舛，務永息干盾攻戰。

十六、門類有互見牽涉，不盡可分。又《五經異義》詳録宗派，多與是書相關。别編《群經折中録》附此篇而行。

十七、《石渠異義》臚列姓名、家法源流燦然，或以不録爲此書病。然文若己出，一掃破碎紛争之見，未嘗非班氏長義。《疏證》補録姓氏、家法，今以大同爲主，故注本不盡甄録，如《詩》義無邪，不更詳疆界畛域。

十八、總證下加以《經解》、《學記》，爲《古學制考》，以明群經宗旨。每分經目前略敘本經大例，摘録凡例，使知本經旨歸、先師姓名。

十九、圖表今仿教科之例，凡有須圖表而明，及由起例以推所未見，以圖表附於各條下。

二十、各題有正義，有異説，如五伯有五説。有存議，如或曰。有誤説。今仿教科，每門提明，以清眉目。

群經大義一①

蒙學

姓名

姓

人所以有姓者何？海外蠻野無姓，亦自治。所以崇恩愛，有姓而後有倫紀。厚親親，生直系、旁系之關係。遠禽獸，禽獸無姓，蠻野近之。別婚姻也。同姓不婚。故禮別類，立姓明種族。使生相愛，死相哀。同姓不得相娶者，皆爲重人倫也。姓，生也。《說文》說人初生偏重於女，故知有母，不知有父，故從女。人所稟天氣，所以生者也。《春秋傳》曰：天子因生以賜姓。《詩》曰：「天生烝民。」貴者稱天子。《尚書》曰：「平章百姓。」九族齊家，百姓治國，萬邦平天下。姓所以有百者何？以爲古者聖人吹律定姓，孔子吹律定姓，自以爲商後，爲素王。○按《大戴記・帝繫姓》乃孔子所傳。以記其族。中國孔子以前無所

① 一：原無。案，《群經大義》實分三節，爲方便起見，今加序號以爲區別。後同。又：「群經大義」篇題下有「洪陳光編」四字。蓋此書由洪陳光承廖平之意而編。

謂姓、無所謂族，故同姓爲婚，例如魯昭娶吴之類，足徵姓由孔子所制定。人含五常而生，此後世以五音分姓之所出。聲有五音：宫、商、角、徵、羽，轉而相雜，五五二十五，《靈樞》有《二十五人篇》。《史記》：黄帝子孫二十五人。○今地球五種人，自乘得二十五。轉生四時異氣，殊音悉備，故姓有百百舉成數。也。

氏

人所以有氏者何？氏與姓别，姓爲大名，氏則其小部分。所以貴功德，《大學》人之彦聖。賤伎力。大學人之有伎，外國科學皆屬伎藝。或氏其官，或氏其事，聞其氏即可知其德，所以勉人爲善也。使人知尊重名譽權而不敢作惡。或氏王父字何？如季友之後氏季。所以别諸侯之後，爲興滅國、繼絶世也。求諸侯後，以氏爲目。諸侯之子稱公子，公子之子稱公孫，公孫之子，各以其王父字爲氏。《公羊》：成十五年仲嬰齊卒。傳：爲人後者爲之子，則其稱仲何？孫以王父字爲氏也。故《春秋》有王子瑕，《論語》有王孫賈，又有衛公子荆、公孫朝。魯有仲孫、叔孫①、季孫，楚有昭、屈、景，齊有高、國、崔，以知其爲諸侯子孫也。王者之後亦稱王子，兄弟立而皆封也。或氏王孫，古稱王孫，不必皆王之子。上繫王孫也。堯知命，表稷、契，賜姓子、姬。詳董子《繁露》。皋陶典刑，不表姓。此《刑德考》一家之説，三代王，皋陶未王，故未詳耳。禹姓姒氏，祖昌意，以薏苡生。殷姓子氏，祖以玄鳥子生也。周姓姬氏，姒、子、姬皆姓，氏在其外。祖以履大人跡生也。以上明天子天生之義，詳《董

① 叔孫：原作「叔」，據前後文補。

子》。

名

人必有名何？所以吐情自紀，尊事人者也。凡人自稱皆名，故《士相見禮》、《投壺》皆云某，是自紀以尊人之義也。《論語》曰：「名不正，則言不順。」

三月名子

三月名之何？天道一時，物有其變；《大戴·本命》注：「三月萬物一成。」人生三月，目煦亦能咳笑，與人相更答，故因其始有知而名之，故《禮·服傳》曰：「子生三月，則父名之於祖廟。」

祖廟燕寢異説

名之於祖廟者，謂子之親廟也，明當爲宗廟主也。一説名之於燕寢者，幼小卑賤之稱也，質略故於燕寢。

南郊之射

天子太子使士負子於南郊，以桑弧蓬矢六射者，何也？此男子之事也，故先表其事，然後食其禄。《内則》云：「國君世子生三日，卜士負之，射人以桑弧蓬矢六射天地四方。」《射義》云：「天地四方者，男子之所有事也。故必先有志於所有事，然後敢有穀者，飯食之謂也。」必桑弧何？桑者，相逢接之道也。《保傅》曰：「太子生，舉之以禮，使士負之，有司齊肅端綫，之郊見於天。」《韓詩内傳》曰：「太子生，以桑弧蓬矢六射上下四方，明當有事天地四方也。」

質家生日名子

殷以生日名子何？殷家質，故質以生日名子也。以《尚書》道殷家太甲、帝乙、武丁也。於民臣亦得以甲乙生日名子何？不使亦不止也，以《尚書》道殷臣有巫咸，「咸」當作「戊」，《經義述聞》云：巫咸，今文蓋作「巫戊」。有祖己也。何以知諸侯不象王者以生日名子也？以太王名亶甫，王季名歷，此殷之諸侯也。《易》曰「帝乙」，謂成湯；《書》曰「帝乙」，謂六代孫也。湯生於夏時，何以用甲乙爲名？曰：湯王後，乃更變名子孫法耳。《王侯世本》云：湯名天乙，湯王後，定尚質，故以生日名爲子孫法。故《論語》曰：「予小子履。」履，湯名也。不以子丑爲名何？曰：甲乙者幹也，子丑者枝也。幹者本之質，故以甲乙爲名也。

名有兼有單

名或兼或單何？示非一也。或聽其聲，以律定其名，或依其事，旁其形，故名或兼或單也。依其事者，若后稷是也，棄之因名爲棄也。旁其形者，孔子首類丘山，故名爲丘。或旁其名爲之字者，聞其名即知其字，聞字即知其名，若名賜字子貢，名鯉字伯魚。

譏二名

《春秋》譏二名何？所以譏者，乃謂其無常者也。《公羊・定六年傳》云：此仲孫何忌也。曷爲謂之仲孫忌？譏二名，二名非禮也。若乍爲名録甫，元言武庚。

諱不諱之别

不以日月山川爲名者，少賤卑己之稱也。臣子當諱爲物示通，故避之也。《禮》曰：「二名不偏諱，逮事父母則諱王父母，不逮事父母，則不諱王父母也。君前不諱，《詩》、《書》不諱，臨文不諱，郊廟中不諱。」又曰：「君前臣名，父前子名。」謂大夫名卿，弟名兄也，明不諱於尊者之前也。太古之世所不諱者何？尚質也。故臣子不言其君父之名。故《禮記》曰：朝日上質，不諱，正天名也。

人十月而生生而泣之義

人所以十月而生者何？人，天子之也。中國孔子以前皆主一天，皆稱天子，與泰西天主教無異。例如季氏舞八佾，三家以雍徹，當時僉以爲常，不以爲僭。自孔子作上下尊卑制度，始有父子、母子之稱。任天地之數五，凡物皆成於五，例如五種、五方、五常、五聲、五運、五色、五臟、五味之類。故十月而備，乃成人也。《繁露·陽尊陰卑篇》云：「天之大數，畢於十旬。」人生所以泣何？本一幹，而分得氣異息，初離母腹，獨立呼吸。故泣，重離母之義。《尚書》曰「啟呱呱而泣」也。

拜則稱名

人拜所以自名何？所以立號自紀。禮拜自後不自名何？備陰陽也。人所以相拜者何？所以表情見意，屈節卑體，尊事人者也。拜之言服也，所以必再拜何？法陰陽也。《尚書》曰「再拜稽首」也。必稽首何？敬之至也。頭至地何以言首？謂頭也。《禮》曰：「首有殤則沐」。所以先拜手，後稽首何？名順其文質也。《尚書》曰：「周公拜手稽首。」

敬名稱字五十稱伯仲

人所以有字何？所以冠德明功，敬成人也。故《禮・士冠》經曰：「賓北面，字之曰伯某甫。」又曰：「冠而字之，敬其名也。」所以五十乃稱伯仲者，五十知天命，思慮定也。能順四時長幼之序，故以伯仲號之。《禮・檀弓》曰：「幼名，冠字，五十乃稱伯仲。」《論語》曰：「五十而知天命。」

稱號有四

稱號所以有四何？法四時，用事先後長幼兄弟之象也。故以時長幼，號曰伯、仲、叔、季也。伯者，長也。伯者子最長，迫近父也。仲者中也，叔者少也，季者幼也。適長稱伯，伯禽是也。庶長稱孟，魯大夫孟氏是也。男女異長，各自有伯仲，法陰陽各自有終始也。《春秋傳》曰「伯姬」者何？內女稱也。婦人十五稱伯仲何？婦人質少變，陰道促蚤成。女子十四精通，故陰促也。十五通乎織紝紡績之事，思慮定，故許嫁，笄而字。故《禮經》曰：「女子十五許嫁，笄，禮之稱字。」

婦人有字

婦人姓以配字何？明不娶同姓也。故《春秋》「伯姬歸於宋」，姬者姓也。《公羊》：「仲子者何？桓之母也。」蓋仲字子姓，婦人以姓配字，不忘其本，因示不娶同姓。

質家積於仲

質家所以積於仲何？質者親親，故積於仲；文家尊尊，故積於叔，即如是。《論語》曰：「周有八士：伯達、伯适、仲突、仲忽、叔夜、叔夏、季隨、季騧。」此指四岳八伯，爲伯仲叔季字例。文王十子。二伯統八伯，合爲十人。《詩傳》曰：「伯邑考、武王發、周公旦、管叔鮮、蔡叔度、曹叔振鐸、郕叔武①、霍叔處②、康叔封、聃叔季載③。」所以或上其叔、季何也？管、蔡、曹、霍、成、康、南皆采也，故置叔、季上。伯邑考何以獨無乎？蓋以爲大夫者，不是采地也。

① 郕叔武：原作「成叔處」，據《詩・大雅・思齊》正義、《史記・管蔡列傳》改。

② 霍叔處：原作「霍叔武」，據前引改。

③ 聃叔季載：原作「南季載」，據前引改。

群經大義二

宗族篇此入家學，爲海外缺典，經撥亂反正之用者。

宗

宗者何謂也？宗，尊也，爲先祖主者，以天子、諸侯、卿、大夫爲主。宗人之所尊也。封君之子盡臣諸父昆弟。《禮》曰：「宗人將有事，祀宗廟。族人皆侍。」易侍内外皆主。聖者指經。所以必有宗，何也？據野人無之。所以長和睦也。大宗能率小宗，小宗能率群弟，推國法於家族，宗子如君，有大有小，亦如幹枝。通於有無，海外父子猶不相通。所以紀理族人也。以大營包小營，小營固則愈固。

五宗

宗其爲始祖後者爲大宗，如魯祖周公。此百世之所宗也。專爲世及承襲之制。宗其爲高祖後者，以魯三家大夫比之。五世而遷者也。高祖遷於上，今所謂五服以外之親，無服也。宗則易於下。一代一遷，五世而盡。宗其爲曾祖後者，及身四代。爲曾祖宗。宗其爲祖後者，及身三代。爲祖宗。宗其爲父後者，及身二代。爲父宗。長子承受封地。以上至高祖宗皆爲小宗，以其轉遷，别於大宗也。如三桓之子别爲季、仲、孟。别子者，自爲其子孫爲祖，繼别也，各自爲宗。以氏分宗。小宗有四，高、曾、祖、父。大宗有一，始祖。凡有五宗，人之親所以備矣。《爾雅·釋親》爲家族學。

諸侯大夫奪宗不奪宗之異

諸侯奪宗，此指初封諸侯，如《中庸》父爲士，子爲大夫，宗以尊爲主，既貴有士，則别之。明尊者宜之。官大則能奪宗，如今受封典者是。大夫不得奪宗何？曰：諸侯世世傳子孫，故奪宗。以始封之君爲宗，其人不必爲宗子。大夫不傳子孫，故不宗也。《喪服經》曰：「大夫爲宗子。」不言諸侯爲宗子也。《皇清經解》中《宗法考》詳之。

族

族者何也？族者，湊也，聚也，謂恩愛相流湊也。上湊高祖，下至玄孫，一家有吉，百家聚之。合而爲親，生相親愛，死相哀痛，有會聚之道，如親族會。故謂之族。

九族

《尚書》曰：「以親九族。」族所以有九何？九之爲言究也。親疏恩愛究竟，謂之九族也。父族四，母族三，妻族二。四者，謂父之姓爲一族也，父女昆弟適人有子爲二族也，身女昆弟適人有子爲三族也，身女子適人有子爲四族也。母族三者，母之父母爲一族也，母之昆弟爲二族也，母之女昆弟爲三族也。母昆弟者男女皆在外親，故合言之也。妻族二者，妻之父爲一族，妻之母爲二族，妻之親略，故父、母各一族。《禮》曰：「唯氏三族之不虞。」三族：父族，母族，妻族也。即《尚書》之九族。一説合言九族者，欲明堯時俱三也。言堯時父、母、妻皆三，合爲九。禮所以獨父族四何？欲言周承二弊之後，民人皆厚于末，野人曰父母何算焉。故厚妻之黨，薄父之族，足徵孔子以前知有母不知有父，爲自由婚之現象，故孟子稱前之堯舜爲草昧時代。是以貶妻族以附父族也。或言九者，據有交接之恩也，言四者，據有服耳，不相害，所異也。

綱紀篇

三綱六紀綱者，統系之詞，對於目而有此名稱也。三綱之名，非始於漢，經傳早已言之。如《儀禮》所謂「臣以君爲天，子以父爲天，婦以夫爲天①。」又如《大戴記》之三本，蓋因一君而多臣，一父而多子，一夫或不止一妻，以綱統目，此所以有「三綱」之名也。且宇宙事物，原因複雜，一一列舉，誰不云難，故舉其綱則千條畢露，而目自張矣。是知「綱」之一字，專對於目而言。「三綱」之名，何嘗有苛刻暴虐、能制人之生死哉？近人誤解平等，欲廢三綱，以三綱初見於《白虎通義》，爲漢儒所造。不知平等者，正謂君君、臣臣、父父、子子、夫夫、婦婦各有其道，爲對等關係，不過君必統臣，父必統子，夫必統婦，舉君則公、卿、大夫在，舉父則長子、次子在，舉夫則妻、妾在。況西人臣對於君當絶對服從，應盡忠實之義務，子對於父無正當防衛，謹遵父之訓命，妻對於夫無獨立能力，必受夫之許可。而經傳尚有君禮、父慈、夫義之説。由此觀之，則西説反不如經説之平等也甚矣！吾特證明三綱專對於目而言，非始於漢，以爲

① 婦以夫爲天：原作「夫以妻爲天」，據《儀禮》原文改。

誤解平等，欲廢三綱者告。

三綱者何謂也？謂君臣、父子、夫婦也。《禮經》說以爲三天：臣以君爲天，子以父爲天，婦以夫爲天。六紀者何？謂諸父、兄弟、族人、同姓三。諸舅、師長、朋友也。異姓三。以上言綱紀名目。故君爲臣綱，臣爲目。父爲子綱，子爲目。夫爲妻綱。妻爲目。又曰：散諸父兄，爲六紀之首。六紀道行，諸舅有義，族人有序，昆弟有親，師長有尊，朋友有舊。次詳五紀。

綱紀名義

何謂綱紀？綱者，張也；紀者，理也。《說文・系部》：綱，網紘也；紀，別絲也。大者爲綱，小者爲紀，所以張理上下，整齊人道也。使人人各守其名，各盡其職。人皆懷五常之性，有親愛之心，是以綱紀爲化。有綱紀而後有範圍，有範圍而人民有依歸。若羅網之有綱紀，而萬目張也。《書・盤庚》云：「若網在綱，有條而不紊。」《詩》云：「亹亹文王，綱紀四方。」以上專釋綱紀名義。

三綱實六人陰陽相配象六合

君臣、父子、夫婦六人也，所以稱三綱何？一陰一陽之謂道，陽得陰而成，陰得陽而序，剛柔相配，故六人爲三綱。君、父、夫爲陽，臣、子、妻爲陰。臣與君合，子與父合，妻與夫合，陽剛陰柔，陰陽相配，而成六合。

三綱所法

三綱法天、地、人，上、中、下三才。六紀法六合。君臣法天，取象日月屈信，日君月臣。歸功天也。父子法地，取象五行轉相生也。五行相生，如父生子，子生孫。夫婦法人，取象人合陰陽，有施化端也。夫婦以交合爲主義而生人，亦如陰陽相交而生物。

六紀爲三綱之紀

六紀爲三綱之紀者也。師長，君臣之紀也，以其皆成己也。説詳《荀子》「禮三本」。諸父、兄弟，父子之紀也，同姓。以其有親恩連也。諸舅、朋友，夫婦之紀也，異姓。以其皆有同志，爲己助也。以上詳釋三綱。

君臣父子夫婦名義

君臣者，何謂也？君，群也，群下之所歸心也。臣者，繵堅也，厲志自堅固也。《爾雅·釋言》云：「臣，繵也。」繵、繵與臣同韻，故得訓也。○漢儒解經多以音爲訓，如《釋名》之例。《春秋傳》曰：「君處此，臣請歸也。」《公羊》。父子者，何謂也？父者，矩也，以法度教子也。子者，孳也，孳孳無已也。故《孝經》曰：「父有争子，則身不陷於不義。」夫歸者，何謂也？夫者，扶也，以道扶接也。婦者，服也，以禮屈服也。《昏禮》曰：「夫親脱婦之纓。」《傳》曰：「夫婦判合也。」以義相合。

朋友之道

朋友者，何謂也？朋者，黨也；友者，有也。《禮記》曰：「同門曰朋，同志曰友。」朋友之交，近謂當面。則謗其言，不阿附。遠背後。則不相訕。不訐訕。一人有善，其心好之；一人有惡，其心痛之。以上言善惡。貨則通而不計，共憂患而相救。生不屬，死不託。故《論語》曰：「子路云：願車馬衣輕裘，與朋友共敝之而無憾。」《禮記》曰：「朋友無所歸，生，於我乎館，死，於我乎殯。」通財相卹之義。朋友之道，親存不得行者二：不得許友以其身，《禮記》。不得專通財之恩。《曲禮》：「三錫不及車馬。」三錫，當以饋獻爲正。父母在，不專財用。友飢寒則白之於父兄，父兄許之，乃稱父兄與之，不聽即止。故曰友飢爲之減餐，友寒爲之不重裘。故《論語》曰：「有父兄在，如之何其聞斯行之也。」《禮・坊記》云：「父母在，不可有其身，不敢私其財。」又云：「父母在，饋獻不及車馬。」〇以上言通財、不通財之義。

男女異稱

男稱兄弟，女稱姊妹，何？男女異姓，故別其稱也。何以言之？《禮・親屬記》曰：今此篇亡，義與《爾雅》親屬同。男子先生稱兄，後生稱弟。單生、雙生者又有別義。女子先生爲姊，後生爲妹。妯娌亦有用此稱者。

世父與姑姑與姊妹別名之義

父之昆弟不俱謂之伯、叔，父之女昆弟俱謂之姑，伯、叔有別，同稱姑無異。何也？據男別長幼，姑從同。以爲諸父內親也，故別稱之也。分長少。姑當外適人，疏，故總言之也。《禮記・檀弓》云：姑姊妹之薄也，蓋有受我而厚之也。又《喪服》云：「姑出室，降大功。」亦從略之義也。至姊妹亦當外適人，所以別稱姊妹何？與叔、伯同。以爲事諸姑禮等，姊妹則有別。姊妹則姊尊妹卑，其禮異也。

《詩》云：「問我諸姑，包長少言，故曰諸姑。遂及伯姊。」此分長幼。

舅姑姊妹兄弟名義

謂之舅姑者何？舅者，舊也；姑者，故也。舊故老人稱也。壻媳姑舅之子同。謂之姊妹者何？姊者，恣作咨。也；妹者，末作昧。也。謂之兄弟何？兄兄古音荒，故與弟悌相叶，如《釋名》之例。者，況也，況父法也；弟者，悌也，心順行篤也。稱夫之父母謂之舅姑何？尊如父而非父者舅也，親如母而非母者姑也，故稱夫之父母爲舅姑也。《禮》：婦之父母亦稱舅姑。

教學篇

十五入太學

古者古讀爲詁，謂經詁，非往古。所以年十五入太學何？成童十五以大學，爲小學中之大學。以爲八歲毁齒，始有識知，入小學今自蒙養至普通約分四級。學書計。保氏六藝：禮、樂、射、御、書、數，皆爲普通技藝科學。禮，誦舞爲禮樂。書計即書數。射、御，有明文。○《内則》：十年出就外傳，居宿於外，學書計。七八句十五，陰陽陰八陽七。備，故十五歲成童，志明，入大學。小學之大者，如高等小學堂、中學堂。《内則》：「成童舞象，學射、御。」以上爲六藝。二十以後學經籍。以上學藝爲今普通科學，以成國民資格。普通已卒業，始以成人待之，加以冠禮。非有成人資格，不許冠，冠以後乃入京師大學學經。學之爲言覺也，以覺悟所不知也。

故學以治性，慮以變情。《内則》：「四十始仕，方物出謀發慮。」爲法政事。故玉不琢不成器，人不學不知義。子夏曰：「百工居肆以成其事，君子學以致其道。」學爲學堂之學。故《曲禮》曰：「十年曰幼，學。」《論語》：「吾十有五而志於學，三十而立。」又曰：「生而知之者上也，學而知之者次也。」是以雖有自然之性，必立師傅焉。《論語讖》曰：五帝立師，三王制之。帝顓頊一師緑圖，帝嚳二師赤松子，帝堯三師務成子，帝舜四師尹壽，禹五師國先生，以上《五帝德》。湯一師伊尹，文二師吕望，武王三師尚父，周公二伯師虢叔，《荀子》：周公、孔子爲大儒，謂非天子而行天子之事。文出《墨子》、《吕覽》。孔子師老聃。「彭」一作「聃」。孔子在庶而制作，爲天子之事而自託於伯，故與周公爲二伯。《論語》「竊比於我老彭」，我指殷周，老爲二伯之稱，彭即大彭。孔子不以素王自居，託於素臣。

世子就師於外

天子之太子、諸侯之世子皆就師於外者，尊師，重先王之道也。故《曲禮》曰：「禮聞來學，不聞往教。」《易》曰：「匪我求童蒙，童蒙求我。」《王制》曰：「小學在公宮南之左，大學在郊。」又曰：「王太子、王子、群后之太子、公卿大夫元士之嫡子，皆造焉。」小學，經藝之宮；大學者辟雍，鄉射之宮。

父不教子

父所以不自教子何？爲渫瀆也。又授之道，當極説陰陽夫婦變化之事，不可父子相教也。《孟子》云：「勢不行也。」又云：「父子之間不責善，責善則離，離則不祥莫大焉。」此説與《孟子》雖異，而其理則一也。

師道有三

師弟子之道有三。《論語》「有朋①自遠方來」，借以立説，不可以《論語》爲教授而言。朋友之道也。又曰「回也視予猶父也」，父子之道也。以君臣之義，教之君臣之道也。《禮記》言師道甚詳，《墨子》、《吕覽》皆有專篇，宜參考之。

鄉里之學

鄉曰庠，如今之小學堂。里曰序。如今之中學堂。庠者庠禮義，序者序長幼也。《禮·五帝記》曰：帝庠序之學，則父子有親，長幼有序。善如爾，舍明令必須外，然後前民者也。未見於仁，故立庠序以導之也。

農隙之學

古者教民者里皆有師，里中之老有德者爲里右師，其次爲左師，教里中之弟子以道藝、孝悌、仁義。《莊子》云：「技也，而進於道。」《周禮》屢言「道藝」。《易》曰：「形而上者謂之道，形而下者謂之器。」《王制》：「以技事人者。」○凡今之科學統於六藝，藝即技器，道統於六經。立春而就事，農事起則去學。朝則坐於里之門，里師，《尚書大傳》：大夫七十而致仕，老其鄉里。大夫爲大師，士爲少師。餘子皆出就農而後罷。此

① 有朋自遠方來：「有朋」原作「朋友」，據《論語·學而》改。

北方村居之制，吾蜀雜居，與此異。夕則亦如之，皆入而後罷。其有出入不時、父之齒隨行，兄之齒雁行，輕任并，重任分，斑白者不提挈。早晏不節、有過故使語之，此鄉村規，如今學堂然。則邪僻之心無由生也。若既收藏，秋後。皆入教學。其有賢才美質知學者，足以開其心，俊秀者可以升學。頑鈍之民，村愚。亦足以別於禽獸而知人倫，人之所以異於禽獸。故無不教之民。以普通學專爲農而言，工商更易推行。孔子曰：「以不教民戰，是謂棄之。」明無不教民也。古之普通之數，最爲簡易。○案：鄭注「黨正」云：「三時務農，將闕於禮，至此農隙，而教之尊長養老，見孝弟之道也。」

嫁娶篇

中國古亦無媒，自由經制，乃告父母，海外近已改從經矣。

嫁娶之禮

人道所以有嫁娶何？以爲情性之大，莫若男女，《禮記》：「飲食男女，人之大欲存焉。」男女之交，人情之始，莫若夫婦。有夫婦然後有父子、有君臣。《易》曰：「天地絪緼，萬物化淳。男女構精，萬物化生。」人承天地，施陰陽，故設嫁娶之禮者，重人倫，別於禽獸。廣繼嗣也。《禮・昏義》云：「昏禮者，將合二姓之好，上以事宗廟，而下以繼後嗣也。」《禮・保傅記》曰：「謹爲子嫁娶，必擇世有仁義者。」禮男娶女嫁何？陰卑不得自專，就陽而成之。故《傳》曰：「陽倡陰和，男行女隨。」以上論夫爲妻綱。

嫁娶不自專　經制起於自由之後，爲太平以後定制。俗以自由爲文明，其説顛倒。

男不自專娶，女不自專嫁，必由父母，須媒妁何？泰西專娶嫁，自由主婚，流弊無窮。經制乃救之以父母、媒妁。遠恥，昏禮不稱主人。防淫泆也。淫殺禍甚烈。《詩》云：「娶妻如之何？必告父母。」又曰：「娶妻如之何？匪媒不得。」《禮·曲禮》：「男女非有行媒，不相知名。」又《坊記》云：「夫禮坊民所淫，章民之别，使民無嫌，以爲民紀者也。故男女無媒不交，無幣不想見，恐民之無别也。以此坊民，民猶有自獻其身者。」

嫁娶之期

男三十而娶，女二十而嫁，陽數奇，陰數偶。以陽卦一陽故奇，陰卦二陽故偶也。男長女幼者，陽舒陰促。男三十筋骨堅强，任爲人父，《易》有長、中、少三等男女，此舉中等立説。三等皆男長於女，約略如此，非執一定。海外言種學，多主中男、中女，十六已能生矣，失之太早，不知爲人父之道，以三十爲宜。女二十肌膚充盛，任爲人母，女子十四已能生，然未充實，多有夭弱。合爲五十，應大衍之數生萬物也。《易·繫辭傳》：「大衍之數五十。」故《禮·内則》曰：「男三十壯，有室；女二十壯，而嫁。」七歲之陽也，八歲之陰也，《説文·七部》：七，陽之正也，從一，微陰從中衺出也。《易》家以九七爲陽，六八爲陰，故以七爲陽，以八爲陰。七八十五，陰陽之數備，有相偶之志。故《禮記》曰：「女子十五許嫁，笄而字。」禮之稱字，陰繫於陽，所以專一之節也。太西男女平等，則婦不必從夫。野蠻之世，女重於男，故知有母，不知有父。婦人從夫，子女以夫爲姓。陽尊無所繫，陽舒而陰促。三十數三終，奇，陽節也。二十再終，偶，陰節也。陽小成於陰，大成於陽，故二十而冠，三十而娶。《石渠禮議》云：偶數起於二，終於二十。陰，數之偶也，故二十而冠，謂小成也。陰小成於陽，大成於陰，故十五而笄，二十而嫁也。一說二十五繫者，就陰節也。《春秋穀梁傳》曰：「男二十五繫心，女十五許嫁，感陰陽也。」陽數七，陰數八，男八歲毀齒，女七歲毀齒。陽數奇，故三，三八二十四，加一爲二十五，繫心也。陰數偶，故再成，十四加一爲十五，故十五許嫁也。各加一者，明其專一繫心。所以繫心者何？防其淫佚也。娶嫁確定，心向於一，不得自由，以免放縱。男子幼娶必冠，女子幼嫁必笄。《禮》曰：「女子許嫁，笄而字。」

贄幣

《禮》曰：女子十五許嫁，納采、問名、納吉、請期、親迎，以雁爲贄。納徵用玄纁，不用雁也。贄用雁者，取其隨時而南北，不失其節，明不奪女子之時也。又是隨陽之鳥，妻從夫之義也。夫陽妻陰，妻隨夫從陽之義。又取飛成行、止成列也，明嫁娶之禮，長幼有序，不相踰越也。又婚禮贄不用死雉，故用雁也。納徵，玄纁、束帛、儷皮，玄三法天，纁二法地也。陽奇陰偶，明陽道之大也。儷皮者，兩皮也。以爲庭實，庭實偶也。《禮・昏經》曰：納采、問名、納吉、請期、親迎，皆用雁，納徵用玄纁、束帛、儷皮。納徵詞曰：「吾子有嘉命，貺室某也。某有先人之禮，儷皮、束帛，使某也請納徵，上某者壻名也，下某者壻父名也，下次某者使人名也。」女之父曰：「吾子順先典，貺某重禮，某不敢辭，敢不承命。」納采，詞曰：「吾子有惠貺室某也，某有先人之禮，使某也請納采。」對曰：「某之子蠢愚，又不能教，吾子命之，某不敢辭。」《禮記·曲禮》：「非受幣不交不親。」又《昏禮》「女子許嫁」注：「許嫁，已受納幣禮也」。是六禮皆以納徵爲斷，不可不重也。

親迎

天子下至士必親迎授綏者何？《公羊》説，自天子至庶人皆親迎。以陽下陰也。《禮記·郊特牲》云：「男子親迎，男先於女也。」《荀子·大略篇》云：「《易》之《咸》，見夫婦之道不可不正也，君臣父子之本也。咸，感也。以高下下，以男下女，柔上而剛下，聘士之義、親迎之道重始也。」是陽下陰之義也。欲得其歡心，示親之心也。《禮記·郊特牲》曰：「壻親御授綏，親之也。親之也者，親之也。」必親迎，御輪三周，下車曲顧者，防淫泆也。《禮記·坊記》云：「壻親迎，見於舅姑，舅姑承子以授壻，恐事之違也。以此坊民，婦猶有不至者。」《詩》云：「文定厥祥，親迎於渭，舊説以此爲天子親迎於郊之禮。造舟爲梁，不顯其光。」《禮·昏經》曰：「賓即壻。升西階。北面奠雁，再拜，拜手稽首，降，出。婦從房中降，壻在先，從之而降。自西階。壻御婦車，授綏。」

遣女誡女

遣女於禰廟者，禰廟對於女爲祖矣。重先人之遺體，不敢自專，故告禰也。此親迎、奠雁、婦從降、壻御授綏及告廟之禮。父母親戒女何？親親之至也。父曰：「誡之敬之，夙夜無違命。」母施衿結帨，曰：「勉之敬之，夙夜無違宮事。」父誡於阼階，東階主位遠。母誡於西階，近。庶母及門内下堂。施鞶，申之以父母之命。命曰：「敬恭聽爾父母言，夙夜無愆。」視諸衿鞶，去不辭，誠不諾者，蓋恥之重去也。

昏禮不賀

《禮》曰：「嫁女之家，三日不絶火，燈燭不息，言夜不寐。思相離也。女適他家。娶婦之家，三日不舉樂，思嗣親也。」感親年衰老代至也。《禮》曰：「婚禮不賀。」與不舉樂同。人之序也。

授綏親迎醮子辭

授綏，姆辭曰：「未教，不足與爲禮也。」始親迎，擯者請辭曰：「吾子命某，以兹初昏使某，將請承命。」主人曰：女父。「某故敬具以須。」父醮子遣之迎，子將昏，先行醮禮，文見《儀禮》。命曰：「往迎爾相，婦相夫。承我宗事，率以敬先妣之嗣，壻之祖妣。若則有常。」子曰：「諾，唯恐不堪，不敢忘命。」與《荀子·大略篇》同。〇以上解醮命，壻諾，女不諾，男女之別。

三月告廟

娶妻不先告廟到者，「到」作「致」，《春秋》「用致夫人」。示不必安也。婚禮請期不敢必也。解請期之義。婦入三月，然後廟見。舅姑既歿，婦亦三月奠采於廟。《禮·昏禮》云：「舅姑既殁，婦入三月乃奠采。」三月一時，物有成者，天氣變。人之善惡可得知也，然後可得事宗廟之禮。觀其婦之性行和於夫、宜於室人，然後廟見而祭。曾子曰：「女未廟見而死，歸葬於女氏之黨。」示未成婦也。

嫁娶以春

嫁娶必以春者，春天地交通，萬物始生，陰陽交接之時也。《詩》云：「士如歸妻，迨冰未泮。」《周官》曰：「仲春之月，合會男女，令男三十娶，女二十嫁。」鄭注：仲春陰陽交，以成昏禮，順天時也。《夏小正》曰：「二月，冠子、娶婦之時也。」

妻不得去夫

夫有惡行，謂小惡。妻不得去者，地無去天之義也。夫雖有惡，不得去也。故《禮·郊特牲》曰：「一與之齊，終身不改。」以上解不擅去。悖逆人倫，殺妻、父母，廢絶綱紀之大者，義絶乃得去也。夫婦離絶之法。

諸侯一聘九女

天子諸侯一娶九女何？重國體，廣繼嗣也。九女者何？法地有九州，承天之施，無所不生也。九女法九州，十二女亦法十二州。娶九女，亦足以成君施也。九而無子，百亦無益也。《王度記》曰：「天子一娶九女。」《春秋公羊傳》曰：「諸侯娶一國，則二國往媵之，三國合九女。以姪娣從之。」姪者何？兄弟之子也。娣者何？女弟也。春秋嫡庶之禍，如齊桓、晉獻，每延數世。孔子絶亂原，乃定諸侯不再娶，一娶九女，以姪娣從之制。講經須知孔子以前無此制度。

天子娶十二女

或曰：天子娶十二女，同姓三國，異姓一國來媵。法天有十二月，内九州九女，外十二州爲十二女。萬物必生也。必一娶何？不再娶。防淫佚也。如驪姬禍。爲其棄德嗜色，故一娶而已。人君無再娶之義也。備姪娣從者，爲其必不相嫉妬也。一人有子，三人緩帶，若己生之。必娶兩娣何？博異氣也。娶三國女何？廣異類也。男女同姓，其生不蕃，果木移種乃佳。恐一國血脈相似，俱無子也。外國種學，以血脈反者爲主，喜和惡同。

待年

姪娣年雖少，猶未適人者，言未能備數。明人君無再娶之義也。還待年於父母之國，未任答君子不與嫡偕行者。也。《詩》云：「姪娣從之，祁祁如雲。韓侯顧之，爛其盈門。」《公羊傳》此係今本已佚。曰：「叔姬伯姬已書爲嫡，今乃再書。叔姬，伯姬之妹。歸於紀。」明待年幼者不同行。也。

來媵

二國來媵，誰爲尊者？大國爲尊，如晉、衛同求來媵，則以晉爲尊。國等以年，分長幼。年同以德。年同以德，不以色爲悦。質家法天，尊左，草昧之初，如野人、庶人。文家法地，尊右。文明如都人士大夫。

不聘妾

所以不聘妾何？謂於同姓之國。人有子孫，欲尊之義，義不可求人以爲賤也。《春秋傳》曰：「二國來媵。」晉、衛自來，非魯求乞，故不言求。可求人爲士，不可求人爲妾何？士即尊之漸，賢不止於士，妾雖賢，不得爲適。因六禮不備。

卜娶妻

娶妻卜之何？卜爲天學，非神權。海外專詳人事，必遲之又久，乃進於鬼神。卜女之德，知相宜否。人謀已盡，乃決之天，如《左傳》卜筮。《昏禮經》曰：「將加諸卜，敢問女爲誰氏也。」

人君宗子自娶

人君及宗子無父母自定娶者，如宋公使公孫壽來納幣。卑不主尊，賤不主貴，故自定之也。與不稱主人之義相反。《昏禮經》曰：「親皆殁，已聘命之。」《詩》云：「文定厥祥，親迎於渭。」如文王自定之。

大夫受封不更聘

大夫功成受封，爲諸侯。得備八妾者，已有嫡，合九人。重國，廣繼嗣也。不更聘大國者，天子諸侯已即位後。不忘本適也。謂太子妃，一曰元妃。故《禮》曰：「納女於諸侯，曰備灑掃。」

世子與君同禮

天子之太子，諸侯之世子，皆以諸侯禮娶，與君同，示無再娶之義也。

天子必娶大國

王者之娶，必先選於大國之女，禮儀備，所見多。《詩》云：「大邦有子，俔天之妹。」明王者必娶大國也。王者三不臣，后父與夷狄皆遠之。《春秋》曰：「紀侯來朝。」滕侯、薛侯相同。紀本稱侯，不必以嫁女始封爲説。紀子以嫁女於天子，故增爵稱侯，至數十年之間，紀侯無他功，但以子爲天王后，故爵稱侯，紀稱侯之故，《春秋圖表》已詳。知雖小國，必封以大國，以上皆誤，漢師爲外戚所穢，故立此説。明其尊所不臣也。王者娶及庶邦者何？開天下之賢，示不遺善也。故《春秋》曰：「紀侯來朝。」文加爲侯，明封之也。天子嫁女，使大國主之；娶后，亦使魯主之，何？尊卑不相爲禮，所以絶亂源。諸侯不娶於封内，所以防淫佚，杜外戚之禍也。先封之，明不與庶邦交禮也。女行虧缺而去，其國如之何？以封爲諸侯比例矣。以封爲諸侯比例，語不明。推其意，殆謂無貶黜之義。

諸侯不娶國中

諸侯所以不得自娶國中何？諸侯不得專封，義不可臣其父母。以國内皆臣，内娶則妻之父母亦爲臣矣。《春秋傳》今《春秋説》。曰「宋三世無大夫」，惡其内娶也。

同姓外屬不娶

不娶同姓者，重人倫，防淫泆，恥與禽獸同也。《論語》曰：「君娶於吴，爲同姓，謂之吴孟子。」中國孔子以前無姓氏學，故同姓爲婚。《曲禮》曰：「買妾不知其姓，則卜之。」外屬小功已上，亦不得娶也，以《春秋傳》曰：「譏娶母黨也。」如宋蕩伯姬來逆婦，杞伯姬來求婦，《春秋》譏之。

同姓諸侯主婚

王者嫁女，必使同姓主之何？昏禮貴和，不可相答，爲傷君臣之義；以尊卑不敵，其行婚姻之禮，則傷君臣之義；行君臣之禮，則失婚姻之序。亦欲使女不以天子尊乘諸侯也。《春秋》之義，王姬嫁齊，使魯主之，不以天子之尊加於諸侯也。《春秋傳》曰：「天子嫁女於諸侯，必使諸侯同姓者主之。諸侯嫁女於大夫，使大夫同姓者主之。」《公羊》莊元年文也。必使同姓者，以其同宗共祖，可以主親也，《春秋》「王姬歸於齊」，《傳》：「我主之也。」故使攝父事。因有血脈之屬。不使同姓卿主之何？尊加諸侯，爲威厭不得舒也。

築館

不使同姓諸侯就京師主之何？諸侯親迎，入京師當朝天子，爲禮不兼。《公羊・莊元年傳》：「逆之者何？我主之也」。蓋逆者魯自往之文，使魯攝父事，主嫁之。故齊侯親迎於魯，不就京師，主之也。《春秋傳》曰：「築王姬館于外。」明不往京師也。所以必更築館者何？尊之也。不於路寢，路寢本所以行政處，非婦人之居也。小寢則嫌群公子之舍，則已卑矣，故必改築於城郭之内。《傳》曰：「築之，禮也；於外，非禮也。」

卿大夫士妻妾之制

卿大夫一妻二妾者何？尊賢，重繼嗣也。不備姪娣何？北面之臣賤，勢不足盡人骨肉之親。《禮服經》曰：「貴臣貴妾。」明有卑賤妾也。貴妾，姪娣也。其餘爲賤妾。士一妻一妾何？下卿大夫，禮也。《喪服小記》曰：「士妾有子，則爲之緦。」

嫡死媵攝

聘嫡未往而死，媵當往否乎？人君不再娶之義也。天命不可保，故一娶九女。以春秋伯姬卒時，娣季姬更嫁鄫，《春秋》譏之。伯姬卒在僖九年，《公羊傳》云「此未適人，何以卒？許嫁矣。」又十三年季姬及鄫子遇於防，使鄫子來朝。《傳》：「非使來朝，使來請己也。」適夫人死，更立夫人者，不敢以卑賤承宗廟。自立其娣者，尊大國也。《春秋傳》曰：「叔姬歸於紀。」叔姬者，伯姬之娣也。伯姬卒，叔姬升於嫡，經不譏也。或曰：嫡死不復更立，明嫡無二，防簒弑也。祭宗廟，攝而已。以禮不聘爲妾，明不升。《禮·喪服》：父爲長子三年，以將傳重故也。衆子則爲子周，明無二嫡也。女君卒，貴妾繼室，攝其事耳，不得復立爲夫人。

變禮

曾子問曰：「昏禮，既納幣，有吉日，女之父母死，何如？」孔子曰：「壻使人弔之。如壻之父母死，女亦使人弔之。父喪稱父，母喪稱母，父母不在，則稱伯父、世母。壻已葬，壻之伯父、叔父①使人致命女氏曰：『某子有父母之喪，不得嗣爲兄弟，使某致命。』女氏許諾，不敢嫁，此時不嫁。禮也。壻免喪，女父使人請，因壻已除喪。壻不娶，哀尚未忘，又係謙辭。而後嫁之，女然後嫁。禮也。女之父母死，壻亦如之。」

婦人有師傅

婦人所以有師何？學事人之道也。《禮·昏義》云：「教以婦德、婦言、婦容、婦功。」又《内則》云：「女子十年不出，姆教婉娩聽從。」是學事人之道也。《詩》云：「言告師氏，言告言歸。」《昏禮經》曰：「教於公宫三月。婦人學一時，足以成矣。」與君有緦麻之親者，教於公宫三月；與君無親者，各

① 叔父：原脱，據《白虎通疏證》卷十補。

教於宗廟宗婦之室。國君取大夫之妾，士之妻老無子，而朋於婦道者禄之，使教宗室五屬之女。大夫、士皆有宗族，自於宗子之室學事人也。女必有傅姆何？尊之也。《春秋傳》曰：「傅至矣，姆未至。」襄三十年《公羊傳》文也。

婦人學事舅姑

婦人學事舅姑，不學事夫者，示婦與夫一體也。《春秋》：宣元年，「逆婦姜於齊。」《公羊傳》：「曷爲貶夫人？夫人與公一體也。」《禮・内則》曰：「妾事夫人，如事舅姑。尊嫡絶妬嫉之原。」《禮・服傳》曰：「妾事女君，與事舅姑同也。」

事夫有四禮

婦事夫有四禮焉：雞初鳴，咸盥漱，櫛、縰、笄、總而朝，君臣之道也。《詩・雞鳴》云：「雞既鳴矣，朝既盈矣。」惻隱之恩，父子之道也。會計有無，兄弟之道焉。閨闥之内，衽席之上，朋友之道焉。聞見異詞，故設此焉。

不娶有五

有五不娶：亂家之子不娶，爲其亂人倫也。逆家之子爲其逆德也。不娶，世有刑人、爲其棄於人也。惡疾、爲其棄於天也。喪婦、爲其使人失節也。長子，恐其少教戒也。此不娶也。

出婦之禮

出婦之義，必送之，接以賓客之禮，君子絶，愈于小人之交。《詩》云：「薄送我畿。」《禮記・雜記》云：「妻出，夫使人致之曰：『某不敏，不能從而共粢盛，使某也敢告於侍者。』主人對曰：『某之子不肖，不敢辟誅，敢不敬，須以俟命。』使者退，主人拜送之。如舅在則稱舅，舅歿則稱兄，無兄則稱夫。主人之詞曰：『某之子不肖。』如姑姊妹，亦皆稱之。」此凡人出妻之禮，是接以賓客之禮者也。

王后夫人

天子之妃謂之后何？后者，君也。《爾雅・釋詁》云。天子妃至尊，故謂后也。明配至尊，爲海內小君，天下尊之，故繫王言之，《穀梁傳》：「小君非君也，其曰君，何也？以其爲公配，可以言小君也。」曰王后也。《春秋傳》曰：「迎王后於紀。」國君之妻稱之曰夫人何？明當扶音訓例，夫之爲言扶也。進八人，謂八妾也。諸侯一娶九女，除嫡餘八。國人尊之，故稱君夫人也。自稱小童者，謙也。《曲禮》：「夫人自稱於其君曰小童。」言己智能寡少，如童蒙也。《論語》曰：「國君之妻，君稱之曰夫人，夫人自稱曰小童，國人稱之曰君夫人，稱諸異邦曰寡小君。」謂聘問於兄弟之國，及臣於他國稱之，謙之詞也。

妻妾名義

妻妾者，何謂也？妻者，齊也，一與之齊，終身不改。與夫齊體，自天子下至庶人，其義一也。妾者接也，以時接見也。《禮記・內則》云：「聘則爲妻，奔則爲妾。」《釋名・釋親》云：「妾，接也，以見接幸也。」

嫁娶諸名義

嫁娶者，何謂也？嫁者，家也。婦人外成以出，適人爲家。《公羊》隱二年「伯姬歸於紀」，《傳》：「婦人謂嫁曰歸。」《孟子·滕文公下》①述女子之嫁云：「往之女家也。」娶者，取也。《詩》云：「取妻如之何。」《説文·女部》：「娶，取婦也。」男女者，何謂也？男者任也，任功業也。《大戴·本命篇》云：「男者任也，言任天地之道。」女者如也，從如人也。《大戴·本命篇》云：「女者如也，言如男子之教而長成其禮義者也。」在家從父母，既嫁從夫，夫殁從子也。《傳》曰：「婦人有三從之義焉。」《穀梁》隱二年傳：婦在家制於父，既嫁制於夫，夫死從長子。婦人不專行，必有從也。夫婦者，何謂也？夫者，扶也，扶以人道者也。婦者，服也，服於家事，事人者也。義詳《綱紀篇》。妃者匹也，妃匹者何謂？相與爲偶也。婚姻者，何謂也？婚者，昏時行禮，故曰婚；姻者，婦人因夫而成，故曰姻。《詩》云「不思舊姻」，謂夫也。又曰「燕爾新婚」，謂婦也。所以昏時行禮何？示陽下陰也，昏亦陰陽交時也。

閉房開房

男子六十閉房，何？所以輔衰也，陽道衰。故重性命也。《家語》云：「男女六十不同居。」《禮·內則》曰：「妾雖老，未滿五十必與五日之御，滿五十不御。」地道不通，壬癸已竭。俱爲助衰也。至七十大衰，食非肉不飽，寢非人不暖，故七十復開房也。《禮記·內則》云：「夫婦之禮，唯及七十，同藏無間。」

① 滕文公下：原作「滕文」，據《孟子》補。

紼篇 紼、芾同色，皆取法赤、黄、黑三道。五服：冠、衣、帶、裳、履。

天子諸侯紼制之異

紼者，何謂也？紼者，蔽也，行以蔽前者爾。有事因以別尊卑，彰有德也。天子皇帝。朱紼，諸侯赤紼。朱赤皆取赤道。《詩》云：「朱紼斯皇，皇帝之皇。室家君王。」又云：「赤紼金舄，會同有繹。」又云：「赤紼在股。」皆謂諸侯也。《書》曰：「黼黻衣，黄朱紼。」亦謂諸侯也，並見衣服之制。故遠別之謂黄朱，亦赤矣。以赤爲黄、朱二色合。大夫葱衡，別於君矣。天子、大夫赤紱葱衡，士靺韐。朱赤者，盛色也。是以聖人法之，用爲紼服，爲百王不易也。案：此説與《乾鑿度》同。紼以韋爲之者，反古不忘本也。上廣一尺，下廣二尺，法天一地二也。長三尺，法天、天皇。地、地皇。人人皇。也。

冠禮

所以有冠者何？冠者帣也，所以帣持其髮者也。人懷五常，莫不貴德，示成禮有修飾文章，故制冠以飾首，別成人也。案：「飾文章」七字舊脱，盧據《御覽》六百八十四補。《説苑・修文篇》云：「冠者，所以別成人也。修德束躬，以自申飭，所以檢其邪心，守其正意也。」《士冠經》曰：「冠而字之，敬其名也。」《論語》曰：「冠者五六人，童子六七人。」禮所以十九見正而冠者何？漸二十之人耳。

男子陽也，成於陰，故二十而冠。《曲禮》曰：「二十弱冠。」言見正，何以知不謂正月也？以《禮·士冠經》曰：「夏葛屨，冬皮屨。」明非歲之正月也。

皮弁

皮弁者何謂也？所以法古至質冠之名也。《儀禮·士冠禮》「皮弁」注：以白鹿皮爲冠，象上古也。弁之爲言攀也，所以攀持其髮也。《釋名·釋衣服》云：「弁如兩手相合抃持也。」上古之時質，先加服皮，以鹿皮者，取其文章也。《禮》曰：「三王共皮弁素積。」素積者，積素以爲裳也。言腰中辟積，至質不易之服，反古不忘本也。戰伐田獵，此皆服之。皮弁武冠，出征所用。又《三禮圖》云：秋八月，習大射，冠之行事。

冕制

麻冕者何？周宗廟之冠也。《禮》曰：「周冕而祭。」又曰：「殷冔、夏收而祭。」此三代宗廟之冠也。案本《王制》説也。十一月之時，陽氣俛仰黄泉之下，萬物被施，如冕前俯而後仰，故謂之冕也。《三禮圖》云：冕以三十升布爲之，廣八寸，長尺六寸，前圜後方，前下後高，有俯仰之形，故謂之冕。謂之冔者，十二月之時，陽氣受化，詡張而後得牙，故謂之冔。《儀禮·士冠禮》注：冔名出於幠。幠，覆也，言所以自覆飾也。此以殷以十二月爲正氣始詡張，故取名於冔。無正文，故各以意解也。謂之收者，十三月之時，陽氣收，本舉生萬物而達出之，故謂之收。《士冠禮》注：收，言所以收斂髮也。《釋名·釋首飾》：收，夏后氏冠名，言收斂髮也。此以夏以十三月爲正，陽氣收，故取名於收，亦異。俛仰不同，故前後乖也。

詡張，故萌大，時物亦牙萌大也。收而達，故前葱大者，在後時物亦前葱也。語有譌脱。冕所以用麻爲之者，女功之始，示不忘本也。即不忘本，不用皮何？皮乃太古未有禮文之服，故《論語》曰：「麻冕，禮也。」《尚書》曰：「王麻冕。」古時衣其羽皮，冕制皆由孔子制定，始有禮文。冕所以前後邃延者何？示進賢，退不能也。垂旒者，示不視邪。纊塞耳，示不聽讒也。案：用《禮》説也。《大戴禮》云：「古者冕而前旒，所以蔽明；黈纊塞耳，所以揜聽也。」故《禮》云：「天子玉藻十有二旒，前後邃延。」《禮器》云：「天子麻冕朱綠。藻垂十有二旒者，法四時十二月也。諸侯九旒，大夫七旒，士爵弁，無旒。」案：此引《禮器》文與原文不合。彼云天子之冕朱綠，藻十有二旒，諸侯九，上大夫七，下大夫五，士三。

委貌毋追章甫

委貌者，何謂也？周朝廷理政事，行道德之冠名。《士冠經》曰：「委貌周道，章甫殷道，毋追夏后氏之道。」所以謂之委貌何？周統十一月爲正，萬物始萌小，故爲冠飾最小，故曰委貌。委貌者，言委曲有貌也。《荀子·仲尼篇》：「委然成文，以示天下。」殷統十二月爲正，其飾微大，故曰章甫。章甫尚未與極，其本相當也。夏統十三月爲正，其飾最大，故曰毋追。毋追者，言其追大也。案《釋名·釋衣服》云：「章甫，殷冠名。甫，大夫也，殷以之表章大夫也。弁追，弁冒也，言其形冒髮追追然也。」與此説微異。

爵弁

爵弁者，何謂也？其色如爵頭，周人宗廟士之冠也。《禮·郊特牲》曰：「周弁。」《士冠經》曰：「周弁，殷冔，夏收。」《禮記·雜記》曰：「士弁而祭於公。」是爲士之祭冠也。爵何以知指謂其色？又乍言爵弁，乍但言弁。周之冠色所以爵何？爲周尚赤，所以不純赤。但如爵頭何？以本制冠者法天，天色玄者，不失其質，故周加赤，殷加白，夏之冠色純玄。何以知殷加白也？周加赤，知殷加白也。夏、殷士冠不異何？古質也，以《士冠禮》知之。

衣裳篇

衣裳名義《論語》：「當暑，袗絺綌。」絺綌爲夏服，則三裘爲冬服。

聖人所以制衣服何？以爲絺綌蔽形、表德、素、緇、黄，即金、木、土三德王。勸善、别尊卑也。衣服有制。所以名衣裳何？衣者隱也，裳者鄣也，所以隱形衣自鄣閉裳也。《易》曰：「黄帝堯舜垂衣裳五服：冠、衣、帶、裳、履。而天下治。」以衣裳爲二京。何以知上爲衣、下爲裳？以其先言衣也。《詩》曰「褰裳涉溱」，所以合爲衣也。以褰涉，知在下。《弟子職》出《管子》，當時引之，知非管書。言「摳衣而降」，亦名爲衣何？以降與涉同在下。上兼下也。上下同。

裘

獨以羔裘何？取輕煖，因狐死首丘，明君子不忘本也。羔者取跪乳，遜順也。故天子狐白，諸侯狐黄，大夫蒼，士羔裘，亦因别尊卑也。此别一義，以解《論語》則誤。

帶

所以必有紳帶，衣在帶上，裳在帶下。示謹敬自約整。中束。繢繒爲結於前，下垂三分，身半，紳居二焉。必①有鞶帶者，示有事也。

佩

所以必有佩者，表德，見所能也。案：此引《禮記·玉藻》説。《論語》曰：「去喪，無所不佩。」天子佩白玉，諸侯佩玄玉，大夫佩水蒼玉，士佩瑶文石。佩即象其事。若農夫佩其耒耜，工匠佩其斧斤，婦人佩其鍼縷，亦佩玉也。何以知婦人亦佩玉？《詩》云：「將翱將翔，佩玉將將。彼美孟姜，德音不忘。」《鄭風·同車》文也。

喪紀篇《尚書》：「百姓如喪考妣，三載遏密八音。」《論語》：「宰我短喪。」即據此國服而言，故曰禮壞樂崩。若宰我一人私喪，何必言此？下文「父母」即釋「考妣」之義。

諸侯爲天子

諸侯諸侯作文明君子解，庶人作蠻野初開之人，即先進、野人之説。爲天子斬衰三年何？普天之下，

① 必：原作「以」，據《儀禮·鄉射禮》改。

莫非王土，率土之濱，莫非王臣。臣之於君，猶子之於父，今人父母三年，君未三年，必待帝世乃能實行。明至尊，臣子之義也。《喪服經》曰：「諸侯爲天子斬衰三年。」墨家三月，實行從質；儒家三年，後進從文。中國久用儒説，不待改良，不能三年。

天子爲諸侯

天子爲諸侯，此處文有脱。《周禮·司服》曰：「王爲諸侯緦衰。」《禮記·檀弓》曰：「天子之哭諸侯也，爵弁，絰，紂衣。」案：天子於諸侯無服，故但服弔服，既葬，除之而已。

天子諸侯絶期

天子、諸侯絶期者何？示同愛百姓，明不獨親其親也。故《禮·中庸》曰：「期之喪達乎大夫，三年之喪達乎天子。」卿大夫降緦，重公正也。

庶人爲君

禮：庶人爲國君服齊衰三月。王者崩，京師之民喪三月何？人民進化，由蠻野而文明。《墨子》三月之喪，即庶民之説，由此而進，五月、九月、期、三年。民賤而王貴，以尊卑立説，蠻野爲民，文明爲君子、公卿。故三月而已。天子七月而葬，諸侯五月而葬者，則民始哭，素服，先葬三月，成齊衰，期月以成禮，葬君也。案：此語不明，意謂諸侯五月而葬，初薨時民始哭，素服，爲之齊衰，三月服除後，期月而葬，以死與往日諸侯五月并死者之月數，是三月後僅期月也。天子七月而葬，則不止期月以成禮矣。禮不下庶人，此以庶人比蠻野。所以爲民制何？禮不下庶人者，尊卑制度也。服者恩從内發，故爲之制也。

臣下服有先後

王者崩，臣下服之有先後何？以恩無深淺，因地有遠近，赴有早遲，故制有先後。《檀弓記》曰：「天子崩，三日，祝近臣舉祝爲例。先服；五日，官長服；畿内官府。七日，國中男女服；三月，天下服。當時無電報，遠則得赴，遲得赴後，又須製造縫紉，故不能無先後。

三年喪

三年之喪何以二十五月？一作二十七月，以期爲斷，加隆再期，中月而禫，至二十七月乃行吉禮，故爲二十七月。以爲古民質，《墨子》所謂夏禮，如今之西人。痛淺，於葬者不封不壘墳。不樹，《墨子》所謂夏禮，如西人以樹識之。喪期無數，初以日計，《墨子》始有三月，今東西洋皆無一定。亡之則除。彼時人民程度淺，不能有三年之愛，故以日月而除。後代聖人指孔子所俟之後聖，言中國雖漢已行三年喪，有文無實，所謂無其德行其事。因天地萬物有終始，而爲之制，以期斷之。《三年問》與宰我説。父至尊，母至親，父殁母三年，父在母亦期。故爲加隆，再期，加一倍。以盡孝子之恩。恩愛至深，有三年之愛於父母。加之則倍，故再期二十五月也。不數禫，爲二十五月。禮有取於三，舉成數。故謂之三年，三月從先進，三年從周。緣其漸近三年之氣也。此爲後世立法，爲文家之説。儒者欲行於當時，故墨子非之。故《春秋傳》曰：文二年。「三年之喪，其實二十五月也。」三年之喪不數閏月何？《春秋傳》：「喪不數閏。」以言其期也。期者，復其時也。二十四氣，三百六十五日。大功以下月數，故以閏月除。《禮・士虞經》曰：「期而小祥，又期而大祥。」

衰

喪禮必制衰麻何？以副意也。服以飾情，情貌相配，中外相應，故吉凶不同服，《穀梁》：「衰麻不可以接冠冕。」《周禮》司服五，吉服五，凶服五。歌哭不同聲，所以表中誠也。布衰裳①、麻絰、箭②笄、以竹爲之。繩纓、苴杖。絰不去本者，《傳》：苴絰左本在下，牡麻絰右本在上③，本麻根也。故總而載之，以示有喪也。本粗惡。腰絰者，以代紳帶也，所以結之何？思慕腸若結也。必再結何？明思慕無已。

杖

所以必杖者，孝子失親，悲哀哭泣，三日不食，身體羸病，故杖以扶身，《禮記·問喪》云：「杖者以何爲也？曰：孝子喪親，哭泣無數，服勤三年，身病體羸，以杖扶病也。」明不以死傷生也。《禮記·曲禮》云：「不勝喪，乃比於不慈不孝，故不以死傷生也。」禮：童子、婦人不杖者，以其不能病也。《喪服四制》云：「婦人、童子不杖，不能病也。」又《儀禮·喪服傳》云：「童子不杖，不能病也。婦人何以不杖？亦不能病也。」《禮》曰：「斬衰三日不食，齊衰二日不食，大功一日不食，小功緦麻一日不再食可也。」所以杖竹何？取其名也。竹者蹙也，桐者痛也。父以竹，母以桐者何？竹者陽也，桐者陰也。竹何以爲陽？竹斷而用

① 裳：原作「常」，據《白虎通疏證》卷一一改。
② 箭：原作「蕭」，據前引改。
③ 上：原作「土」，據《儀禮·喪服》改。

之，質，故爲陽；桐削而用之，加人功文，故爲陰也。故《禮》曰：「苴杖，竹也；削杖，桐也。」

倚廬

孝子必居倚廬何？孝子哀不欲聞人之聲，又不欲居故處，居中門之外，倚木爲廬，質反古也。不在門外何？戒不虞故也。故《禮・間傳》曰：《禮記》篇名。「父母之喪，居倚廬於中門外東牆下，户北向，《禮記・喪大記》云：「父母之喪，居倚廬，寢苫，枕由。」練，一年。而居堊室。堊，今石灰。室，無飾之室。」純白。《禮記・喪大記》：「既練，居堊室。」又曰：「婦人不居倚廬。」《禮記・喪大記》云：「婦人不居廬，不寢苫。」又曰：佚《禮》文。天子七日，公、諸侯五日，卿大夫三日，而成服。居外門内東壁下，爲廬，寢苫，枕塊，哭無時，不脱絰帶。初喪未葬之儀。既虞，葬後從虞，《儀禮》有《士虞禮》。寢有席，蔬食飲水，朝一哭，夕一哭而已。既練，小祥練。舍外寢，居堊室，始食菜果，反素食，哭無時。疏之無時。《禮記・喪大記》云：「練而食菜食。」《喪服傳》：「既練，舍外寢。」二十五月而大祥，飲醴酒，食乾肉。《禮記・喪大記》云：「祥而食肉。」「始食肉者，先食乾肉。始飲酒者，先飲醴酒。」二十七月而禫，通祭宗廟，去喪之殺也。《禮記・喪大記》云：「禫而從御，吉祭而復寢。」《士虞記》云：「中月禫。」是月也，吉祭，猶未配。

喪禮不言

喪禮不言者何？天子諒陰，三年不言。思慕盡情也。帝世乃有此程度，天子不言，委政冢宰，專心喪事。言不文者，可言但不文。指謂士民。此士民亦以進化程度言之。今日君必言，特不文耳，如不作詩是也。不言而事成者，國君、卿大夫。又進化矣。杖而謝賓，有言。財少恃力，以技事人。面垢作，禮不下庶人，不以死傷生。〇不息業。身不言而事具者，故號哭盡情。足見禮文各有等差，不可執一。

變禮

喪有病，得飲酒食肉何？所以輔人生，以重先祖遺支體《禮記·檀弓》云：「毀不危身，爲無後也。」也。故《曲禮》曰：「居喪之禮，頭有瘡則沐，身有瘍則浴，有疾則飲酒食肉。五十不致毁。七十唯衰麻在身，飲酒食肉。」又曰：「父母有疾，食肉不至變味，多飽。飲酒不致變貌，過醉。笑不至矧，大喜。怒不至詈，大怒。琴瑟不御。」《曾子問》曰：「三年之喪，七十子所言，皆爲經説，實當時所未行。練，期年以後。不群立，不旅行。禮以飾情，三年之喪而弔哭，不亦虚乎？」《禮·檀弓》曰：「曾子有母之喪，弔子張。子張者，朋友，有喪，新喪。雖重服，已有舊重服。弔之可也。」喪事可加，乃禮則不可。曾子問曰：「小功可以與祭乎？」孔子曰：「斬衰已下與祭，禮也。」此謂君喪然也。《論語》：食稻衣錦以爲安，故能與祭，親喪則否。子夏問：「三年之喪，禮制非古時所有，皆由孔子制禮，弟子相助，故多問答，以便決定。既卒哭，金革之事無避者，禮與？」喪不避戎。孔子曰：「吾聞諸老聃，老彭，指殷之二伯大彭氏。同時之李正稱老聃。魯公伯禽，則有爲爲之也。有王命，爲國之大關係。今以三年之喪從其利者，要利如晉襄。吾不知也。」後世奪情，多屬權要。

婦人不出境弔

婦人不出境弔者，父母之喪爲奔，不曰弔。婦人無外事，防淫佚也。如鄫季姬會防。《禮·雜記》曰：「婦人越疆而弔，非禮也。奔父母喪則可。而有三年喪，夫人父母之喪，故曰三年。君與夫人俱往。

如公及夫人如齊。禮：妻爲父母服，夫亦當服。」妻黨服圖。

三不弔

有三不弔何？爲人臣子，常懷恐懼，深思遠慮，志在全身，今乃畏、君子不立乎巖牆之下。厭、溺死，用爲不義，故不弔三：畏、如暴虎輕生。厭、溺如馮河。也。畏者，兵死也。「子畏於匡」之畏，不當死而死。《禮・曾子記》曰：「大辱加於身，支體毀傷，即君不臣，士不交，祭不得爲昭穆之尸，食不得用昭穆之牲，死不得葬昭穆之域也。」

弟子爲師

弟子爲師服者，《檀弓》云：「心喪三年。」服指經而言。弟子有君臣、父子、朋友之道也。師本如喪父，不制服者，以學無常師，故不畫一。故生則尊敬而親之，死則哀痛之恩深義重，故爲之隆服，《國語》：「民生於三，事之如一。」入至師之喪次。則絰，此與君父同。出不在師所。則否。此與父異。《檀弓》曰：「昔夫子之喪顏回若喪子哭之慟，曰：「視予猶父也。」而無服，不制服，故心喪。喪子路亦然。子路、顏回爲孔子二輔。請喪夫子若喪父而無服也。」

私喪公事重輕

曾子問曰：「君薨，即殯，而臣有父母之喪，公私相并。則如之何？」《禮經》無明文，問其異節。孔子曰：「歸居於家，有殷事，則之君所，私不廢公。朝夕否。」以私爲重。曰：孔子作經，弟子作傳，推詳經節，折中聖人，非有古書舊典，曾子不自考閲，而喋喋於函丈也。「君既斂，而臣有父母之喪，則如之何？」孔子曰：與既殯相反。「歸哭，歸哭初喪。而反於君所。既殯則之君所，未殯則反。有殷事，則歸，朝夕否。不歸私室，以君爲重。大夫室老行事，士則子孫行事。夫内子有殷事，則亦如之君所，朝夕否。」諸侯有親喪，聞天子崩，奔喪者何？屈己，親親，猶尊尊之義也。《春秋傳》曰：「天子記崩不記葬者，王書葬，爲變例。必其時葬也。」不擇期卜日，四方諸侯皆至，必有定時。諸侯記葬，諸侯以不葬爲變例。諸侯嗣子。爲有天子喪當奔，諸侯卒未葬，必有王喪。不得必以其時葬也。嗣子奔喪，則葬不必當時。大夫使受命而出，聞父母之喪，非君命不反者，蓋重君命也。不以私廢公。故《春秋傳》曰：「大夫以君命出，聞喪徐行，向前徐進。不反。」諸侯朝而有私喪得還何？凶服不入公門，朝爲吉禮，大夫使多有別事。君不呼之義也。即今丁憂去官名義。凶服不敢入公門者，明尊朝廷，吉凶不相干。若有別，故不在此例。故《周官》曰：「凶服不入公門。」《曲禮》曰：「居喪不言樂，祭事不言凶，公庭不言婦女。」指昏禮言，狎邪久絶矣。《論語》曰：「子於是日哭則不歌。」臣下有大喪，《春秋》：大夫有喪，皆不去官，此新制定也。不呼其門者，使得終其孝道，成其大禮。故《春秋傳》曰：「古者知非當時所有。臣有大喪，君三年不呼其門，《公羊》宣元年傳。有喪不朝，吉凶不相干，不奪孝子恩也。」太廟火，日食，后之喪雨霑服，失容，並廢朝。

奔喪

聞喪，哭而後行何？子孫在外，聞赴奔回曰奔喪。盡哀舒憤，然後行，望國境則哭，在野可哭。過市朝則否，哭則驚衆。君子過者。自抑，小人不及。勉以及禮。見星則止，見星而行。日行百里，惻怛之心，但欲見尸柩，汲汲。故禮：奔喪以哭，答使者盡哀，問故遂行。曾子曰：「師行兵行。三十里，持重。吉行婚朝聘。五十里，奔喪百里。」《禮記·奔喪》云：「日行百里，不以夜行。」既除喪，乃歸，哭於墓何？明死者不可見，痛傷之至也，謂喪不得追服者也，除喪以後，不得再服。哭於墓而已。故《禮·奔喪記》曰：「之墓，西向哭，止。」此謂遠出歸後葬，謂歸在葬後。喪服以禮除。

哭位

曾子與客立於門，其徒趨而出。曾子曰：「爾將何之？」曰：「吾父死，將出哭於巷。」學者用經制。曾子曰：「反哭於爾次。」曾子北面而弔焉。《檀弓記》曰：「孔子曰：『吾惡乎哭？諸兄弟，吾哭諸廟門之外；師，吾哭諸寢；朋友，吾哭諸寢門之外；所知，吾哭諸野。』」

周公以王禮葬

養從生，葬從死。即《中庸》父爲士，子爲大夫，葬以士，祭以大夫。周公以王禮葬何？號稱周公，葬乃用王禮。以爲周公踐阼理政，周公實周殷法，以及武王，立爲王。與天同志，展興周道，武王如初即立成王，周不能如此之盛。顯天度數，萬物咸得，休氣充塞。原天之意，子愛周公，故稱天子與文、武無異，故以王禮葬，此《金縢》篇師說。使得郊祭。《尚書》曰：「今天動威，以彰周公之德。」下言禮亦宜之。

群經大義三

中學制度

爵篇

皇帝王皆稱天子

天子者，爵稱也。如《孟子》天子一位。爵所以稱天子者何？指帝言。王者父天皇配天，稱皇天。母地，爲天之子也。故《援神契》《孝經緯》名。曰：「天覆地載，謂之天子，上法斗極。」爲帝言之。《鉤命訣》《孝經緯》名。曰：「天子，爵稱也。」帝王之德有優劣，所以俱稱天子者何？五天，九天之下。以其俱命於天，王亦稱天子。而王治五千里内也。《尚書》曰：「天子作民父母，以爲天下王。」《御覽》引《中候篇》云《春秋》「天子使召伯來錫命」，傳：「天子一稱也。」稱天子，與五千里之王不同。何以知帝當作「王」。亦稱天子也？《詩》：「王於出征，以佐天子。」以法天下也。《中候》《尚書緯》名。曰：「天子臣放勛。」《書》亡逸篇曰：「厥兆天子爵。」所引《鉤命訣》與《書》當作爲注。何以言皇亦當作「不」。稱天子也？以其上律下襲，俱王天下也。故《易》曰：「伏羲氏之王天下也。」

文質五等三等之分

爵有五等，以法五行也。或三等者，法三光也。或法三光，或法五行何？質家者據天，故法三光；文家者據地，故法五行。案：此據今文《春秋》説也。《含文嘉》《禮緯》名。曰：「殷爵三等，周爵五等，各有宜也。」《王制》曰：「王者之制録爵，凡五等，謂公、侯、伯、子、男也。」此據周制也。

五等名義封地大小

所以名之爲公、侯者何？公者，通也，公正無私之意也。侯者，候也，候逆順也。案：此據《公羊疏》引《元命苞》説。人盧云：「人」疑作「公侯」。皆千乘，象雷震百里，所潤同。《御覽》百九十八引《孝經援神契》作「所潤雲雨同」。《周禮・小司徒》疏又有「雷震百里所聞同」之文。此「潤」字或係「聞」訛，或上脱「雲雨」二字。伯者，白也。公、通，侯、候，伯、白，此以音立訓之例。如《孟子》：「校者教也，庠者養也。」漢儒多用之。《元命苞》云：「伯之言白，明白於德。」子者，孳也，孳孳無已也。《元命苞》云：「子者孳，恩宣德。」男者，任也。《元命苞》云：「男者，任功立業。」人盧校云：「人」當作「子男」。皆五十里差次，功德小者不滿，爲附庸。附庸者，附大國以名通也。以附庸三等合上爲六等，合五長亦爲六等。

制土三等爵分五等之説

百里兩爵，此謂二伯王後。公侯共之；七十里一爵，此爲方伯。五十里復兩爵何？此爲卒正。以下封地多少如畿内九十三國。公者，加尊二王之後，侯者百里之正方伯采地百里。爵，上可有次，下可有第，中央故無二。本無如此二一之分。五十里有兩爵者，所以勉進人也。小國下爵，猶有尊卑，亦以勸人也。以此爲先師推衍。

殷爵三等

殷爵三等，此質家，如今西人，事不見經傳。謂公、侯、伯也。所以合子、男從伯者何？借春秋以比例，春秋實不如此。王者受命，改文從質，無虚退之義，故上就伯也。殷質，如《墨子》三月之喪不見經傳，後師據爲定說，非是。《尚書》曰「侯、甸、任、衛，作此字今《酒誥》無。國伯」，《酒誥》作邦伯。謂殷也。《春秋傳》曰：「合伯、子、男爲一爵。」此爵爲卒正。或曰：合從子，貴中也。以春秋小國同稱伯、子、男。名鄭忽者，鄭伯也，爲方伯，又字稱伯。此未踰年之君當稱子，如宋子、陳子、衛子、公侯之子，則經在喪稱子。嫌爲改伯從子，如杞伯又稱子，滕侯、薛侯同稱侯，又稱伯，稱子爲小國例。故名之也。

制土三等

地有三等不變，至爵獨變何？地比爵爲質，故不變。王者有改道之文，無改道之實。殷家所以令公居百里，侯居七十里，何也？封賢極於百里，其改舊作政，今從盧本。也不可空退人，示優賢之義，故褒尊而上之。何以知殷家侯不過七十里？曰土舊本作士，盧改，今從之。有三等，有百里，七十里，五十里，其地半者其數倍。此謂《王制》州建百里之國三十，七十里之國六十，五十里之國百二十也，故曰地半數倍。制地之理體也，多少不盧云「不」當作「亦」。相配。

公卿大夫士之同異

公、卿、大夫何謂也？内爵稱也。内爵稱公、卿、大夫何？爵者盡也，各量其職，盡其才也。公之爲言，公正無私也。卿之爲言，章也，「章也」二字舊脱，盧據《孝經疏》補。章善明理也。大夫之爲言大扶，扶此「扶」字舊脱，盧據《孝經疏》、《御覽》補。進人者也。故《傳》曰：《孝經疏》引，「曰」作「云」。「進賢達能，謂之卿大夫。」《王制》曰：「上大夫卿。」《大戴記·盛德篇》云：三少皆上大夫也。士者，事也，任事之稱也。故《傳》曰：「通古今，辯然否，謂之士。」《説苑·修文篇》：「辯然否、通古今之道，謂之士。」《繁露·服制篇》：「夫能通古今、别然否，乃能服此也。」何以知士非爵？《禮》曰：「四十强而仕。」不言爵，爲士。至五十爵爲大夫，何以知卿爲爵也？以大夫知卿亦爵也。何以知公爲爵也？《春秋傳》曰：「諸侯四佾，諸公六佾。」合而言之，以是知公卿爲爵。内爵所以三等何？亦法三光也，所以不變質文何？内者爲本，故不改内也。以上王臣。諸侯所以無公爵者，臣從卿起。下天子也。故《王制》曰：「上大夫卿、下大夫五人，上士、中士、下士，凡五等，此謂諸侯臣也。」大夫但有上、下，士有上、中、下何？明卑者多也。爵皆一字也，大夫獨兩字何？《春秋傳》曰：「大夫無遂事。」以爲大夫職在之適四方，受君之法，施之於民，故獨兩字言之。或曰大夫爵之下者也，稱大夫，明從大夫以上受下施，皆大自著也。天子之士獨稱元士何？士賤，不得體君之尊，故加元以别於「於」字舊脱，盧據《御覽》補。諸侯之士也。《禮經》曰：「士見於大夫。」諸侯之士也。《王制》曰：「王者八十一元士。」

天子諸侯爵稱之異

天子爵連言天子，王爲天之臣子，言天子合天爲號。諸侯爵不連言王侯何？即即，若也。言王侯以王者同稱，謂君臣相混。爲衰弱僭差，生篡弒，非名分遠嫌之法。得乎？天子猶不能爲天子也，《孟子》云：「天子不能以天下與人。」故連言天子也。或曰：王者天爵，《孟子》所謂天命。王者不能王諸侯，得乎王者不能爲王。故不言王侯。天能命王，故言天。諸侯人群自著，故不著王也。

王者太子稱士

王者太子亦稱士何？舉從下昇，以爲人無生得貴者，莫不由士起。是以舜時稱爲天子，必先試於士。《尚書》說。《禮・士冠記》曰：「天子之元子士也。」案此一節均用今《禮記》。

婦人無爵

婦人無爵何？陰卑無外事，是以有三從之義：未嫁從父，既嫁從夫，夫死從子。三句見《大戴・本命篇》。故夫尊於朝，妻榮於室，隨夫之行。故《禮・郊特牲》曰：「婦人無爵，坐以夫之齒。」《禮》曰：「生無爵，死無謚。」《春秋》録夫人皆有謚何？以知夫人非爵也。《論語》曰：「邦君之妻，君稱之曰夫人，國人稱之曰君夫人。」即令是爵，君稱之與國人稱之不當異也。

庶人稱匹夫

庶人稱匹夫者，匹，偶也，與其妻爲偶，陰陽相成之義也。一夫一婦成一室，明君人者不當使男女有失時，《傳》曰：「師不踰時。」無匹偶也。内無怨女，外無曠夫。故《論語》曰：「匹夫匹婦。」匹夫匹婦，即西人一夫一妻之説，貧賤之制，貴者則有異。

爵人於朝封諸侯於廟

爵人於朝者，示不私人，以官與衆共之義也。文出《司馬法》，與「刑人於市」對文。封諸侯於廟者，示不自專也，明法度皆祖之制也，《傳》曰：「繼體守文。」舉事必告焉。《王制》曰：「爵人於朝，與衆共之焉。」《詩》曰：「王命卿士，南仲太祖。」《禮・祭統》曰：「古者明君爵有德，必於太祖。君降，立於阼階南，不敢當正位。南向，所命北面，史由君右執策命之。」

追賜爵

大夫功成，未封而死，得賜爵追之者，善善從長之義也。不追討者，惡惡從短。《穀梁傳》曰：「追錫死者，非禮者，爲桓公發也。」《通典》引《五經異義》云：《春秋》公羊、穀梁説，王使榮叔錫魯桓公命，追錫死者，非禮也。死者功可追而錫，如有罪，又可追而刑耶？《春秋》左氏説譏其錫篡弑之君，無譏錫死者之文也。故《左傳》：有功而死，可以加等，有罪可以戮棺。死者有罪，不戮尸可也，有功不封功，不可也。《王制》曰：「葬從死者，祭從生者，所以追養繼孝也。」葬從死者何？子無爵父之義也。《禮》云：追王太王、王季、文王，上祀先公以天子之禮。此指先公以上言。《禮・中庸記》曰：「父爲士，子爲大夫，葬以士，祭以大夫。父爲大夫，子爲士，葬以大夫，祭以士也。」

世子名稱同異

父在稱世子何？謂《春秋》之例，如曹伯使世子來朝。繫於君也。如殺世子同君。父殁稱子某者何？屈於尸柩也。君前臣名，父前子名。踰年稱公者，《春秋》公即位。緣臣民之心，不可一日無君也。緣終始之義，一年不可有二君。故先君之年終於十二月。故踰年即位，所以繫臣民之心也。謂《春秋》書法耳，實於殯後即位。三年然後受爵者，緣孝子之心，未忍安吉也。世子稱子、稱公、稱小子之別。故《春秋》：魯僖公三十三年十二月乙巳，公薨於小寢。文公元年春王正月，公即位。此踰年未葬稱公之證。四月丁巳，葬我君僖公。未葬可稱公。《韓詩内傳》曰：「諸侯世子三年喪畢，上受爵命於天子。」所以名之爲世子何？言欲其世世不絶也。

天子之子亦稱世子

何以知天子之子亦稱世子也？此爲正義。《春秋》曰：「公會王世子於首止。」《禮·文王世子》云：「文王之爲世子也。」又云：「抗世子法於伯禽。」

諸侯世子受命

世子三年喪畢，上受爵命於天子何？明爵者，天子之所有，臣無自爵之義。案：此節用今文《春秋》説。

童子受封

童子當受爵命者，使大夫就其國命之，惟此有來錫命之制。明王者不與童子禮也。以春秋魯成公幼少，與諸侯會不見公，《公羊·成十六年》。經不以爲魯恥，不與童子爲禮也。童子，諸侯。

諸侯世子服士服受爵

世子上受爵命，衣士服何？謙不敢自專也。諸侯之子亦爲士。故《詩》曰「靺韐有赩」，謂世子始行也。世子士服。

王者既殯即位稱王

天子大斂之後稱王者，明民臣不可一日無君也。故《尚書》曰：「王麻冕黼裳。」此大斂之後也。何以知不從死後加王也？以上迎子釗，不言迎王也。王者既殯而後即位何？此如定元年殯而即位。緣民臣之心，不可一日無君也。故先君不可得見，謂已殯。則後君繼體矣。《公羊》：「是子也，繼文王之體矣。」故《尚書》曰：「王再拜，興，對，乃受銅瑁。」明爲繼體君也。緣終始之義，一年不可有二君，定元年兩公，爲二君。故《尚書》曰：「王釋冕，喪服。」吉冕服，受銅，稱王，以接諸侯，明已繼體爲君也。釋冕、藏銅、反喪服，明未稱王以統事也。即三年不言意。

踰年改元

不可曠年無君，故踰年乃即位、改元。元以名年，《公羊传》曰：「元年者何？君之始年也。」年以紀事，君統事見矣，而未發號令也。何以知踰年即位、改元也？《春秋傳》曰：《公羊・文九年》傳文也。以諸侯踰年即位，亦知天子踰年即位也。《春秋》曰：「元年春王正月，公即位。」改元即位也。

在喪越紼祭天地

王者改元，即事天地。謂喪中之祭。諸侯改元，即事社稷。《王制》云：「夫喪三年不祭。」唯祭天地、社稷爲越紼而行事。

在喪不言

《春秋傳》曰：「天子三年然後稱王者，謂稱王統事，發號施舊脱，據《通典》所引補。令也。」《尚書》曰「高宗諒闇三年」是也。此引今文《無逸》。《論語》：「君薨，百官總已以聽於冢宰三年。」緣孝子之心，則三年不忍當也。故三年除喪，乃即位統事，踐阼爲主，南面朝臣下，稱王以發號令也。故天子、諸侯踰年即位，終始之義乃備，所以諒闇三年，卒孝子之道。故《論語》曰：「古謂經詁，非往古。之人皆然，君薨，百官總已以聽於冢宰三年。」

冢宰攝政

所以聽於冢宰三年何？以爲冢宰職爲大伯，如舜之攝政也。《春秋傳》曰：「宰周公，天子之爲政者也。」制國用之冢宰，與百官總己之冢宰名同實異。故《王制》曰：「冢宰制國用。」所以名之爲冢宰何？冢者，大也；宰者，制也；大制事也。夫《周禮》六官，首冢宰。《春秋經》：宰周公稱公，宰渠伯糾何以爲大夫？制國用之冢宰也。《王制》曰：「冢宰制國用。」《王度記》曰：「天子冢宰爵録如天子大夫。」故周公稱公，渠伯糾則稱字也。宰咺何以名？宰之元士也。

諫諍篇

天子置諫臣

臣所以有諫君之義何？盡忠納誠也。《論語》曰：「愛之能勿勞乎？忠焉能勿誨乎？」《孝經》：「天子皇配天。有諍臣七人，大一統用七政例，一方一人，故用七人。雖無道，不失其天下。據下以三公四輔爲七人。諸侯帝王爲臣，比於諸侯。有諍臣五人，帝德五方、五土。雖無道，不失其國。如《論語·衛靈公》。大夫皇之大夫於王爲公，如二伯。有諍臣三人，大夫多以三爲節。雖無道，不失其家。士有諍友，則身不離於令名。爲修身之學。父有諍子，則身不陷於不義。天子置左輔右弼，前疑後承，《書》之四輔四鄰。以順天道。左輔主修政，刺不法。《保傅篇》：「明堂之位曰：誠立而敢斷，輔善而相義者，謂之充。」彼充即此輔也。故《賈子·保傅》云：「充立於左，是太公也。」右弼主糾亂害，匡正傾邪。《保傅篇》：「絜廉而切直，匡過而諫切者，謂之弼。弼者，拂天子之過者也。是主糾害，言失傾之義者也。」前疑主糾，度定德經，《保傅》作道，謂篤行而好學，多聞而道慎，天子疑則問，應而不窮者，謂之道。道者，導天子以德也。後承主匡正，常考變失。《保傅》云：「博聞强記，接給而善對者，謂之丞。丞者，承天子之遺忘者也。」四弼興道，率主行仁。《尚書》：「亂爲四輔。」又曰：「臣哉鄰哉！鄰哉臣哉！」夫陽變於七，以三成，故建三公，上、中、下。序四諍，前、後、左、右。列七人，以合七政。雖無道，不失天下，杖群賢也。

七政圖

不數中爲六宗

六合例

孟仲季春與孟仲季秋合

孟仲季夏與孟仲季冬合

諸侯待諫臣之禮

諸侯之臣，諍不從得去何？以屈尊申卑，孤惡君也。《禮·曲禮》：「爲人臣之禮，不顯諫，三諫而不聽則逃之。」《孟子》：「君有過則諫，反覆之而不聽則去。」《公羊·莊二十四年傳》：「三諫不從，遂去之。」去，曰：「某質性頑鈍，言愚不任用，請退避賢。」《孟子》：「諫不行，言不聽，膏澤不下於民。」如是，君待之以禮，臣待放，《公羊·宣元年傳》：「臣放之，非也；臣待放，正也。」君待之以禮奈何？曰：「予熟思夫子言，未得其道，今子不且留。聖人之制，無塞賢之路，夫子欲何之？」則遣大夫送至於郊。《孟子》：「有故而去，則君使人導之出疆。」

三諫待放

臣必三諫者何？以爲得君臣之義，據君日臣月之説，以月生三日成魄，諫必以三，臣道就也。必待放於郊者，忠厚之至也，冀君覺悟，能用之。《孟子》：「三宿而後出晝，於予心猶以爲速，王庶幾改之，予日望之。」所以必三年者何？古者臣下有大喪，君三年不呼其門，與奪情之説相反，如丁憂去官，經説如此，實未通行。所以復君恩。今已所言不合於禮義，君欲罪之，可得也。《公羊傳》「古者大夫已去三年待放」，注：「三年者，古者疑獄三年而後斷。」《援神契》曰：「三諫待放，復三年盡惓惓也。」惓惓，懇至之意。所以言放者，臣爲君諱，《禮·曲禮》：「大夫、士去國，不説人以無罪。」若言有罪放之也。宣元年，晉放其大夫胥甲父於衛。《公羊傳》：「放之者何？猶曰無去是云爾。然則何言爾？近正也。」是則大夫本無罪而去，又不可揚君之過，故變出奔之例而言放，引罪於己，若爲君放然也。《禮·坊記》：「善則稱君，過則稱己。」皆是。○所言似乎尊君卑臣，與時局不合，現今海外爲過渡時代，經多爲太平以後言之。

所諫事已行遂去不留

所諫事已行者，謂不用其言，事已施行。遂去不留。凡待放者，冀君用其言耳。事已行，災咎將至，無爲留之。《易》曰：「介如石，不終日，貞吉。」《論語》曰：「三日不朝，孔子行。」臣待放於郊，君不絶其禄者，示不合耳。《孟子》：「去三年不反，然後收其田里。」是三年待放，不絶其禄也。以其禄參分之二與之，一留與其妻、長子，使得祭其宗廟，賜之環則反，賜之玦則去，《荀子·大略篇》：「絶人以玦，反以環。」明君子重恥也。《禮》：「事君三違不出境，則利禄也。」又云：「君子三揖而進，一辭而退，以遠亂也。」是君子重恥之義也。《王度記》曰：「反之以玦，其待放者，亦與之物，謂玦。明有分土，無分民也。」《詩》曰：「逝將去女，適彼樂土。」如《楚辭》之「周游六漠」、「上征下浮」。

天子臣與親屬皆不言放

或曰：天子之臣不得言放者，天子以天下爲家也。《春秋》王子瑕奔晉，不言出也。親屬諫不得放者，骨肉無相去離之義也。《孟子》所謂同姓之卿，明異姓乃得去，故《公羊傳》：「何通乎季子之私行，辟内難也。君子辟内難，不辟外難。」是則親屬有故不得去，但宜避之而已。《春秋傳》曰：《公羊·宣十五年》。司馬子反曰：「君請處乎此，臣請歸。」子反者，楚公子也，時不得放。子反事不純同此，又先師借以立説耳。

記過徹膳

明王所以立諫諍者，皆爲重民而求已失也。《禮·保傅記》曰：「於是立進善之旌，懸誹謗之木，建招諫之鼓。」王法立史記事者，以爲臣下之儀樣，人之所取法則也。動則當應禮，是以有記過之史、徹膳之宰。《禮・玉藻》曰：「動則左史書之，言則右史書之。」《禮・保傅》曰：「王失度，則史書之，工誦之，三公進讀之，宰夫徹其膳。」是以天子不得爲非，故史之義，不書過則死，宰不徹膳亦死。此爲記過、徹膳之禮。所以謂之史何？明王者使「使」從「史」得聲。爲之也。謂之宰何？宰，制也，使制法度也。宰所以徹膳何？陰陽不調，五穀不熟，故王者爲不盡味而食之。《禮・曲禮》：「歲凶，年穀不登，君膳不祭肺。」《詩・雲漢》傳：「歲凶，年穀不登，則膳夫徹膳。」《禮》曰：「一穀不升，不備鶉鷃；二穀不升，不備鳧雁；三穀不升，不備雉兔；四穀不升，不備囿獸；五穀不升，不備三牲。」此爲歲凶徹膳之禮。

諫臣不以掩惡爲事

人臣之義，當掩惡揚美，所以記君過何？各有所緣也。掩惡者，謂廣德宣禮之臣。

非諫臣皆爲君隱

所以爲君隱惡何？君至尊，故設輔弼，置諫官，本不當有遺失。《論語》曰：「陳司敗問：昭公知禮乎？孔子曰：知禮。」此爲君隱也。《禮・表記》：「事君欲諫，不欲陳。」又《坊記》云：「善則稱君，過則稱己。」《春秋》爲尊者諱。

君信賞罰不爲臣隱

君所以不爲臣隱何？以爲君之與臣，無適無莫，義之與此，爲賞一善而衆臣勸，罰一惡而衆臣懼。若爲卑隱爲不可，殆也。故《尚書》曰：「畢力賞罰，以定厥功。」

諸侯臣入聘得爲君隱

諸侯臣指大夫如京師者。對天子亦爲隱乎？然本諸侯之臣，今來者爲聘，問天子無恙，非爲告君之惡來也。《喪服傳》：「諸侯之大夫，以時接見於天子。」此即謂大夫奉君命，聘問天子者也。故《孝經》曰：「將順其美，匡救其惡。」故上下能相親也。

鄉射篇

天子親射

天子所以親射何？助陽氣，達萬物也。春陽案：「陽」字舊脱，盧補。氣微弱，恐物有窒塞，不能自達者。《漢書・五行志》：禮，春而大射，以順陽氣。夫射自内發外，貫堅入剛，象物之生，故以射達之也。《禮記・射義》：「射者，男子之事也。」又《内則》「以桑弧蓬矢六射天地四方」，亦取由内達外之義也。

射取德所能服

《含文嘉》曰：「天子射熊，諸侯射麋，大夫射虎，士射鹿豕。」《儀禮・鄉射記》云：「凡侯，天子熊侯白質，諸侯麋侯赤質，大夫布侯，畫以虎豹，士布，畫以鹿豕。」天子所以射熊何？示服猛、遠巧佞也。熊爲獸猛巧者，非但當服猛也，示當服天下巧佞之臣也。案：遠巧佞，舊無「遠」字，《御覽》作「遠巧物也」，「物」字訛。下「巧佞」作「巧妙」恐亦誤。亓當服，疑是「亦當服」。並盧氏説者也。諸侯射麋何？亓遠迷惑人也。麋之言迷也。案：此與《漢書・五行志》注同。大夫射虎豹何？亓服猛也。士射鹿豕何？亓除害也。《説文》：士射鹿豕爲田，取除害也。各取德所能服也。

大夫士射兩物之義

大夫、士射兩物何？大夫、士俱人臣，亓爲君親視事，身勞苦也。或曰臣陰，故數偶也。藉以別上下、定尊卑。

射侯

侯者，以布爲之。布者，用人事之始也。《禮記・郊特牲》云：「太古冠布。」皆從人事之始。名之爲侯者何？明諸侯有不朝者，則當射之。故《禮・射祝》曰：「嗟爾不寧侯，爾不朝於王所，故亢而射爾。」案：此引祝詞與《考工・梓人》大同小異。彼云祭侯之禮，以酒脯醢，其詞曰：「惟若寧侯，毋或若汝不寧侯，不屬於王所，故抗而射汝。」蓋此本據古《周禮》説也。所以不射正身何？君子重同類，不忍射之，故畫獸而射之。

因射選士

射正何爲乎？曰：射義非一也。夫射者，執弓堅固，心平體正，然後中也。《禮記・射義》云：「内志正，外體直，然後持弓矢審固。持弓矢審固，然後可以言中。」二人争勝，樂以德養也。《論語》：子曰：「君子無所争，必曰射乎！」勝負俱降，以宗禮讓，揖讓而升。故可以選士。《禮記・射義》云：「天子將祭，必先習射於澤。」澤者，所以擇士也。夫射者，發近而制遠也。其兵短，而害長也，故可以戒難也。所以必因射助陽選士者，所以扶助微陽而抑其强，和調陰陽，戒不虞也。何以知爲戒難也？《詩》曰：「四矢反兮，以禦亂兮。」

因遠所別尊卑

因射習禮樂，射於堂上何？示從上制下也。《禮》曰：「賓主執弓，請昇，射於兩楹之間。」天子射百二十步，諸侯九十步，大夫七十步，士五十步，明尊者所服遠，卑者所服近也。」《大射儀》：大侯九十，參七十，干五十，此圻外諸侯之制。諸侯大侯，大夫參，士干侯，以次差之，則天子當百二十也。

鄉飲酒《論語》：「鄉人飲酒，杖者出，斯出矣。」《禮記》言鄉飲之禮，所以明長幼之序，指此《儀禮》之卿相饗禮，則爲朝廷之法，非鄉黨所有。

所以十月行鄉飲酒之禮何？所復尊卑長幼之義。春夏事急，浚井次牆，至有子使父、弟使兄，故以事閑暇，復長幼之序也。漢至國朝皆頒有此禮儀，其文簡略，與禮大異，故今爲饗禮未亡，此禮附饗禮。

王者事三老五更

王者父事三老，兄事五更一作叟。者何？欲陳孝悌之德，養老乞言。以示天下也。故雖天子必有尊也，言有父也，必有先也，言有兄也。入學以齒，凡長者皆爲兄。天子臨辟雍，親袒割牲，尊三老，父象也。教天之爲人子者，三皇爲天子之父。謁者奉几杖，授安車輭輪，供綏執授，兄事五更，寵接禮交加，客謙敬順貌也。天子爲五帝，五更以象五帝，尊同也。《禮記·祭義》曰：「祀于明堂，所以教諸侯之孝也。享三老五更於太學，所以教諸侯之弟也。」

三老五更名義

不正言父兄，言老更者，老者壽考也，欲言所令者多也；更者更也，所更歷者衆也。即如是，不但言老言三何？欲言其明於天、天皇。地、地皇。人人皇。之道三才。而老也。五更者，欲言其明於五行之道，五方，五帝。而更事也。

三老五更各一人

三老五更三五共八人。幾人乎？曰：各一人。何以知之？《詩》曰：「三五在東。」《禮》曰：「三無五至，各主一人。」《孔子閒居》。三皇爲天學之三皇，五至爲五帝，天學之五帝，故同引《詩》也。故知有八人也。

市商篇

商賈總論

如今商學，《王制》市官、《周禮》司市之統經傳於商學，固甚詳也。

商賈何謂也？商之爲言商也，商其遠近，度其有亡，通四方之物，故謂之商也。《考工記》：通四方之珍異以資之，謂之商旅。賈之爲言固也，固其有用物無用者有禁。以待民來，以求其利者也。行曰商，止曰賈。《易》曰：「先王以至日閉關，商旅不行，后帝不省方。」《論語》曰：「沽之哉！」「觚不觚，觚哉！觚哉！」即此變文。我待價者也。」即如是。《尚書》曰：「肇牽車牛遠服賈。」用方言遠行，可知也。方言欽厥父母，欲留供養之也。商業發達，在於遠商，非壟斷一隅所能奏其效者也。是以海外商業，有行至數萬里而營商者。今考之我國經傳所言「遠服賈」，亦以遠爲要義。是則我國商學發明較於歐州早矣，學者不察，可慨也夫！

車旂篇

天子大路

路者何謂也？路，大也，道也，正也。君至尊，制度大，所以行道德之正也。路者，君車也。《詩》云「乘馬路車」。天子大路，諸侯路車，大夫軒車，士飾車。玉路，大路也。名車爲輅者，言所以步之於路也。

車教之道

車所以立乘者何？制車以步，故立乘。《曲禮》云：「婦人不立乘。」故知男子坐車當立乘。車中不内顧何？仰即觀天，俯即察地，前聞和鸞之聲，旁見四方之運，此車教之道。《論語》曰：升車必正立執綏，車中不内顧。所以有和鑾者何？以正威儀，節行舒疾也。《大戴·保傅》云：「行中鑾和，步中《采茨》，趨中《肆夏》，所以明有度也。」鑾者在衡，和者在軾，馬動則鑾鳴，鑾鳴則和應其聲。鳴曰和敬，舒則不鳴，疾則失音，明得其和也。故《詩》云：「和鑾雍雍，萬福攸同。」《魯訓》曰：「和，設軾者也；鑾，設衡者也。」《大戴·保傅》云：「在衡爲鑾，在軾爲和。」馬動而鑾鳴，鑾鳴而和，和則敬，此制之節也。《禮記》曰：「天子乘龍，載大旂，象日月升龍。」《傳》曰：「天子升龍，諸侯降龍。」

田獵篇

田獵之義

王者、諸侯所以田獵者何？爲田除害，上以共宗廟，下以簡集士衆也。春謂之田何？春歲之本，舉本名而言之也。夏謂之苗何？擇去其懷任者也。秋謂之蒐何？蒐素肥者也。冬謂之狩何？守地而取之也。四時之田，總名爲田何？春、秋、夏不田，故知田爲總名。爲田除害也。《春秋穀梁傳》曰：「春曰田，夏曰苗，秋曰蒐，冬曰狩。」王者祭宗廟，親自取禽何？《王制》云：「天子、諸侯無事則歲三田，一爲乾豆，二爲賓客，三爲充君之庖。」重先祖，必欲自射，加功力也。禽者何？鳥獸之總名，明爲人所禽制。

天子諸侯之囿

王者不親取魚。《春秋》：「公矢魚於棠。」《左傳》云：「非禮也。」囿：天子百里，大國四十里，次國三十里，小國二十里。

囿在東方

苑囿所以在東方何？苑囿，養萬物者也。東方，物所以生也。《詩》云：「東有圃草。」鳥所以飛何？鳥者陽也，《書·禹貢》云：「陽鳥攸居。」飄輕故飛也。

謚篇

死乃謚

謚者何也？謚之爲言引也，引烈行之跡也。所以進勸成德，使上務節也。會合數德，名以一字，六書會意舉例之「武」、「信」二字亦即爲謚。故《禮·郊特牲》曰：「古者生無爵，死無謚。」此謂孔子以前。此言生有爵，死當有謚也。經制如此。《春秋繁露》一公有一論，如後世謚議。死乃謚之何？《詩》云：「靡不有初，鮮克有終。」言人行終始不能若一，故據其終始，從可知也。《士冠經》曰：「死而謚，今也。」今與經同，今用之，吾從周。

於葬錫謚

所以臨葬而謚之何？因衆會，欲顯揚之也。故《春秋》曰：「公時不稱謚，但舉公。之喪至自乾侯。」昭公死於晉乾侯之地，數月而歸喪至，尚未有謚也。《春秋》曰：「癸巳，葬我君昭公。」「丁巳，葬我君定公。」「戊午日下側，乃克葬。」胡《春秋傳》曰：「葬而後舉謚也。」《春秋》乃舉謚，謚爲新制，傳說、譜牒依經立説。如蔡經一稱侯，《傳》與《世家》遂稱侯不稱公。《春秋》吴、莒二國無謚，特留二國以見舊制。《論語》有數條論謚之文，所以明其例。

帝王制謚之義

黄帝先黄後帝何？中央爲皇，黄帝猶言皇帝。道家之黄帝，即皇帝也。古者質，生死同稱，各持行色，中央黄帝，東青，北黑，南赤，西白。美者在上。帝在下。黄帝始制法度，在地之中，故稱黄也。《春秋繁露》：五帝以上推爲九皇。五帝帝在上，號在下，帝顓頊、帝嚳、帝堯、帝舜，推爲九皇，則帝在下，如大五帝，以行色在上，帝在後。就春秋言之，合殷、周爲三王，舜、禹、堯、嚳、顓頊爲五帝，上推少昊爲九皇，故稱白帝。近者因大號卑，遠者因小號尊。後世雖聖，莫能與同也。近者德與天同，亦得稱帝，不能制作，故不得復稱黄帝。謚或一言，或兩言何？文者以一言爲謚，質此爲經中三統之質。者以兩言爲謚。故《尚書》曰高宗，殷宗也，既言謚起於周，何以殷亦有謚？就經言，則皆有謚。湯死後稱成湯，以兩言爲謚也。此説不確。湯有單舉，周亦多兩字之號。號無質文，謚有質文何？號者始也，爲本，故不可變也。周已後用意尤文，以爲本生時號令善，故有善謚。故合言文王、武王也。合言之，則上其謚，明別善惡，所以勸人爲善，戒人爲惡也。帝者天號，五帝有天人之別，緯以三垣、四宫爲帝，又以五行星爲五帝，故古書言地有天人之號。以爲堯猶謚。顧上世質直，死後以其名爲號耳。所以謚爲堯何？爲謚有七十二品。《禮·謚法記》曰：「翼善傳聖謚曰堯，仁聖盛明謚曰舜，慈惠愛民謚曰文，剛强理直謚曰武。」《禮》言死而後有謚，周道也。此「周」字不可讀爲「周姬」之「周」，當讀爲「周文」之「周」。《論語》「郁郁乎文哉，吾從周」，謂文家也。故堯舜以前亦有謚。

天子謚南郊

天子崩，大臣至南郊謚之者何？以爲人臣之義，莫不欲褒稱其君，掩惡揚善也，故之南郊，明不得欺天也。故《曾子問》孔子曰：明謚爲孔子新制，故聖人立言以爲法，非古所有。「天子崩，臣下之南郊告謚之。」

天子謚諸侯

諸侯薨，世子赴告於天子，天子遣大夫會其葬而謚之何？《春秋》書王使來會葬。幼不誄長，賤不誄貴，諸侯相誄，非禮也。臣當受謚於君也。諸侯以天子臨之，天子以天臨之。已葬，則人事終，故引天與天子而謚，如考績之法。

卿大夫老有謚

卿大夫老歸，死者有謚何？《禮記·檀弓》：「公叔文子卒，請謚於君。」謚者所以别尊卑、彰有德也。卿大夫歸，無過，猶有禄位，故有謚也。

夫人有謚

夫人有特謚何？夫人一國之母，理陰政，修閨門之內，無外事，與君不同。則群下亦化之。故《春秋》夫人書薨，則葬，舉謚以彰其善惡。《春秋傳》曰：「哀姜者何？莊公夫人也。」明夫人有特謚也。或曰：妾母無謚何？賤不得體君，故無謚。《春秋經》曰：「天王來歸惠公仲子之賵。」不薨，則不謚。妾母立爲夫人，亦得書薨、稱謚者，母以子貴也。成風者，僖公母，《經》曰：「夫子風氏薨。」又曰：「天王來歸僖公成風之襚。」此稱薨、稱謚，故與仲子不同。亡國夫人亦無謚，失其貴也。《經》書葬紀叔姬、紀伯姬是也。夫人既有專謚，又從夫之謚何？如清朝制。婦人無爵，從夫之爵，故無特謚，從夫之謚，又以分別也。《春秋》：「宋伯姬嫁於宋共公。」又曰：「葬宋共姬。」《傳》曰：「稱謚何？賢也。」以經明從夫必冠以夫謚之義。此從夫同謚共。考清朝制，皇后各有特謚，皆冠以祖宗廟號，如清仁皇帝數后皆冠有「仁」字。歷年久遠，皇后多，非冠以夫人謚不能分別，如《公羊傳》穆姜者，不知其爲宣夫人與？成夫人與？三《傳》所言仲子，與《隱篇》所書夫人子氏薨，三《傳》互有異同，因未冠以夫謚，故後人無所分別。

卿大夫妻太子夫人士附庸無謚

卿大夫妻，命婦也，無謚者，以賤也。夫人以下。八妾諸侯一娶九女，夫人以外爲八妾。所以無謚何？亦以卑賤，無所能豫，一國以內統於夫人。猶士卑不得有謚也。男子大夫以上有謚，女子世命以下皆無。太子《周禮》之孤。夫人稱夫人，尊加於三公。無謚何？婦人隨夫，太子無謚，未成君，不葬，後世太子特別，則有謚。其夫人不得有謚也。以婦從夫。一說女卑於夫，太子有謚，妻亦無。《士冠經》曰：「天子之元子猶士也。」《禮經》之士專指王世子言，由王以下推。士無謚，此天子元士。知太子亦無謚也。附庸所以無謚何？如小邾，《春秋》不書葬。卑小無爵也。《王制》曰：「古者之制禄爵凡五等。」附庸不在其中，明附庸無爵也。

謚后夫人

后夫人於何所謚之？以爲於朝廷。朝廷本所以治政之處，臣子共審謚，如後世謚議。白之於君，然後加之。婦人天夫，故但白君而已。何以不之南郊？夫天婦地，妻之爲言齊。婦人本無外事，何爲於郊也？《禮·曾子問》曰：「唯天子稱天以誄之。」唯者獨也，明天子獨於南郊耳。

號謚取法

顯號謚何法？生死之分，生爲號，死則曰謚。號法天也，法日也，日未出而明；生人爲天，陽。謚法地也，法日月已入，有餘光也。日往月來，月往日來。是以大行受大名，細行受小名。名謂謚。行生於己，名生於人。葬生者之事。○謚法當亦爲太平世而設，秦漢無其德，用其事，故於世教少所裨益。

崩薨篇

崩薨異稱

《書》曰：「成王崩。」天子稱崩何？别尊卑，異生死也。《曲禮》有崩、薨、卒、不禄、死之别。天子曰崩，大尊像。穀梁高曰：「崩厚曰崩，尊曰崩。」崩之爲言，㴍然伏僵，天下撫擊失神明，黎庶殞涕，海内悲涼。諸侯曰薨，國失陽。三字緯文。薨之言奄也，奄然亡也。大夫曰卒，精耀終也。卒之爲言，終於國也。士曰不禄，不終君之禄。禄之爲言消也，身消名彰。庶人曰死，魂魄去亡。死之爲言，澌精氣窮也。崩、薨紀於國何？《傳》以崩、薨爲據，周以前不同。以爲有尊卑之禮，謚號之制託云始於周。即有矣。禮始於黄帝，如《繫辭》所言。至堯舜而備。舊學相沿之詞。《易》言没者，據遠也。《書》言「殂落死」者，各自見義。堯皆憯①痛之，舜見終，各一也。

天子至庶人皆言喪

喪者何謂也？喪者亡也。人死謂之喪何？言其喪亡，不可復得見也。《禮記·檀弓》云：「喪欲速貧，死欲速朽。」喪謂亡失。不直言喪何？《易》曰：「無得無喪。」爲孝子之心不忍言也。《尚書》曰：「武王既喪。」《喪禮經》曰：「死於適室。」知據死者稱喪也。就死者言稱喪。生者哀痛之亦稱喪。就生者亦稱喪。《禮》曰：「喪服斬衰。」《易》曰：「不封不樹，喪期無數。」《孝經》曰：「孝子之喪親也。」是施生者也。天子下至庶人俱言喪何？欲言身體髮膚俱受之父母，其痛一也。

天子赴告諸侯

① 皆憯：原作「見僭」，據《白虎通義》卷十改。

天子崩，赴告諸侯何？緣臣子喪君，哀痛憤懣，無能不告語人者也。諸侯欲聞之，又當持土地所出以供喪事。《春秋》有賻賵車金。故《禮》曰：「天子崩，遣使者訃諸侯。」天子七月而葬，同軌畢至。

諸侯奔喪分三部

王者崩，諸侯悉奔喪何？臣子悲哀慟怛，莫不欲觀①君父之棺柩，凡君父之喪，臣子皆當奔喪。盡悲哀者也。又爲天子守蕃，不可頓空也，故分爲三部。此説能補《禮經》之缺。有始死先奔者，有得中來盡其哀者，有得會喪奉送君者。七月之間，七月而葬。諸侯有在京師親供臣子之事者，有號泣悲哀奔走道路者，有居其國不盡奔喪。哭痛思慕竭盡所供以助喪事者。是四海之内咸悲，臣下若喪考妣之義也。《帝典》：「百姓如喪考妣，三載四海遏密八音。」

會葬遠近畢至

葬有會者，親疏遠近盡至，親親之義也。童子諸侯不朝而來奔喪者何？明臣子於其君非有老少也，亦因喪質，無般旋之禮，但盡悲哀而已。

臣赴於君

臣死亦赴告於君何？此君哀痛於臣子也。欲聞之加賻贈之禮。《春秋》：「天王使宰咺來歸

---

① 觀：原作「動」，據《白虎通義》卷十改。

惠公仲子之賵。」故《春秋》曰：「蔡侯考父卒。」《傳》曰：「卒赴，而葬不告。」《公羊·隱八年》。

諸侯赴鄰國

諸侯薨，赴告鄰國何？《禮記·雜記》云：「君赴於他國之君曰：寡君不禄，敢告於執事。」緣鄰國欲有禮也。《公羊》：諸侯之喪，遣大夫弔，君會葬。《春秋傳》曰：「桓母喪，告於諸侯。」桓母賤，尚告於諸侯，諸侯薨告鄰國明矣。《公羊·隱元年》傳文也。

諸侯夫人薨告天子

諸侯夫人薨，告天子者，不敢自廢政事，亦欲知之當有禮也。《春秋》曰：「天王使宰咺來歸惠公仲子之賵。」譏不及事。隱元年《公羊》傳文也。仲子者，魯君之貴妾也，何況於夫人乎？

諸侯歸瑞珪

諸侯薨，使臣歸瑞珪於天子者何？諸侯以瑞珪爲信，今死矣，嗣子諒闇三年之後，當乃更爵命，故歸之，推讓之義也。示新君即位，不敢必得，所以專其權於天子也。故《禮》曰：「諸侯薨，使臣歸瑞珪於天子。」

天子弔諸侯

天子聞諸侯薨哭之何？慘怛發中，哀痛之至也。使大夫弔之，追遠重終之義也。《春秋》毛伯來會葬。故《禮·檀弓》曰：「天子哭諸侯，爵弁純衣。」又曰：「遣大夫弔，詞曰：『皇天降災，子遭離之，嗚呼哀哉！天王使臣某弔。』」

君弔臣

臣子死，君往弔之何？以尊卑懸遠，無往來。親與之共治民，恩深義重，厚欲躬見之故。《禮・雜記》曰：「君弔臣，主人孤爲喪主。待於門外，見馬首不哭。君至，主人先入，君升自阼階，君自作主。西向哭，主人居中庭從哭。」或曰大夫疾，君問之無數；士疾，一問之而已。《荀子・大略篇》云：「君於大夫三問其疾，三臨其喪。於士一問一臨。」《禮記・雜記下》云：「卿大夫疾，君問之無算；士一問之。」大夫卒，比葬不食肉，比卒哭不舉樂；士比殯不舉樂。君臣義重，不接吉事，故春秋晉大夫智悼子未葬，平公作樂，《春秋》譏之。玄冠不以弔者，不以吉服臨人凶，示助哀也。《論語》曰：「羔裘玄冠不以弔。」

小斂

崩薨三日乃小斂何？奪孝子之恩以漸也。一日之時屬纊於口上，以俟絶氣；二日之時尚冀其生；三日之時魂氣不返，終不可奈何。故《禮・士喪經》曰：「御者四人皆坐，持體屬纊，以俟絶氣。」《禮記・喪大記》云：「疾病屬纊，以俟絶氣。」《禮》曰：「天子、諸侯三日小斂，大夫、士二日小斂。屬纊於口者，孝子欲生其親也。」《禮記・問喪》云：「死三日而後斂者何也？曰：孝子親死，悲哀志懣，故匍匐而哭之，若將復生然，安可得奪而斂之？故曰三日而後斂者，以俟其生也」云云。

沐浴含斂

沐浴於中霤何？示潔淨反本也。佛家之如來是也。《禮・檀弓》曰：「死於牖下①，沐浴於中霤，飯唅於牖下，小斂於户内，大斂於阼階，殯於客位，祖於庭，葬於墓。所以即遠也。」奪孝子之恩以漸也。自近及遠，未忍便離主人位是也。所以有飯唅何？緣生食，今死，不欲虛其口，故唅。《禮記・檀弓》云：「飯用米貝，不忍虛也。」用珠寶物何也？有益死者形體。故天子飯以玉，諸侯以珠，大夫以璧，士以貝也。案：此係《公羊》説。

贈襚賻賵

贈襚者何謂也？贈之爲言稱也，玩好曰贈。《説文・貝部》：贈，玩好相送也。襚之爲言遺也，衣被曰襚。《説文・衣部》：「襚，衣死人也。」《儀禮・士喪禮》：「君使人襚。」《左傳》：「楚使公親襚。」知死者則贈襚，所以助生送死，追恩重終，副至意也。案：此與《荀子・大略篇》同。賻賵者何謂也？賻者助也，賵者覆也，所以相佐，給不足也。故弔詞曰：「知生則賻賵。」貨財曰賻，車馬曰賵。案：此係《公羊》説。

殯日

天子七日而殯，諸侯五日而殯何？事有大小，所供者不等。故《王制》曰：「天子七日而殯，諸侯五日而殯，卿大夫三日而殯。」案：殯之日數與葬之月數皆相當。

---

① 下：原作「平」，據《白虎通義》卷十改。

三代殯禮

夏后氏殯於阼階，殷人殯於兩楹之間，周人殯於西階之上，何？夏后氏教以忠，忠者厚也，曰生吾親也，死亦吾親也，主人宜在阼階。若存。殷人教以敬，曰死者將去，又不敢客也，故置之兩楹之間，賓主共夾而敬之。介於賓主間。周人教以文，曰死者將去，不可又得，故賓客之也。《檀弓記》曰：「夏后氏殯於阼階，殷人殯於兩楹之間，周人殯於西階。」

天子舟車殯

《禮稽命徵》曰：《禮緯》文。天子舟車殯何爲？避水火災也。車避火，舟避水。故棺在車上，車在舟中，臣子更執紼，晝夜常千二百人。紼者，所以牽持棺者也。《周禮·遂人》云：大喪，帥六遂之役而致之；及葬，帥而屬六綍。故《禮》曰：「天子舟車殯，諸侯車殯，大夫攢塗，士瘞。」尊卑之差也。此疑亦《禮緯》文。《禮記·喪大記》云：「君殯用輴，攢至於上，畢塗屋；大夫殯以幬，攢置於西序，塗不暨於棺；士殯見衽，塗上，帷之。」

祖載

祖於庭何？盡孝子之恩也。祖者始也，始載於庭也。乘軸車，辭祖禰，故名爲祖載也。《周禮·喪祝》云：「掌大喪，祖，飾棺，乃載。」《儀禮·既夕記》云：「遷於祖，用軸。」《禮》曰：「祖於庭，葬於墓。」又曰：「適祖，升自西階。」

棺槨厚薄之制

是也。所以有棺槨何？野蠻之世，親死則舉而委之於壑，或衣之以薪，葬之中野，如今之土番所謂天葬、火葬、水葬所以掩藏形惡也，不欲令孝子見其毀壞也。文明進步，不忍見其親爲獸蟲所食，又不忍見其毀壞，故制棺槨，以掩藏形惡。棺之爲言完，所以載尸，令完全也。槨之爲言廓，所以開廓辟土，無令迫棺也。無使土親膚。《禮·王制》曰：「天子棺槨九重，衣衾百二十稱。公侯五重，衣衾九十稱。大夫有大棺三重，衣衾五十稱。士再重，無大棺，衣衾三十稱。單給備爲一稱。」案此《逸禮》文也。《禮·檀弓》曰：「天子棺四重，水兕革棺被之，其厚三寸。杝①棺一，梓棺二，柏槨以端，長六尺。」有虞氏瓦棺，今以木何？虞尚質，故用瓦；夏后氏益文，故易之以堲周，謂堲木相周，無膠漆之用也。殷人棺槨，有膠漆之用。周人浸文，牆置翣，加巧飾。案此據《檀弓》作問。喪葬之禮，緣生以事死，生時無，死亦不敢造。《禮記·檀弓》：孔子曰：「之死而致死之不仁，而不可爲也。之死而致生之不智，而不可爲也。」即緣生事死之義也。太古之時，穴居野處，衣被帶革，故死衣之以薪，《禮記·禮運》云：「昔者先王未有宮室。」又云：「未有麻絲，衣其羽皮。」內藏不飾。不封不樹。中古之時，有宮室、衣服，故衣之幣帛，藏以棺槨，封樹識表，體以象生。《易·繫詞》云：「後世聖人易之以棺槨。」夏、殷彌文，齊之以器械。至周大文，《論語》云：「殷因於夏禮，所損益可知也；周因於殷禮，所損益可知也。」緣夫婦生時同室，死同葬之。《禮記·檀弓》云：「合葬非古也。」

① 杝：原作「地」，據《禮記·檀弓》改。

尸柩

尸柩者何謂也？尸之爲言陳也，案：此與《禮記・郊特牲》同。失氣亡神，形體獨陳。柩之爲言究也，久也，不復變也。《曲禮》曰：「在牀曰尸，在棺曰柩。」

葬

崩、薨別號，至墓同，何也？時臣子藏其君父，安厝之義，貴賤同。葬之爲言，下藏之也。《禮記・檀弓》云：「葬也者，藏也。」《荀子・禮論篇》：「故葬埋，敬藏其形也。」所以入地何？人生於陰，含陽光，死始入地，歸所與也。案宋注：人生陰，謂胞胎中。此「光」字疑當爲「充」字，「始」字疑衍。天子七月而葬，諸侯五月而葬何？據《王制》說。尊卑有差也。尊者疎，卑者速。天子七月而葬，同軌必至；諸侯五月而葬，同會必至。會，《公羊》、《左傳》均作「盟」。所以慎終重喪也。

兆域

《禮》曰：「冢人掌兆域之圖。」先王之葬居中，以昭穆爲左右。群臣從葬，以貴賤序。案：此據《周禮》文也。

合葬

合葬者何？所以同夫婦之道也。故《詩》曰：「穀則異室，死則同穴。」又《禮・檀弓》曰：「合葬非古也。自周公以來，未之有改也。」

葬北首

葬於城郭外何？死生别處，終始異居。《易》曰「葬之中野」，所以絶孝子之思慕也。《傳》曰：「作樂於廟，不聞於墓；哭泣於墓，不聞於廟。」此傳語，不知出何書，蓋論古不墓祭之義。所以於北方者何？就陰也。《檀弓》曰：「葬於北方北首，三代之達禮也。」孔子卒，以所受魯君之璜玉，葬魯城北。

墳墓

封樹者所以爲識。表異之，非記號，故以尺寸分尊卑。故《檀弓》曰：「古也此草昧之古。墓而不墳；今丘中央丘陵。也，東甲。西脆。南羽。北介。之人中央爲人。也，不可以不識也。」孔子乃定此制。於是封之，崇四尺。如《士禮》四尺。《春秋含文嘉》曰：此《禮經》師説。「天子墳高三仞，樹以松。夏。亦作周。諸侯半之，樹以柏。殷。大夫八尺，樹以欒。周。亦作夏。士四尺，樹以槐。虞。庶人無墳，樹以楊柳。」

群經大義補題

孝經
春秋三傳
尚書
周禮
禮經喪服
詩經
樂經
易經
論語經總

余以《白虎通德論》改爲《群經大義》，以應學校之急需，班氏以外，餘義尚多，因編爲二册，分經立題，以俟補撰。此壬寅以前事也。撰録未就，而題目尚存，因命孫輩録之，存此泥印，未嘗非過渡時代必經之階級也。壬子，四益老人識。

孝經補題

一貫。統貫六經。
忠恕。
至德要道。
無思不服。
孝道廣大。
孝爲百行總領。
推愛敬，無怨惡。
孝無貴賤。自天子至庶人。
孝無賢、不肖。愚夫愚婦可知行，聖人不能外。
孝無老少。由生至死。
孝無大小。由一家至天下。

春秋補題

《春秋》撥亂世反諸正。

二伯迭更。

九州分中外。

存西京，開南服。

《春秋》成而亂臣賊子懼。

《春秋》決嫌疑，别同異。

改制異法。

因善惡定功罪。

託空言，不如見之行事。

《春秋》爲伯道。

六經始基。

尚書補題

敬天。

重民。

明德慎罰。

《典》、《謨》爲二帝。

《洪範》爲政治通例。

《顧命》五篇爲成康二伯四岳。

二十八篇爲備。

證誤百篇《書序》。

周禮補題

皇極之書，一轂三十輻，大地三萬里。

五帝五等，九方百倍。

九分二伯八伯止藩二千里一州加四倍。

七禹貢五分。五極、五土，土會坤之數。

九禹貢四分。四方小輻，十五輻乾之數。除九小車。

三分。三國三服，方五，天、地、人。

三分。方六。

陽教、陰教、天地產。

赤道爲地中。

三墳、五典、八索、九丘。

五土、五極。

州分三等、大封建。

禮别樂和。禮所以别異之，使不苟同；樂所以道是，使不分異。○斯禮和樂。

《詩》、《易》、《書》上帝，帝皆人鬼。

政教十等表。

天子爲帝正稱。

四裔。

分野。

六官法六相。

《職方氏》九州即大九州。

官名大小，即皇帝之分。

以車輿比地。

以衣裳裘比地。

大地四遊。

《尚書緯》：大地升降三萬里中，以成四時①。

《大司徒》土圭之法，日南景長，多暑，地北游，繞日南，成夏也。日北景短，多寒，地南游，繞日北，成冬也。日東則景朝，多風，地西游，繞日，成春也。日西則景夕，多陰，地東，繞日，成秋也。南北寒暑反，東西晝夜反。大塊中國日同時全有春夏秋冬、子午卯酉。

四時東北隅乾天中國。與西南隅坤地南美。晝夜寒暑全反。西北、東南有同有異。地球四隅，經詳東北，以推三隅。《論語》舉一隅不以三隅反則不復，此驗小推大之要術也。

以晝夜寒暑比地。

① 四時：原作「四詩」。《尚書考靈曜》曰：「地有四游，冬至地上行北而西三萬里，夏至地下行南而東复三萬里，春秋分其中矣。」故當作「四時」。

四曆。

《月令》、《帝典》，羲和授時之傳，中國曆法之所本也。大地四分，寒暑晝夜各異。東南與西北向反，寒暑節氣全異。此之冬至，彼爲夏至；彼之秋分，此爲春分。順天授時，命令全反。《月令》中①皆詳對衝。分其對衝，別爲曆法，詳北而南可知也。西與東晝夜反，東子西午，西寤東寐，各以晝爲本日，分夜之半屬後日。東朔一二日之間乃爲西一日，西三四日之間乃爲東三日，而西南且寒暑與晝夜全反焉。故須立四曆。《月令》於中星詳昏中、旦中。昏中爲東曆，旦中則西曆。《月令》之中兼寓四曆之法，亦所謂舉一反三也。

三皇地中曆法。

皇極居中建極，四帝四游之繞日，故兼用四曆。《易》之晝夜寒暑、《大司徒》之東西南北是也。

以飲食比地。

天下一家。父子、祖孫、士女、子婦。

皇后憑玉几。

三墳、五典、八索、九丘。三皇、五帝、八大州、九畿。○附十二風土。

---

① 「中」下原衍一「昆」字，據文意删。

五帝五等，三皇三變，子丑寅三首。

郯子問官。　濡、需、儒。

《素問》以身喻天下。　《盛德》以馭喻天下。

《離騷》、《招魂》反歸。　重字皆南北東西。

夏時配《小正》。

九河以河喻洲。　九曲、九洛、九王、汾曲、汾王。

伏羲作八卦。　八別。　神農交易市。　易，交易。　東易西，南易北。○禮別異，樂和同①。

《禹貢》今不止五千里。　古尺古里，今尺今里。

《周易》爻言一。《連山》言三。《歸藏》言或言反。

《洪範》九應大州九家。○分天人。○卿士上統，庶人下庠。○五方爲通例。

子鈔。

六府。　金、木、水、火、土、轂②。

皇帝巡守。

---

① 禮別異，樂和同：原作「禮別樂和同」，據《荀子·樂論》改。

② 轂：《書·大禹謨》作「穀」，此爲廖平改經。

日本文分類。中書顛倒讀之爲一。○加馬號。

純用中義，以土音讀之，爲高等漢文字。如羊爲苦撒。

用漢字連綴，別爲一義，爲一種。如取扱洋代難字。○六个。

用漢文字體，別造爲中文所無爲一種。如辻。

用漢字偏旁，別爲字母，如外國字母，以借音爲假名，卩取阿，讀爲力，取加ナ取奈。爲一種。

漢文力ナ雜用，爲和文爲一種。

用漢字土音，如形容方音之類。

全用漢字連綴，讀以土音，別爲一義，曰古文體，見《和名鈔》。

止天毛訓辿字意爲到底歸用漢文字體類。與則天所造字同。

禮經補題

□無成義。

複文見義。

尊尊親親。

決嫌疑，別同異。

順人情，爲節文。
禮别樂和。
安上治民。
從宜從俗。
防亂。
救弊。
三統循環。

詩經補題

三《頌》爲新周、王魯、故宋、黜杞。
《楚辭》爲《詩》師説。
歸乃上天爲上帝所招，故抑非楚國。死人爲歸人。
《詩》爲夢境，游魂神游。
四海六合以内，四荒六合以外。
上征下浮，即鳶飛魚躍。

東周與西周對。

《大雅》、《小雅》爲人學，皇帝之分，又即三垣四宫。小千、大千世界。

齊商即文質。

《大雅》初《既濟》，終《未濟》。

《小雅》初《未濟》，終《既濟》。

興、觀、群、怨即天學之道、德、仁、義。

《王風》爲文王。比於日系。

以鳥名官，即西皇旻天。

四始五際。

十二諸侯配律吕。

哀樂。上方樂，下方哀，如天堂、地獄之説。

無邪即無涯。

告往知來。

天下一家。

周召爲皇伯大一統。

素皇九主。

雅爲翻譯。
下俟百世。
顛倒衣裳。
以《序》説《詩》之非。

樂經補題

八音配八方。
八風。
天、地、人爲三皇。
《樂經》即《詩》。
移風易俗。
樂正主教。
功成作樂。
律吕顛倒。

易

《易》以知來。

殷人作《易》。

反易、變易即顛倒反覆。

《繫辭》爲《大傳》。

六合之外，存而不論。

初上勿用。

二五爲中。

三四爲中。

三人行。

一人行。

德成家。

富以其鄰。

六十四卦本象。

陰陽消長。

小大循環。

論語

孔子作六經。

文周不以言立教。

上考下俟。

孔子曰：「我欲託之空言，不如見之行事之深切著明也。」

《尚書》爲空言，乃全地球法政，古無其事。

《春秋》乃爲行事。

凡治經先考疆域。《春秋》三千里九州，由春秋起，不言古之三代。《尚書》三萬里九州，非中國三代。《詩》、《易》以星辰爲九野，天帝以星辰爲人名，故諸經夏、殷、周同名異實。

古史所言帝王明相，決無《春秋》説。

在《尚書》者爲後生之人帝人相，在《詩》、《易》者爲天號。凡《楚辭》、《山經》、道家、《左》、《國》所言，多爲天神名號，非世界所有。

天有十日，以九行星合日爲十日。經九緯，爲羿射落九日。

傳説王喬、赤松、穆天子、西王母皆爲星辰天號。

大五帝爲五天神號。小五帝爲五行人號。

史學當繼《左傳》，由魯悼元年起。

中國春秋以前無史學，書傳所傳皇帝王伯①皆人天之號。

三統説以《尚書》爲主，《春秋》初興，不言三代。

三統不可循環者，乃爲《春秋》説。

《檀弓》葬法最爲大例。

禮樂賢於堯舜。

爲天下《尚書》。不爲魯國。《春秋》。《尚書》有盡，《詩》無窮盡。爲後世《尚書》。不爲當時。《春秋》。

《尚書》皇、帝、王、伯同時，爲一統，不異代。

《逸周書》古史皆爲《書》説，非古事。

四教爲正。《春秋》乃其標本，《易》乃其終極。

---

①　皇帝王伯：原作「皇帝王相」，據文意改。

將《通鑑前編》云帝王分爲天人。

將經史古帝王分爲天下①。

《史記》三代爲後王世系，非前所有。如《帝繫姓》由孔子所傳。

由春秋以前，古史皆爲無稽。

不親迎，不三年喪，滅國，僭諸公，《春秋》之始也。

凡前皆有進退兩義。

五日爲期，六日不奮，六日當爲六月。五、六即運氣。

《尚書》詳於五紀。皇歲日千里。

文質合中。

參用四代。

天下尊親。

禮失求野。

微言大義。

作述。

---

① 天下：據文義，疑作「天人」。

改制立教。
《内經》攝生類，如今衛生學。
藏府經絡類，如今全體學。
疾病類，爲今醫學。
藏象類，爲中國一人，以人配天學。
陰陽五行類，爲陰陽五行家。
運氣類，爲五帝學。
《月令》曆法，爲天學。
道法天下，治國家，爲皇帝學。
藏。
工攻鍼刺湯液，爲醫學。

〔附〕尚書今古文分編目録①

問琴閣著録

書序

虞夏書

堯典　并《舜典》爲一篇，「嬪於虞，往欽哉」下接「慎徽五典」云云，無《舜典》篇首「粤若稽古」二十八字，亦稱《帝典》。

咎繇謨即《皋陶謨》。

禹貢

甘誓

商書

湯誓

① 本篇原置於《群經大義》之前，題下原署「問琴閣著録」，蓋爲宋育仁作。與《群經大義》正文不協，兹移作附録。後半部分論《禮記》，與《尚書》無關，原文如此，兹仍舊。

盤庚

高宗肜日

西伯戡耆 作「戡黎」。

微子

周書

坶誓即《牧誓》。

鴻範

金縢

大誥

康誥

酒誥

杍材 即《梓材》。

召誥

雒誥

多士

無劮 即《無逸》。

君奭

多方

立政

顧命 伏生並《康王之誥》合爲篇。

康王之誥 伏生爲目以並入《顧命》。

粊誓 即《費誓》。

文侯之命

甫刑 即《吕刑》。

秦誓

實二十九篇，而舊云二十八篇者，伏生原本並《顧命》、《康王之誥》爲一篇，以擬二十八宿，以百篇《書序》當北斗，漢博士相傳如此。今求治《書》之綱要，以《堯典》、《咎繇謨》、《禹貢》、《鴻範》、《立政》、《甫刑》爲四代直接之政綱。

東晉本尚書孔傳增多篇目

舜典　即《堯典》分出，添篇首二十八字。

大禹謨

益稷　即《咎繇謨》分出「曰來禹」以下。

五子之歌　伏生《今文尚書序》作「五子之歌」。

胤征

仲虺之誥　伏生《今文書序》作《仲蟲》。

湯誥

伊訓

太甲上、中、下三篇

咸有一德

説命上、中、下三篇

泰誓上、中、下三篇

武成

旅獒　伏生《今文書序》作「旅豪」。
微子之命
蔡仲之命
周官
君陳
畢命
君牙
伯冏

漢伏生傳《尚書》，以隸書寫定，故謂之《今文尚書》。東晉梅賾稱得《古文尚書》孔安國《傳》於大桁頭，云是孔子壁中古文，以較伏生今文，增多二十七篇，而舊云增多二十五篇者，其《舜典》即從《堯典》分出，《益稷》即從《咎繇謨》分出。除此二篇本今文所有不數，其采綴古書所增益只二十五篇也。自六朝以來，稱爲《古文尚書》。唐修《正義》，即疏。依此本，即用孔傳，爲欽定注疏，學者因之。至國朝閻若璩、江永、段玉裁、孫星衍諸老考訂，始定其爲僞孔傳，説詳《皇清經解》諸家著述中。今爲治經者求捷徑簡法，將兩本分目訂爲上、下二編，依次讀講，即不煩言。而解「《書》以道政」，三代之文與春秋以來有别。伏生所傳二十九篇，全屬政要；梅本所增二十五篇，多參名言理論，兩編文體迥異。惟《秦誓》乃入春秋時代文字，與增篇文近相似耳。顧梅氏書皆采綴古書古義而成，亦極苦心孤詣，多道家之理，學者分別觀之，亦不可廢也。

《禮記》本由大戴先集淹中古記，合《曲臺禮》而成，班固所説爲七十子後學所記也。《檀弓》爲檀弓即馯臂子弓。所作，《服問》、《三年問》爲荀卿所作，舊説有明文。推之《五帝德》、《帝繫》爲宰我所作，二篇《大戴禮》成説，見《史記》「宰予問五帝德」及「帝繫姓」。《小戴》刪。《曾子問》爲曾子所作。因《大戴記》中參有秦漢人如李斯、賈生發揮之緒論，故小戴删之，存四十九篇，擇取更爲簡淨，學界宗之，是爲今《禮記》。其實今《禮記》中亦有參入秦漢解釋演文，如《王制》之「今東田」云云，《月令》之「命大尉」，以注語參入正文，亦間有存者。論其原，則乃孔門取周制典禮之條文，請質於夫子，相與講習演説，其中有周之舊籍，有夫子之論定，有七十子之緒言，有七十子後學、門人之解説，如《冠義》、《昏義》、《祭義》、《鄉飲酒義》是其明證。其綱領條目備具者，莫如《喪服》經、傳、記。經則周公舊典，孔子亦有修訂；傳則子夏述，夫子所論定；記則子夏所詮説，其受學弟子所記述也。如《曲禮上》「毋不敬」至「直而勿有」，先用韻語，三字爲句，次用對偶，乃舊典之教科書。「若夫坐如尸，立如齊」至「不聞往教」，則七十子之徒述夫子論定之言，於舊典韻句偶句上增以「若夫」、「夫禮者」，以「也」字助詞斷句，屬上，復以「禮」字起下，如注家旁訓、醫經淺註之比例。「道德仁義，非禮不成」至「貧賤而知好禮，則志不懾」，則屬七十子及其門人之衍説。「人生十年」至「必告之以其制」，又係舊典條文。「謀於長者」

至「非有見焉，弗與爲友」，仍如旁訓、淺註之前例。「賀取妻者曰」至「如使之容」，又純屬舊典條文。「凡爲君使者」至篇終，則刺取舊典之條文，而以夫子所論定爲主，故特出「禮曰君子抱孫不抱子」，此言云云，以見其例。《曲禮下》義例皆同，由家庭日用起居以至於社會國家，學者應知之條文，義法略備。《檀弓》發揮禮意，以論説常變經權爲主。《王制》自「不造燕器」以上全屬舊典，自「方一里者爲田九百畝」至篇終全爲注説。《月令》全屬舊典條文。《曾子問》專究禮之變故，而以夫子論定爲斷。《文王世子》則引舊典而述夫子之論説，故特出「子曰」、「仲尼曰」、「世子之記曰」，餘篇以此例推。每篇之中，舉事例皆由近及遠，舉義例皆由淺入深，由家政以達於國政。篇題爲喪祭者多條文，義屬於學行者多論説。惟《内則》篇首特題「后王命冢宰降德於衆兆民」，明是周禮舊典，頒定士大夫家政之書。先言「后」而後言「王」，后理天下之陰教，家庭女爲奥主，其義皎然，此可以悟王道化起閨門，《關雎》自家而國之大義微言矣。篇中有凡「三王養老皆引年」至「皆有惇史」，乃承上養老之詮説。中著「曾子曰孝子之養老也」一段，蓋此段前後皆曾子所述衍義，而後學門人記之也。昔在北京中央教育會争讀經之案，有馬通伯其昶主删節經文爲課本，余謂經文一篇之中前後相發，豈可妄動章句，惟《禮記》、《左傳》可有節本。《禮記》自有分篇讀法，《學記》有云：「善問者如攻堅木，先其易者，後其節目。」禮以喪祭爲極深而繁博，非常識所公知，姑先置其專屬喪祭條文繁博諸篇，其大義之散見各篇者，亦知其概略矣。

宋育仁謹撰。

群經總義講義

廖平 撰
楊世文 校點

校點説明

光緒三十二年（一九〇六）廖平先後任教於成都補習學堂、成都選科師範、成都高等學堂、成都府中學堂、成都客籍學堂、成都縣中學堂。《群經總義講義》是其經學講義。據廖宗澤《六譯先生年譜》，《群經總義講義》共二册，其中第一册十六課：《雅言翻古》、《論作述》、《先野後文》、《世界進化退化分經表》、《大小六藝》、《教育史》、《開士智》、《忠敬文三代循環爲三等政體》、《禮失求野》、《神權駁》、《宗法非世族政治》、《中外古今人表》、《讖緯》、《闕疑》、《中國一人》、《墨學道學均出孔子辨》。第二册共六評：《尊孔》、《世界先野後文》（附《世界進化退化簡明表》）、《教化由小而大》（附《孔子前後皇帝王伯不同表》）、《論知行之分》、《立德立功與立言之分》、《俟後新經》（附《專經統各科學表》）。後附《左氏春秋十二要》、《左氏春秋十論》、《左丘明考》。各課的寫作有先後，又其目有與三十一年所擬《群經大義補題》相同者，當係本就《補題》撰録而别有增補。由于廖平在這幾年讀到不少西學譯籍，故其書多以中學與西學互證，而對西人政治、學術、風俗多持批評態度。可惜其書今僅覓得第一册（蒙文通先生收藏，蒙默教授提供），已非完璧。不過下册及附録各題，多已刊於《國學薈編》等雜誌，皆已收入本《全集》，基本上可見其全貌。今據光緒三十三年刻本整理。

目録

一、經制

群經總義講義

第一課　雅言翻古

今學堂競言譯學，通行大地之外，别有以今翻古，如泰西所謂拉丁、羅馬、希臘字母同而讀法異，亦如吾國之古音、今音字同而音不同。《論語》「子所雅言」，《莊子》「翻十二經以教世」，《公》、《穀》「物從中國，名從主人」，與《爾雅》所列諸經字詁，皆以經由翻譯而成。

蓋横翻，《周禮》象胥之職，《王制》東方曰寄，南方曰象，西方曰狄鞮，北方曰譯。①國家置舌人以通四方之情，《方言》之名曰「輶軒，使者絶代語」，古之「方言」，即今之譯局學堂，各種語言學皆爲横翻，《公》、《穀》所謂「名從主人，物從中國」是其大例。

竪翻則爲通古今語，諸雅爲其專書。如《爾雅》之訓詁，後儒之箋注，皆爲翻譯。孔安國以隸古定起家，改古文爲隸字。《三朝記》：孔子告哀公，欲知辨言，當學《爾雅》。爾雅，即古翻譯之名，或訓爲近正，非也。班書《藝文志》「尚書」類云：「《尚書》讀近《爾雅》，通古今語而可知。」古

---

① 「東方曰寄」以下：原作「東方曰西方曰寄南方曰象狄鞮北方曰譯」，據《禮記·王制》改。

今音訓不同，「爾雅」即翻譯古語之專書。《論語》「子所雅言，《詩》、《書》、執禮，皆雅言也」。《學記》《詩》、《書》、《禮》、《樂》爲樂正四術。四教不言樂者，《樂經》附《詩》，別無文字之本，故專以三經爲孔子翻古文而成，亦猶西人之以拉丁譯古書，其文義與通行者不同。孔安國以隸古定寫經，爲翻字，以隸字改古籀。

孔子所翻各經，皆有古文原本，時代已久，音訓有變，此一説也。又古者結繩而治，結繩即字母學，形同繩結，非果結繩。如環球各國所有文字皆同用字母，中國春秋以前文明程度略如歐美，則亦同用字母可知。竊以六書文字與經書同爲環球所無，則必由孔子而始發達；使孔子以前果通行六書，則雖謂六經已通行可矣。文字同出孔經，知由至聖推行。且六藝文義必用此文，乃能載此義。如《春秋》每舉經文一條，與上下文比屬，各自一義，與同類異類相比屬，又各自成一義，如天空日球，千變萬狀，不可端倪。西人曰孔經誠善，惜文義太深，如能用白話別編爲書，則善之至矣。不知經爲道體，難以名狀，即傳記所解，已落言詮，如《大全》串講、合講，尚未至如白話之淺陋，已爲識者所不齒，況可演成白話乎？如「關關雎鳩，在河之洲」、「元年春王正月公即位」、「鄭伯克段于鄢」，傳記解説十數家，各有發明，不能盡其義，試用西文翻之，成何語？即用白話編之，又成何語？聖經必用此聖文，萬不能以字母翻、白話演，二者相依爲命，合之兩美，離之兩傷。此種文字，蓋專爲聖經而製，除經以外，皆可以字母行，經則必用此文字。中人讀西書，必學西文，以中文翻之，尚有不達之隱；若西人讀經，則必用中文，若翻爲西文，則書成而經早亡。此西譯中經，萬分不能得其七八，此固一定之勢。中文中經，蓋亦如梵音，爲天語天文，爲天神地示相通之官文官語，與別世界可以通行。字母之學，則爲方音土語，東西不惜字，任其污穢，施之字母則可，中文則爲天文，萬不可視同一例。吾國新造字母，將來亦同西文，可以不惜者。

易《大傳》：作《易》者其有憂患乎？其當文王與紂之時耶？亦以《易》作于殷，與《禮運》合，言當文王與紂之時，則決非文王、周公作，《大傳》固有明文矣。作《易》者，其當殷之末世，周之盛德耶？

書說：孔子得黃帝以來之書，以十八篇爲中候。按：十八篇當爲二十八篇，百篇書序古文家僞撰。《孔子世家》：序《書》傳，上紀唐虞之際，下至秦繆，編次其事，曰：「夏禮吾能言之，杞不足徵也；殷禮吾能言之，宋不足徵也；足則吾能徵之矣。」觀殷夏所損益，曰：「後雖百世可知也，以一文一質。周監二代，郁郁乎文哉！吾從周。」故《書》傳、《禮》記自孔氏。

《藝文志》：《尚書》讀近爾雅，通古今語而可知。

《禮運》：吾欲學夏禮，是故之杞，而得夏時焉。《論語》「行夏之時」，別有《夏小正》。按禮以「夏時」與「坤乾」對比，是「夏時」別爲一書。今案皇帝學專言歲時，《尚書》「乃命羲和」五節爲「皇篇」，《月令》爲其傳說，故全與《大傳》同。古有六曆之說，今采《夏小正・周月解》、《月令》、《管子・幼官》、《四時》、《王居》、《明堂》六篇以配六曆，則合爲一書別行焉。

又：吾欲學殷禮，是故之宋，而得坤乾焉。原當爲「坤乾」，孔子乃翻爲「乾坤」。

詩樂《孔子世家》：孔子語太師：「樂其可知也，始作翕如，縱之純如，皦如繹如也，以成。吾自衛反魯，然後樂正，雅、頌各得其所。」古者詩三千餘篇，及至孔子去其重，取可施于禮義，上采契、后稷，中述殷周之盛，至幽厲之缺，始于衽席，故曰：「《關雎》之亂，以爲《風》始；《鹿鳴》爲《小雅》始，《文王》爲《大雅》始，《清廟》爲《頌》始。」三百五篇，孔子皆弦歌之，以求合《韶》、《武》、《雅》、《頌》之音，禮樂自此可得而述，以備王道，成六藝。

古詩三千餘篇，孔子取其合《雅》、《頌》者爲三百篇。按《爾雅》之訓詁于《詩》、《書》最詳。

春秋《孟子》引孔子曰：「其事則齊桓、晉文，其文則史，其義則丘竊取之矣。」

公羊說孔子得百二十國寶書

《孔子世家》：乃因史記作《春秋》，上至隱公，下訖哀公十四年，十二公，據魯，親周，故殷，運之三代，約其文辭而指博。故吴楚之君自稱王，而《春秋》貶之曰子；踐土之會，實召周天子，而《春秋》諱之，曰「天王狩于河陽」。推此類以繩當世貶損之義，後有王者舉而開之，《春秋》之義行，則天下亂臣賊子懼焉。孔子在位聽訟，文辭有可與人共者，弗獨有也。至于爲《春秋》，筆則筆，削則削，子夏之徒不能贊一辭。弟子受《春秋》，孔子曰：「後世知丘者以《春秋》，罪丘者亦以《春秋》！」

禮 公息鄒之喪，哀公使孺悲學于孔子，于是《士喪禮》以傳。

《王莽傳》選舉天下能識古文者數百人

按微言派以六藝全出于至聖，故爲聖作，以皇帝王伯之事迹皆非草昧所有，然非謂古皇帝無其人，亦非謂古無其書，不過原書皆爲古文，結繩字母。孔子乃以六書之文字翻之而成今本，亦如玄奘①之翻梵葉，譯局之翻西書耳，其古書之分文義不盡相同，亦如西人之用拉丁文、羅馬文，雖同譯一書，而彼此文義有別，與今譯本《化學鑑原》、《化學原始》、《化學□□》，同譯一書，三本迥然各別。

孔子當日亦如《春秋》之「取義」，《詩》之「逆志」，《易》之「得意」，古不必古，今不必今，凡出新意與衆不同者，自託于通古今語。時人不通古文，不識古音，故多誤解，不得原書之本旨，就其有原本從翻而出，則不能不謂之述，亦如嚴氏之譯《天演論》，不必盡屬原文，時多新意，則不能不謂之作，亦作亦述，亦述亦作。《論語》以《詩》、《書》、執禮皆爲雅言，所以特發孔子翻經譯改之大例。

又翻書有二例：隨文解釋，字模句範，如水之在盂，冶之于陶，絲毫不敢出入者，謂之直

---

① 玄奘：原作「行裝」，據文意改。

譯。有但用其旨趣，不拘泥其字句，如古書引用經史，或總括其字句，或但詳其旨趣者，謂之意譯。孔子不敢自作，故託之古帝王。《春秋》說言孔子于《春秋》，筆則筆，削則削，游、夏不能贊一詞，又云孔子凡事與人商酌，至于《春秋》則微思渺慮，自運于心。此說作《春秋》之法，即譯各經之法，大抵以意譯之而已。

第二課　論作述

作者爲聖。《孔子世家》贊：「孔子布衣傳十餘世，學者宗之，自天子王侯，中國言六藝者折中于夫子，可謂至聖矣！」以六藝全歸至聖，創業垂統，爲百世不祧之祖，故立言與立德、立功當分爲三門，帝王爲德功，孔子乃專爲立言。

立德　皇帝如五帝政治。古書相傳。《帝典》《帝謨》之政事。

立功　前之夏、殷、周三代，後之秦始、漢高。身爲王者，自下勅令，史籍所載，皆爲作。

立言　道家之老子，墨家墨子，兵家之孫、吴，農家許行。自我作，故不相依附。

以上作者三門。

述者爲賢。臣于君，弟子于師，隨聲附和，不能自專自創。

五臣之于舜。
伊尹、萊朱、散宜生、太公之于湯文。
七十子之于孔子。
孟、荀之于六經。
《十翼》之于《易》。
三《傳》之于《春秋》。
杜、賈、許、鄭、服之于經傳。
　以上述者。
纘緒中興，亦同開創，但克復舊物，不得言作。
宣王之興周道。
光武之復漢室。
　此以述爲作者。
事屬新創，居然作者，惟依託前人名號，究與自樹旌幟者有别。
道家之書依託黄帝。莊子之寓言漁父、桑庚、丈人。
《周髀算術》依託周公。《國》、《左》以解經釋例全屬古人。
　此實作而託名于述者。六藝作而曰述，託之帝王，不如秦皇、漢高身爲王者，發號施令。

作	述 表
作者爲聖　經爲聖作　經爲新經	述者爲賢史籍舊文皆可爲陳迹糟粕。
先聖	先師
一人獨倡	群相附從
君父師主義。	臣子弟主義
自我作無文王猶興	因人成事附驥名章
獨立主義	附從于人
元首心一身之主	百體四肢聽命于心

第三課　先後文野

春		
幼穉	少壯	精進
洪荒	近古	近代
上古	銅	鐵

秋				以
據衰而作，昏髦老死之説。				
皇降帝	降王	降伯	降君	
就少壯分前後。				
以上無人。初生人	以上無文字。古專制	古無教化。古共和		
以上成劫之始。				
經託光景三皇	經託光景五帝	經託光景三王	經託光景二伯	
先大後小，先文後野，據成劫少穉世代言，絶無此理，知經爲託詞，如光學之倒景。				
經爲據衰世而作，于毁劫爲實形，于成劫爲反比例。				
西人譏中人法古。	西人後來思想。			
愈上古愈蠻野	愈後愈廣，先小後大，一綫到底。			
經據衰而作。	佛説爲毁半空劫之始。			
以上帝王周公皆屬酋長部落，孔子以後世新經依託之。	教化由春秋始創。			

前	
由上古至春秋，當成劫之始一。	由春秋至今日，當成劫之初二。

以光學言，形立于此，景皆由足反倒，足小則形景皆小，頭大則形景皆大。經傳屢言光照上下，形景學取此義。

戰國以後				
進伯	進王	進大伯	進帝	進皇
夢游百年	千年	萬年	億萬年	無極
毀運	四小劫	大劫	人小地縮	地毀空
以上一始一終，合爲成、住、毀、空四劫。				
由君進伯	進王	進帝	進皇	六合以外
以上成劫之中，再千萬年乃進住世。				
實形之伯	實形之王	實形之帝	實形之皇	

由小而大，由野而文，爲少穉進步之實形，其景則與形相對，作反比例。《易》曰：「順以數往，逆以知來。」順、逆兩途，即中大兩邊小之謂也。由毀劫之遞降，則知少壯成劫爲遞升。據毀之形狀以推成之情形，正作反比例。故自成至住至毀，則爲遞降之正形。

第四課　世界進化退化分經表

世界進化退化分經表

列子楊朱引楊朱說以三皇之世云若存若亡五帝之世若覺若夢三王之世若覺若寐云云此孔子以前之古史所以不足觀西人石銅鐵之說爲衆所共認也

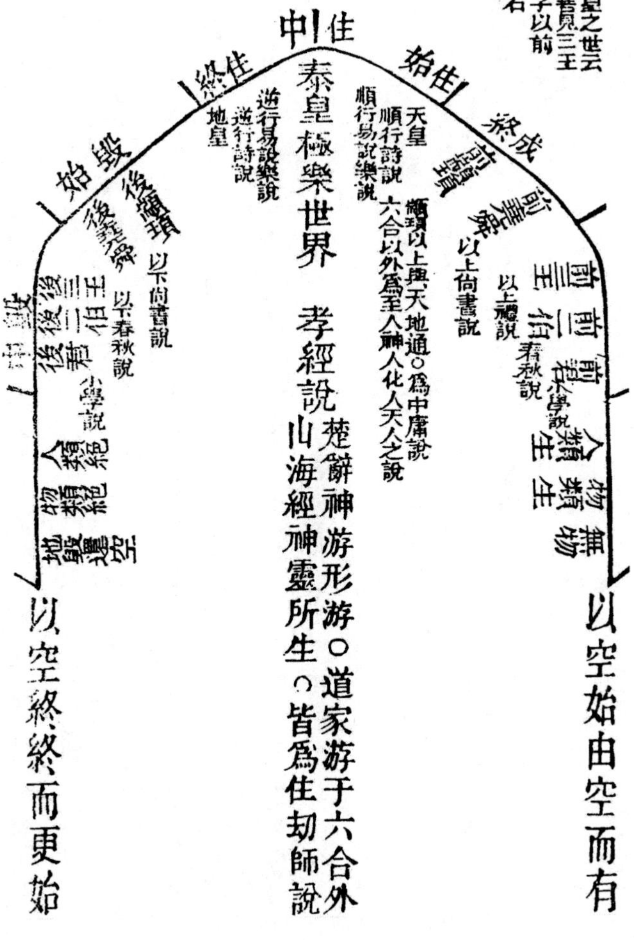

《莊子》「翻十二經以教士」，翻又讀爲「翻覆」之「翻」。六經順逆兩讀，化六爲十二，如《詩》兩雅有正變之分，初由亂而治，繼由治而亂。《易》順數則上經在上，逆數則下經在上，即所謂上下無常。又上經六首卦可爲六宗、六合、六相、六官，而亦可爲五方、五行、五帝。蓋乾坤占東西，故一以龍名官，一以鳥名官。即鵬，即鳳。坎、離居南北，即北海、南海之帝。四方卦皆錯不能綜，泰、否以二卦居綜，則合爲一卦矣。自上方言之，曰地天泰，似南爲天地否矣。不知南北反，上下亦反，自彼視之，仍爲地天泰也。泰與大同，否即否同爲大訓，所以繼以大有、同人，故一通一塞，就六合天地言，故分爲二，以五方言同爲大，即二可合一，一可分二之義也。

立此表無論大小六藝、諸子百家，即凡當今所有文字，莫不各有位置，各有當得之所，彼此是非，全不相妨。《中庸》「萬物並育而不相害，道並行而不相悖」，天君泰然，渾忘是非取舍。彼儒墨喜攻好辨，蓋未達「道不同，不相爲謀」、「攻乎異端，斯害也已」之旨也。

第五課① 大小六藝

《周禮》保氏六藝，曰禮、樂、射、御、書、數。《漢·藝文志》六藝，曰《易》、《書》、《詩》、《禮》、《樂》、《春秋》，二者同稱六藝，惟禮、樂互見。六經古爲專門，今所傳《注疏》與《大全》同號經學，保氏六藝，惟傳元人舒氏《六藝綱目》，禮、樂二門用鄭注五禮六樂，不免與經傳相混。竊六藝當以大小分：保氏爲小，小學用之，所謂小道小節；《漢志》爲古大學之教，所謂大道大節。《易》、《樂》、《詩》爲思志派，西人所謂哲理，六合以外，與天地參，其大固無論矣。即以實行派之《春秋》言，本王伯學，教胄子與民之俊秀，大抵爲仕宦學，今必高等以上，將入仕宦，乃係此科，若普通國民教育，即專在小六藝。書爲國文言語科，數爲算學科，國民教育之基礎，射、御爲實業學，射爲弓矢，御爲車馬，推之則可謂禮專屬幼儀，如《容經》、《少儀》、《内則》、《弟子職》，專屬個人修身，事與《禮經》「安上治民」者不同。樂爲歌誦舞蹈，今學堂之唱歌奏樂之類，《内則》小學所習書契、舞勺、舞象，二十以後所習之禮樂，乃爲經之禮樂。六藝大小之分，即大學、小學宗旨之所以别也。蓋普通國民教育，禮、樂爲德育，書、教爲智育，射、

① 第五課：原作「五」，據文例改。下「第六課」同。

御爲實業，故凡農、工、商賈、婦女皆必入學，而後完全國民資格。小學卒業以後，分途謀生，出類拔萃者始入大學，以備國家人才之選，如漢之博士弟子員、今仕宦政法學堂與通儒院。考漢博士弟子員選舉之法，户口十萬以上者歲選五人，不及十萬數在四人下。以小學人數計之，不過數人，入學後因才質所近，分經入學，因德入學命官。《洪範》三德，爲剛、柔、正直，三三而九，爲《帝典》教胄子之九德。三公配三德，則司徒之仁爲柔，司馬之義爲剛，司空之智爲正直。九錫以配九德，三德三錫之爲大夫，所謂「日宣三德」、「俊明有家」。六德則六錫之爲方伯與卿，所謂「日嚴祇敬六德」、「亮采有邦」。九德兼全，則九錫之入爲三公，出爲二伯，所謂「九德咸事」。後世九錫，即《春秋》之命桓文。人之性情，不出三德，人才之選，備于三公。因德以入學，分經分官，故有皋陶剛德者，無論公、卿、大夫、士，皆不出司馬之屬。有契之柔德者，無論公、卿、大夫、士，終身皆爲司徒屬。有禹之正直者，無論公、卿、大夫、士，皆爲司空屬。用志不紛，所以人才多，不勞而理。故聖門分四科，諸子別九流，非如日本之普通，求全責備于一人。歐美各國入學之始，必量其質，分科而治，與古法略同。惟日本混同一視，以諸科學求全于一人。且進考之，六經配六相，惟皇帝乃能全備，所以學禮言帝入五學，必其時諸經乃皆有用，故以六經配六合，賢者識大，不賢者識小，以大包小，經乃能全見實行，非帝無此全美之制。今世界爲大王，以實用言，但就《書》、《禮》、《春秋》三經立學，已無不足，又以《春秋》爲切要現行之事，《尚書》與《禮》爲引進改良之道，尚屬西人之思想派。七年之病求三年之艾，中國求速成，能以《春秋》一經仿三德之例，分爲四學，宰輔經營天下，統籌全局者爲一科，如《周禮》之夏官司馬者爲一科，冬官司空者爲一科，司徒主教者爲一科，分官立科，必可免博而寡要、勞而鮮功之弊。班《志》云，人不或爲雅，或爲頌，漢太后將稱制，從師問《尚書》數篇。《禮經》十七篇，有以習《喪服》專門名家者，分經而治，是爲古法，並非私言，六藝大小，尤宜區別。吾國前因科舉入學，先讀四書五經，改習他業，書皆無用，國民日用必需之科學，如保氏六藝者反致抛荒。其最大之害，尤在四書五經入手因就童蒙之見解以立說，以致聖人窮天極地、治國化民之大經大法，盡變爲市井鄉村之鄙言。如《大學》以平治爲宗旨，乃顓頊以下帝德專書，或乃以爲初學之門，若專爲黄口孺子課本者，經術敗壞，所以中國無人才。害在下流社會，習非所用，民智不開，害雖在下，而流毒甚廣。害主在上流社會，白頭宰輔與村蒙見解相同，所以老大帝國，種與教之幾不可保。故學堂當發六藝之分，國民則應讀之書、應講之學極力求全，六經雖不可讀也，必入大學後專求安上治民、移風易俗之學問。凡德育之正心、修身，智育之格物、音訓皆屬蒙學。大學有急務，老大宰官，不得以蒙事相誇耀。此成己成物之分，大小六藝，皆不可混同一視已。

第六課　教育史

日本□□著《中國教育史》初具崖略，惟據科學之思想與科舉之觀念以論中國教育，不免墜落宋元以後之議論，而于教育古法、經傳原理，終覺未之能達。吾國教育，自至聖發端，戰國學術之盛，由七十子各以所學立教，故科學全備，流派並陳，學術爲中國發原，故後世莫之能繼。戰國學派爲世界標本與堆店，藉諸子以自存，將來到一世界一學發達，如今西學爲墨家，五行必待五帝，道家必待三皇，詳《天人學考》。西漢二百年中，各端衰謝，惟經學統一，故或以爲儒學一統之時代。實則博士學術，不能概以儒囿。班書《公孫弘傳贊》極推武帝、宣帝兩朝人才之盛，各效所長，不名一家，蓋武帝人才出于公羊，宣帝人才出于穀梁。《儒林傳》于博士各詳其弟子名位所至，以爲通經致用之實驗，其時博士皆專門授受，不及別業，甚且人不習全經，或爲雅，或爲頌，太后因將稱制，從夏侯受《尚書》數篇，以爲以經緣飾政事之用，則並分經而治，不以孤陋爲嫌，不似海外必先普通，泛讀群經，然後再就政治、掌故、歷史、地輿以求致用。中國教育，東漢後已失孔門之真，宋元等諸「自《檜》以下」，故教育史以三事爲最要。

經傳學禮。《大學》、《文王世子》、《學記》、《保傅》宜編爲一篇，曰《經傳古學禮》。

諸子出于四科，詳考戰國學術源流枝別，以見聖道之大，曰《戰國諸子學術》。

先秦兩漢博士專門教授，今惟公羊略存古義，宜編爲一篇，曰《博士教育考》。

國朝□□□曾撰《兩漢博士考》，初刊《藝海珠塵》，近讀知不足齋，又重刊之。① 其書意在考據，宗旨略有不同。蓋學堂通行章程，全采用日本，若古者博士經傳，時論頗似頑固腐敗爲譏。考舊史，博士造就人才既有實據，卒業年限至多三年，不過今五四分之一，每怪其神速。蓋專心致志，則通經不難。如專志求野，不再考詳古法，是或一道，如欲存粹研經，則竊以生民未有之神聖，實非寸量銖稱之所及。海外既無至聖家法，又無經學師傳，僅就耳目所及，枝枝節節爲之，亦出于無可如何。諸所言課程，以原富造鍼分工，與今工局工不兼用兩器，匠不習全械者未免成反比例。而吾國古教育之法，實與其分工分械之成例相同。西人重思想，有懷疑派，安知非如日人所云西詳于技、中詳于道，教育士民爲經傳之專長，分派工匠乃爲西人之絶技乎？物莫能兩大，安知中之短于彼者不長于此乎？西之長于此者不短于彼乎？彼此是非，必聖人乃能定。然以今學西之效果，較古博士之成績，不免相形見絀，縱謂斯

① 案，《藝海珠塵》所收爲胡秉虔《漢西京博士考》，《後知不足齋叢書》所收爲張金吾《兩漢五經博士考》，非一書。

事體大，不能以口舌争，我中國盈千累萬之學生，何妨提出一二學校，一用古法，一師外人，一二年較其優劣，孰得孰失，然後折定一尊。中之博士久成絶響，西人未必研究及此，以八比資格與之相馳逐而敗，若以我之上駟當彼中駟，未必不轉敗爲功，此固吾人之勝算已。又吾國舊法能出英俊，出類拔萃，一日千里。今之學堂既已曠日持久，且大聲疾呼，學堂不能出人才，特以善養中才，不能容英雄，特以教國民。夫至于學堂不能出人才，既已騰①諸口説，定以報章，以爲將來卸責之地步，吾國猶責望學堂以人才，豈非惑之甚？考之西國，如彼士麥克、斯賓塞耳以及西鄉、南洲諸公多不出于學堂，而出于自習科。西人之自習科因以濟學堂之窮，非常之士不受羈勒，馬之踶趹乃致千里。如俾士麥克，西人何嘗不以爲英雄？如以非學堂所出，舍而不用，乃專恃此學堂以爲自强之路，不思變計以求精良。如以西人言，則科學之教名足恃，以古法言，則成績之要又如此，苟能兼用中西，去短取長，改爲一治，固屬良法。否則自習一科，宜急爲表彰，以輔學堂之不及。或謂自習一開，恐學堂解散。當今學堂官私所立，實力有限，彼但能學，即爲實效，使全國皆自習，學堂雖無一人，乃爲善辦。所謂用人不自用，所及廣被，學堂改精，似急宜用博士法，考訂自習章程，使英雄皆入彀中，乃爲得要之計。然非熟習三篇教育古法，未必有此措置也。

① 騰：原作「滕」，據文意改。

第七課　開士智

西人立憲，以開民智爲先務。彼國士民無分，民智即士智；吾國士爲民望，士智且不開，更何論民！大抵士之所以學而不免愚于經，約有四端：

一、音訓之學

古以音訓爲小學蒙小之正課，至中學而止，近人如段、王則以小學涸没終身，説經有字句，無篇章，有訓詁，無義例，殊非古法。終身小學，修齊治平事業何時問津？故撰述愈富，人才愈乏，前後兩《經解》，大抵多蹈此弊。又《爾雅》、《説文》有三四年之工已足，不可過于求深。如郝氏《爾雅》與《經義釋詞》等書，與近人《長江圖考》，皆所謂誣誑，真如夢囈。又如祁尚書以黄羊名奚之考證數十篇，直是《西游》、《封神》。故經學以典制微言爲主，音訓僅僅可以入門，不主典制微言，愈破碎，愈支離，當今急求人才，不可再蹈此覆轍。

一、義理之學

義理之學，歷朝學案彼此互攻，可以借鑒矣。凡學人心思務求廣大公允，乃講學者每好名争勝，妬忌猵淺。若陸、朱本爲同類，其相攻若洪水猛獸。天下惟此爲第一要務，虚養其心，不以事事。又其科目如格物、中正、忠恕、一貫、絜矩，每多惝恍，不能指實。名目猶且如是，何況精微？故所言治平功業，皆屬八比感應話。《大學衍義》所以但詳齊家以前，每至愈學愈愚，非不識數目，不辨菽麥，則其學不精，毫無實際，但互相標榜，目以爲聖賢。似此聖賢，雖比户可封，不能扶危救亡，此八比之學所當屏絶，庶不致鄉愿亂德。大抵宋元以下皆爲八比學派。

一、典考之學通典、通考

典考以經爲元質，經爲綱，以下史書皆爲目。近人以爲致用之要書。《通志略》多新説，不切于事情。《通考》門目不關政法者多，惟《通典》爲近古，然每門中初引《王制》本明白，一人《周禮》，便扭結互鬬，每强作調人，不能切實，學人遂以恍惚悠謬爲政書之性質。《禮經綱目》、《五禮通考》皆蹈此弊，故其流派如八比之考據，無一制能通，無一語可行，故凡號講經濟，其性情每浮夸驕簡，不能按理切脈，實事求是。蓋其心思本未入理，亦以所讀之書先未入理。又經濟爲古制度學，後人統稱之曰禮。禮爲司徒所掌《禮經》之一門，名不符實，所當改良。

一、經制

今學制度，可謂真傳，惟先師時有誤解，如包以方百里出千乘，何注《公羊》肉勝于骨，每使人迷罔。至《周禮》鄭注，封建以王居方千里之一，每方伯得千里者六，大綱已誤，故學者如入迷途，即如天子以下爲何等國，以百里對者，百人中有九十九百里，今之州縣其下何以有卿大夫、上士、中士、下士五等，職官九品，今從天子一落千丈，遂至州縣不知其上更有五長。此凡儒所以不如吏，蓋其腦筋中皆滿嵌迷藥，故經學反爲愚人之具。非欲攻古人，特學堂欲造人才，不得不大聲疾呼，以醒酣夢，故凡不能了然于心、不能實行于世者，皆爲誤説，所當屏絶者。

今首發明《王制》、《周禮》皇王疆域小大之分，開拓心胸，使知全球三萬里，早在《周禮》經營已久，民胞物與，化其種族之偏見，排外之思想。《王制》爲内史所掌之王伯，《周禮》爲外史所掌之黄帝，一小一大，互相爲用。王者王五千里，《周禮》以五千里爲一州，故諸公封方五百里，大于《王制》者二十五倍。《周禮》所略，可由《王制》而推，照加倍數；《王制》所闕，亦可借用《周禮》以推補。二者交相爲用，而不相妨害，務使典制分明，鈎心鬬角，易于施行。就《地員》以推六方，以求辨方正位、體國經野之精意。又皇帝囊括天下，樞祕所在，固别有精微，每州五千里，爲一王之制，方伯固仍用《王制》，此大營包小營之法。又西書所言政法固爲詳細，惟是詳細節，略大綱，寸寸而量，銖銖而稱，用力多，成功少，不僅譯文之冗繁支離，故學者欲學外國政法，當先就經傳立其大綱，使胸中先有天下規模，然後考究，方有位置安放之處。否則枝節繁多，苦于記憶，即能記，不能得意忘言，終歸無用。《王制》爲則例，《春秋》如列朝實録，一繁一簡，務求貫通，非《王制》不能見《春秋》之全體，非《春秋》無以爲《王制》之提綱。古人通經致用，非謂按圖索驥，摹仿而行，社稷人民，美錦不能學織，先就經以學治，磨勵其心思，練習其閱歷，久之有得，遺貌取神，或從或違，或反或正，投無不利，此通經所以能致用，致用又不囿于經，人才之盛以此。漢博士或期年輒試通一藝，或二三年卒業，每不至五年之久者，而人才超前軼後。《平津傳贊》：武帝時人才多出于《公羊》，宣帝時人才多出于《穀梁》。帝王樂儒，推獎二傳，武、宣之稱宗以此，諸臣之功業亦以此。今之科學，年限甚久，卒業後果否可收成效，尚在不可必知之數，漢廷之神速乃爾，此所以急欲編博士考以求古法，振興人才之效，果因亦在是也。

儒不如吏，所用非所習，巧者不過習者之門，然究非所論于博士弟子。考經制者多矣，未必皆可用。魏默深能言而不能行，蓋以其入手不得法，其聽言未必不虚矯。今當引《周禮》以説《尚書》，一綱一目，一案一判，苟能鈎心鬭角，如西人包探法，必得其情，不似從前之影響支離。能通是經，吾斷其定能治國。大約弟子員選擇甚嚴，人必俊傑，貧者官爲資足，所以人才能速成。

博士弟子卒業，除文學掾、舍人、郎中與議郎，故秦漢大典大政，博士皆與議。以書生從政府諸巨公後，且議每定于微員後進，嗚呼盛矣！西人之議員，在經爲養老乞言之典，特西人以少壯爲之。吾國方議行憲法，舉鄉官，設議員，能用博士法，則二三年入學者資格皆可爲議員，則憲法之成立，亦一大動力，諸君勉乎哉！

忠敬文三代循環爲三等政體

禮説夏尚忠，其弊也野，則救之以敬；殷尚敬，其弊也鬼，則救之以文；周尚文，其弊也史，則更循環用忠。古有是説，三尚殊難實指。竊以世界時局考之，則所謂忠、敬、文者，即西人所謂專制、民權、共和也。《易》曰「湯武革命」，以臣伐君，爲誅一夫，正如法之大革命、美之獨立。湯武世局，正與今西事相同，則古之湯武，即今之法美。今之報局，每以吾國爲專制，以求在下之反動力。及考西史，見革命國之專制，每云别無法律，君命即爲法律，較土司、酋長而有加，人民無以聊生，與吾國不免有霄壤之别，因以見古之湯武，其革命者大約與今海外同，所謂蠻野之君權，尊君故謂之忠。凡人當合群之初，以與禽獸争，必立君，君者群也，初藉君以合群，戰勝禽獸，非君不能存立，故奉君以爲聖神不可犯。積久弊生，君暴厲于上，苛政至猛于虎，民不堪命，乃轟炸以復其仇。夫欲定精進之法度，必上下皆無所偏，乃得持久。民之隱情，必盡情發洩，使無餘蘊，而後有公理。當此世界所謂之民權、平等、自由，如虛無黨之必欲盡去政府而後快。今之西人，正如古之湯武，孟子所有貴民輕君之説，爲此時代而言。論公理不分貴賤，君民交戰，正如水火陰陽，物極而反，變本加厲，如今海外之路索、孟德斯鳩等民爲主人、君爲奴隸各學説，爲時勢所造，彼此是非，不能謂其偏僻。平權以爲殷之立敬，又爲質家，與夏文相反，忠相反之民權也。吾國湯武以後，降爲二伯之共和，則以民權積久弊生，弑君殺相，國無寧歲，人心厭亂，天意隨之，視聽雖取民權，不得不參用君權，合夏、殷打爲一治，故謂之文物相參雜，謂之文。《論語》「周監于二代，郁郁乎文哉」，此又蠻野之共和，從始至終，自孔子後則周而更始，再用夏忠，故《春秋》尊君，專明王法。然此爲二次之三統，原因複雜，體質不一，與前之三統標幟新異、招人指摘者不同。蓋蠻野之三統，爲三者特異之原質，二次之君統，早已合三質而混化之，自其外貌觀，君不似君，民不似民。由春秋至今，細爲分劃，以千年爲一局，吾國正當二次共和之時代，故不能謂之爲民權，亦不能謂之爲君權，蓋已變蠻野而文明。歐美見當初次民權時代，或乃自以爲新理，自以爲曝獻，不知吾國革命、民權，早在三千年前已據全球上游之勢，此吾國所以占文明之先步，爲五州之伯兄仲叔，隨行季則更爲幼穉，自後數百年共和之局又終，則當與全球合並而爲大三統，從周而大夏，從大夏而大殷，從大殷而大周，三次之三統當更文明，則固非吾輩所及見矣。大抵除初次三統後，其形迹皆隱晦，其原質皆揉雜，亦如《春秋》之三世例，事文隱微，積久乃覺其變象，不能沾沾以文辭求之也。西人樂利，實由革命而出，其推獎實出誠心，食芹而甘，欲推之世界，或乃倡言攻之，以爲邪説，惑世誣民，或又以孟子之説爲大同之極點，崇拜者固失其原理，摧抑者又違其本義，左右佩劍，有如醉人。故推闡三統之宗旨，以明進化之步驟，中外各得其主義，庶無隨人俯仰之弊焉。

禮失求野

今之學者，動曰新理新學。夫世界無中立之時，非已過即未往，無所謂新，亦無所謂舊。《周禮》曰新國新物，故凡政治官職、機巧製造可以言新，若夫理與學，則固無新舊之可言。説者大約以中學爲舊，西説爲新。所謂中學，八比耳；所謂新理，格致耳。自新其新，自舊其舊，以八比爲中舊，八比以外遂無理與學乎？西之格致工藝，與吾之格致工藝，理與學亦有異乎？若但就形象先後工拙言新舊，中與外各自有其新舊，或數十級、數百級，未能以中外分也。或曰：自由、革命、平等、民權爲新思想發達。夫小人樂利，湯武革命，各得其所，不平則鳴，非吾國老生常談乎？是吾古原有此等時代，後來經傳改良，别有精微，舊爲新掩，遂致湮没。故戰國以下二千年，學術革變，奇形怪狀，亦如詩文之各求新境，西人之新説，乃從無此派。夫自由者，世界治學之一大原質，凡文明所經歷之途徑。以地質學言之，西人所謂新思想者，正吾國地殼之石英花岡，其上已别加數層新岩，故湮没不可見，一旦掘出岩石以相示，以爲聞所未聞，見所未見，未嘗不叱怪以爲新。如地下陳人，大審更生，起而問之，方且舊吾所新，而新吾所舊，今所謂新，何以異此，物少見珍，少見多怪，是固常情。又講新時務者，偶見西人政法風俗與經傳載籍相同，以爲凡西人物械政法皆吾古人所已行，以師道自詡，是又不然。如《周禮》土圭之法，鄭注《孝經緯》最詳，其法二至于兩冰洋立表，由黑道以推赤道，共立十五表，千里而差一寸，以尺有五寸爲地中。若以周公已實行此制，于兩冰洋立表以求地中，其徑三萬里，可乎？西人僅曰五大洲、六大洲耳，若鄒衍、《大行人》之説，則用經説三公九卿二十七大夫八十一元士之例，是古將大地辨方正位、體國經野，以七百二十九方千里分爲皇九州。又由皇九州分爲八十一方三千里之帝，又由帝八十一州分爲方千里之七百二十九之王州，設官分職，奏績咸熙，爲《周禮・大行人》大九洲之外爲藩國之往事陳迹，可乎？又如《明堂》、《月令》與《尚書大傳》、《時則訓》皆以五帝五神分主五極五位，爲《周禮》五土例。吾國伏羲、勾萌已王東球之極之方萬二千里，神農、祝融已王南球之極之方萬二千里，少昊、蓐收已王西球之極之方萬二千里，顓頊、禺彊已王北球之極之方萬二千里，黄帝、后土已王地中中央之極之方萬二千里，其山川形勢，皆已詳載，其名號政典，皆已著爲憲法，五帝各不相同，古五帝實已分王五大洲，各主一時七十二日，可乎？故學經必知俟後之義，凡此之數，不必爲古之實據。《論語》所以言三代爲「成事不説，遂事不諫，既往不咎」者，即公羊作《春秋》非樂道人善，專爲將來取法。《論語》「百世可知」、「來者可追」、「後生可畏」，《中庸》「待人後行」、

「百世以俟聖人」，《公羊》所謂作《春秋》以俟後聖。故西學之所謂新非新，乃至舊；吾人所謂舊非舊，乃至新。能舍外人之舊以從事吾固有之新，乃真爲新思想，乃爲有規則之哲理，乃能事半功倍，爲全學界之主盟。以舊爲新，以新爲新，一轉移間，萬善皆備。《左傳》所言鬼神、巫祝、祭享等事，皆爲天學，尤爲新中之至新。六合以外，姑置不論，即其所言《詩》說、《易》說、《樂》說、《書》說，亦可從緩，惟專就人學王伯切于時務者列爲科學。至于《周禮·大行人》五書，爲今世界最要之學術，凡中西時事與古說合者，經説爲世界所立空言，不分畛域，時事爲實踐，先立空言以爲世界實踐之模範。如《周禮》爲空文，凡今中外政法風俗與《周禮》合者，即俟後之實驗。故孔子之空言爲生知安行，西人格致精進爲困知勉行，是二是一，不可以空言爲史事，而謂時局與古重規疊矩，此又言新舊者所當知。《左傳》云「禮失求諸野」，又云「天子失官，學在四夷」，當時四夷有何可學？此等語亦爲新説，乃爲今日世界言。蓋其淺近者人心氣運大抵皆同，其深微巨重則猶待吾國經教大昌，徐相引導，藉經傳以爲師範，而後可以大進。如宗廟、祭祀、鬼神、卜筮諸門類，則非數千百年，不能驟臻此境地也。

神權駁

近來報章，每以經傳鬼神爲未脱蠻野神權氣習，言官制者以《周禮》祀神官太多，指爲神權，甚至大學講義同聲附和，以至誠上下位育與蠻野混同一視，可謂誤矣！凡大地開闢，人與禽獸草木相雜處，大地久爲異類所巢穴，物老爲妖，不得不生怪異，山魈木怪，牛鬼蛇神，與人類日相往來，以顯其神怪，遂奉以爲教，此西人所謂之蠻野神權也。中國繁盛之區，爲人氣所驅逐，久以絶響，邊境蠻地，略有傳聞。天主教專奉一天，蓋專與奉物教爲難，故《古教彙參》、《法意》、《五洲女俗通考》等書，于歐、美、非、澳所有奉物教者詳爲記載，或以牛馬，或以犬羊，或以貓鼠，或以木石，或以水火，或以蛇豸，或以日月，幾不可縷數。專奉一物爲神，各因其神，别自爲教，如回之豕，滇廣野人之于蠱。物之種類，各地不同，教遂千奇百怪，不可究詰，由是而天主教興焉。凡物皆不能與天比大，故奉一天，而凡物皆在所包羅，又奉一天，而凡物皆在所屏絶。妖教與奉物教互相攻戰，僅能勝之，目下尚未盡絶。故其教兢兢以拜偶像、祀他神爲大戒，各教堂垂爲厲禁，幾若中國之謀反叛逆，奉教者不許供祖先，皆以求戰勝于奉物教，本爲變本加厲，教士不得其説，乃以爲一祀别神，遂爲上帝所嫉妬，則上帝亦可謂不廣矣。泰西以宗教爲國法，專主一天之故，無他祭祀。吾國當三代之時，亦爲天主教，春秋承其舊教而引進之，故穀梁與董子皆有主天之説。《春秋》以天統王，譏不郊，猶三望，《論語》「獲罪于天，無所禱也」，凡此皆爲主天立教散見之蹤迹。古今中外所同者，行之既久，奉物教因以絶迹。專主一天，未免混同一視，毫無差等，故孔子翻經，乃于一天之外，别立地示、人鬼三等祭祀，如今教士皆稱天爲天父，禮拜祈禱上帝，祖先、宗廟與他祭祀之典闕如。經乃别爲新制，惟帝王父天母地可稱天子，《春秋》正稱天王，一稱天子，乃爲四時之天，以皇配天，故帝稱天子，王以下不得稱天子，得郊天祀地。諸侯則不得父天，因不得祀天與祈禱上帝。故定爲天子祭天，諸侯祭社稷，大夫祭五祀，士則僅祀其先祖，尊者祭尊，卑者祭卑，大可兼小，小不得越大，至尊稱天子，卑者則爲其祖父母之子，《穀梁》所謂尊者尊稱，卑者卑稱是也。善言天者必有驗于人，人道不能有君而無臣，則上帝亦必假神示爲之輔佐，山川、社稷、井竈報功之典，亦不可闕。從此以後，天子遂爲尊稱，郊天遂爲隆禮，如秦始以朕爲尊稱，遂與黄屋左纛，同爲禁物，此祭典、祭義、祭法、祭統之經義，與蠻野之奉物教天懸地別，不可同日語者也。報館喜與西人交，習聞其説，遂疑經傳爲蠻野之神權，亦如以中國爲專制，皆未嘗深考之過也。經傳祭享，吾國既已倣而行之，耶教行之既久，不復畏奉物教之起而爲難，異日改良精進，抑必以天子爲尊稱，别立宗廟姓氏學，卑者取卑稱，人鬼家學明，神示祭享因之而起，以中推外，一定之理。惟是經傳所言伯王帝皇，上下數千萬年各種程度之資格，其文全備，中國按圖索驥，不分層次，取而行之，不免寅食卯粱。《春秋》分三世爲九旨，又傳曰許夷狄者不一而足，故有州國氏人之差。禮説曰夏三廟，殷四廟，終于五，周六廟，終于七，所謂夏、殷、周者，即後來海外改良科級之標目。太西各國現無宗廟，必千百年而後能有廟制。其始立也，或一廟再加二，二加而三，爲夏制。又必數千百年而後加四加五，爲殷制。又必數千百年而後加六加七，爲周制。大約三五如王伯，六七如皇帝。經傳喪服，亦當同此三年，下包皇帝而言。儒家于戰國之時遽主實行三年喪，程度未至，驟用千萬年大同制度，實屬違于漸進之義。故墨子學于孔子，力主夏制三月之喪，而譏三年之太久。喪服夏三月，宗廟夏三廟，故夏比于《春秋》三世爲亂世，殷爲昇平，周乃爲太平。亦如西人將來立廟，其始亦從夏制爲三廟，必皇帝之世乃立七廟、九廟。戰國于喪服一級驟行三年，于廟制一級立七九，此不知經傳大平乃爲萬世以下立法，于文教初行之戰國，遂將經傳原始要終、萬世所有差等，全行見之實事，是經傳全爲戰國一時一隅立制度，而無以下俟萬世，爲將來皇帝大同進步之地位。故中國誤襲大同典禮，亦如秦始地方不出五千里，而用鄒衍弟子所進皇帝全球之制度。或曰經傳循序漸進，不一而足之精意，幸賴墨子之説得以證明，中土所以小康而用大同典禮，蓋天心正借以爲全球將來之標本，非此則皇帝之學或且湮没不傳，故後來共球大統，但取秦漢故事推行，亦如規矩之于方圓，工廠造大船大屋，必先立標本以爲程式。考《楚語》云顓頊以後，絶地天通，又云其時人民精爽不貳，故能感格鬼神，孔子曰「我戰則克，祭則受福」，以其直接鬼神，故祭可致福，程度未能至此，則不能與鬼神相接，望空拜享，故曰「祭不必受福」。《周禮》如皇帝典墳，故于祀神天官甚詳。《曲禮》天官六大爲天學之官，五官民事民名爲人學之官，是祭祀尤爲皇帝之盛典，乃反以比外國奉物教之蠻野神權，豈不誤之甚哉！　世界進步之原理，至祀典與奉物教天懸地别，有目共覩，固不待煩言而解者矣！

宗法非世族政治

《禮經》宗法，收族敬宗，爲譜系學。《國語》、《禮記》所謂之世繫，《大戴》有《帝繫》篇。《楚語》言大子學《世》，《哀公問》亦有世學，《史記》之所謂「世家」，《禮經》所云大宗不可絶，又爲人後者爲之子，小宗則可爲人後，《論語》「興滅國，繼絶世」，與《孟子》「不孝有三，無後爲大」，本謂天子諸侯國統言之。禮不下庶人，凡一錫以下，如今從五品，經傳皆以爲庶人。《左傳》「天有十日，人有十等」，公、卿、大夫、士內官。與公、侯、伯、子、男外諸侯五長。同爲上五等。凡《春秋》見經之國，與卿大夫禮之所謂卿、大夫、士，皆指此九錫之上五等而言。若其下九命之五等，孟子雖借用卿、大夫、士稱之，此爲假借例。如《左傳》上五等爲王、公、卿、大夫、士，至下五等則爲輿、僕、臺、隸、皂。《左》之輿、僕、臺、隸、皂，與《孟子》諸侯之卿、大夫、上中下士名異實同。《左傳》乃爲正稱，故此五等同爲庶人。《禮記》「君子耆老不徒行，庶人耆老不徒食」，又曰「養國老于上庠，養庶老于下庠」，《洪範》曰「卿士從，庶民從」。故九錫五等稱國，九命五等稱屬，此經傳典制皆詳九錫以上之五長，而不及九命以下之庶人，一定之例也。宋元以下，説經者多屬學究，與博士有朝野貴賤之殊，故多仰井語，甚至以庶人爲農工商賈。凡生員與肄業學生皆冒稱士，爲九命以上之尊稱，遂以經傳朝廷治平典禮推以説鄉村，如稱皇考、皇妣、皇祖考、皇祖妣。經爲皇帝立説，故從其尊貴之稱。冠禮之士爲天子世子，故冠辭有天慶、天休、天祜、壽考不忘、黄耉無疆、永受胡福、介爾景福，與《詩》皇帝典禮相同。後儒不知其例，所有碑銘墓碣、加冠祝辭，雖下至凡民，亦濫用其辭，號此爲説經之一大弊。如天子以下爲何等國，凡學者腦筋中無不以爲百里之大國，不知經傳但詳上五等，百里之國皆不見于經，以言不勝言，故概從略。所以經傳一切典禮，皆不能通，以致經學之人無不迷罔悠謬，半中于此弊。宋元以下，平民亦援用國統不可絶之説，以至西人謂中國專重血統，亦如古者世族，與經之宗法天懸地别，乃亦混同，以宗法與蠻野之世族事同一律。按世族政治在中國爲古之世卿，海外如俄之貴族、在中國如蒙、滿。法之僧侶，酷烈專制，釀激民族之革命。貴族政治不分同姓異姓。《春秋》譏世卿，所以革除其弊；貴族已革，乃開選舉；因立選舉，乃開學堂。世族與宗法不能因其名目偶似而混合之者，至于國之與家，就治國言，則家在國先，就開化言，其始皆有國無家，經傳乃特立家學以補其缺。凡人類生初，與禽獸草木相争戰，無爪牙羽毛之便利，不得不合群以求勝；欲合群，則必立酋長。故無論部落游牧，必先合群以立國體，下至蜂蟻，亦莫不然。匈奴貴壯賤老，勝則争進，敗則鳥獸散。外國雖號富强，然通爲有國無家，以其無宗廟、無譜牒，姓氏之學未能發達，三綱統系未極分明，父子兄弟每視同路人。大抵吾中國春秋以前，人民程度實亦如此，孔子乃創立家學，以補其缺，立宗廟，修譜牒、喪服以别其親疏，姓氏以區其種類。綱紀倫常皆屬家學，惟帝王得稱天子，自諸侯以下皆繫之于祖宗父母，積家以成國，而後國勢乃以鞏固。如貴族之制，本西人以前革命所改之專制，若宗法之家學，則必改良精進，數千百年而後，乃可引之徐至于道，與神權之事情形相同。而報章皆誤會其意，此欲習經學者不可不先爲發明矣。

中外古今人表

自唐宋以後，儒者專言學聖，不言知聖，動云「人同此心，心同此理」、「六經皆我注脚」，專就庸言庸行求孔子，凡己之所不能者皆以爲聖人必無其事，故孔子爲生知、爲前知。吴縣王氏仁俊所著《政學問對》是其代表。其書成都有刻本，舉西人所言新理、新器皆從中國古書以證明其事，取經傳史緯、先秦諸子不下數千條，其中精確者甚多，當先取此書熟看，可以借證孔子「生知」之義。西人最精之説，莫如地圓地動，合兩大洲之心思、數千年之腦力，僅能得此梗概。乃吾國二千年前已言之鑿鑿，且較西人爲更精美。另有詳説。即如鄒衍海外大九洲，于地球中取七百二十九方千里，合爲二萬七千里，以爲九洲，全爲《尚書》、《周禮》辨方正位、體國經野之制度，不惟當時海禁未開，並無專門科學新創儀器，不似西人之有所憑藉，乃經傳外雜見各書者不下數百條，求其根原，不得不歸本于生知前知之至聖。考下《論》「生而知之上也，學而知之次也，困而學之又其次也」，《中庸》云「或生而知之，或學而知之，或困而知之，及其知之一也」，又云「至誠之道，可以前知，百世以俟聖人而不惑」，上《論》又云「我非生而知之者，好古敏以求之者」，又云「蓋有不知而作之者，我無是也」，「不」字當爲「生」字之誤。又云「上章知之次也」。述而不作，作者謂聖，何得云「不知」、「多聞」、「擇其善」、「多見而識之」、「知之次」也？「次」即「學而知之次也」之「次」。《論語》、《中庸》兩言生知，世界必有其人，乃爲此説，故于中國求至聖，不得不獨推孔子。説者據「我非生而知之」一語，遂力駁「生知」是世界並無此等人物，「生知」二字成虛設乎？惟孔子爲作，故自辨不作；惟生知，故自辨非生知。使非作與生知，人不以是推之，何必以至聖至誠之絶詣自相推謝？蓋作與生知，以皇帝爲正法，孔子變皇帝德功之局爲立言，將作與生知事託之帝王。古帝王爲作與生知，自託于述與學知，所謂「好古」、「多聞」、「多見」，即指六藝中古之帝王爲古，即世界公例而論，孔子所謂之好古，非西人所譏保守主義。「古」讀爲「詁」，即指六藝而言，乃爲後之皇帝，非真古也。古字從十從口，十即東西南北，所謂方口爲圓，大圓在上，大方在下，左手持規，右手持矩，聖人爲規矩方圓之至，世界先文後野，即先進野人、後進君子之説。《論語》多是古非今者，今謂當時古爲俟後，經傳之帝王、孔子非真以古之野蠻爲尚而不講維新。因立言與功德有别，故自命述而不作，學知而非生知。如就常解言，則與東漢以下古文家之許、鄭同矣。又作經以俟後聖，必先知後來之事迹，所立制度乃能使後人遵行，非前知則無以俟後，固一定之説也。西人所著天文、輿地各科學，言歷來專家叠次改良漸進之踪跡，至爲勤苦，所謂銖銖而稱、寸寸而量，專恃耳目心思，與我孔子視不以目、聽不以耳之師説天懸地隔，真所謂困而學之。今就《大學》、《中庸》所有四等品級編爲《古今中外人表》，倣

《漢書·古今人表》例。孔子爲生知，爲上上品，九流諸子與鄒衍、《内經》爲學知，爲中上品，泰西專門名家之學士爲困知，爲中下品，我中國人民于祖學既不精詳，又不能禮失求野，以兼取外人之長，則爲困而不學之中下品。近人所著世界創造名家混同一視，當倣班氏《古今人表》之例，補作《中外人表》及《中庸》所言上次、又次、下四等。按西人學術本爲精秘，此表非故爲抑揚，不過對生知、前知之至聖兩相品題，不能不有此區别。《中庸》云：「或生而知之，或學而知之，或困而知之，及其知之一也；或安而行之，或利而行之，或勉强而行之，及其成功一也。」困勉有上達基礎，初非故意菲薄。且生知、前知之聖，所謂空言以俟後，專賴困勉者以爲發明。困勉無生安，所謂莫爲之前，雖美弗彰；生知無困勉，所謂莫爲之後，雖盛弗傳。相需爲用，即如地圓地動非西人爲之發明，中國雖有古説，無人過問，或反疑攻之，此西人有功于我孔子不小。生安惟孔子一人，雖顔、閔、佛、老，皆在學知之列。日月無踰，不可摩擬，故學人但當知聖，不可言學聖。不惟生安不可學，即學力亦不可躐等。不以下民自安，則當專法西人苦思耐勞，專門精進，以求副困勉之目的。孟子曰：「宰我、子貢，智足以知聖人。」此表不過表揚聖人生安、前知爲世界有一無二之絶詣，非于學者長其矜驕，是己非人，蹈前人學聖之弊，以致爲困而不學之下民也。

讖緯

至聖作六經，一經一緯，緯即所謂微言。蓋六經爲成書，其中精微義例，全在緯候，故凡各經微言大義，全在于緯。以現在術數言之，六經爲其本書，緯即其起例。如《鐵板數》、《奇門》、《六壬》，非通起例，但讀其本書，終不能入門。即如《春秋》，使非緯說，則真爲斷爛朝報，所以先師言《春秋》，並及緯候。如董子《春秋繁露》、伏生《尚書大傳》、《洪範五行傳》，皆統師說，即爲緯之別種。如「繁露」、「竹林」、「玉杯」等篇名，與緯書之《元命苞》、《鈎命訣》相同，皆不能解其義。即如孟子、荀子所言《春秋》義例，其實皆出于緯，上而博士，下而《白虎通》，何、鄭解經，皆必用緯，蓋師師相傳之秘訣，非緯則經不能立。唐宋以下儒者專以文從字順說經，望文生訓，乃以緯爲怪誕，如歐陽修者，乃上書欲將註疏中所有緯說删除。南宋以後此風甚熾，即如朱子，深鄙緯說，然如天文、度數、禮制等級，莫不陰用其說而陽避其名，今就其全書中考其用緯者不下數十百條，蓋非緯則經萬無可明之理，亦如不明起例，則不能學《奇門》、《六壬》。且就當今學派言之，凡西人所有之新理、新事，其專門之天文、地理、算學乃皆爲緯書所獨有，當今欲考孔子生知、前知、立新經以爲萬世法者，非緯不能明，故王氏《政學問對》采用緯書明文者甚多，緯書之支流更復不少。此爲中國祖宗窖藏之秘寶，欲從學界戰勝于全球，則緯書不可不急講也。緯書之爲經説，國朝人已有發明，惟專取緯而去讖，以緯爲經説，以讖爲方術。就讖而論，自不免後人之竄補，然讖之真者則不可磨滅。凡讖皆爲先知預言將來之事，與孔子俟後聖之旨最爲相合，萬世師表，作經俟後，不能不用讖。六藝有天學，有人學。《詩》、《易》之上征下浮，如《楚辭》之周游六漠，御風乘雲，姑且不論，專就人學言，地球五大洲分五方、五帝，爲《周禮》之五土例，《内經》之二十五民。孔經傳萬世以後之事迹，故託之于讖，所云伏羲在東半球以木德王，炎帝在南半球以火德王，少昊在西半球以金德王，玄冥在北半球以水德王，黄帝在中央以土德王，將來五大洲各有一帝，乘運而王，前知之聖，爲百世立法，不能不預言其形狀符瑞，此固一定之説也。如鄒衍所傳五帝終始運，本爲全球百世以後而言，當時有此師説，無此疆域，先師專就中國一隅附會，所以招人指摘，知經爲世界後世而言，則此等師説則平常而不爲怪誕矣。且聖人爲萬世師表，如就西説就今改良精進，再加數千百年，不知作何景象？故孔子特留讖緯，原始要終，由今以推，再加數千萬年，亦在所包，故已見者知之爲知之，未來者不知爲不知。故今日讀讖緯，亦如講《周禮》，凡所以至者爲已知，後來無窮事業統歸之闕疑，如電學因電報而進無綫電、電話，進境不可限量，知者爲知，不知爲闕疑。以讀《周禮》之法推之于讖，今已知者爲知，不能知者爲闕疑，今必有闕疑，而後可以下俟萬世。中國儒者乃于一時一地盡讖之底藴，豈不誤之甚哉！又考今西人天文學以星辰爲形器，不過爲辨時辨方之用，其所言十二宫與讖緯亦同，但以形象求之，別無他意。考

《史記·天官書》所有三元四官諸星辰法象，所指皆出于緯，緯即出孔，因以知孔子前，吾中國所言天文亦如今西人，但考形體方位，以政法寓于天文，全爲孔所獨創，如三元爲三京，四宫爲四表，北斗爲帝車，凡地下所有之制度，皆託之于天，故其説皆發源于緯。蓋地球未通之先，以地球政事託于天文，所謂「天不變，道亦不變」，爲以天定人之學。天學則因地之所有，以上推于天，合諸天星辰爲大一統，如所謂北辰居所、衆星拱之，則爲推人事以定天。如佛書合諸世界爲一大世界。爲推人事以定天，所謂三千世界，如恒河沙數者，皆包羅于其中。讖緯原以闕疑爲本義，不使人盡知盡行，宋以後乃以一時一地盡讖緯，宜其以爲怪誕不經。故欲明經學，非盡讖緯不可；欲求學界戰勝于西人，亦非專心致志于讖緯不能。

闕疑

經傳相傳有闕疑一派，凡學人務求精進，不可自畫，弗能弗措，人一己百，人十己千，非剛强果毅，愚弱斷不能明，彊闕疑，則阻人精進之心，使偷安者有所藉口，與西人專精必求達者異，中學不能發達，皆闕疑誤之也。《論語》「知之爲知之，不知爲不知」，又曰「君子于其所不知，蓋闕如也」，蓋見子路勇于自進，强不知以爲知，又與子張言「多聞闕疑、多見闕殆」、「吾猶及史之闕文也」。史有闕文，不能妄增，示人謹慎，非心有疑義，不必求通，即可逍遥自得。至于「闕疑」、「闕殆」，則有別解。蓋經俟萬世，原始要終，合全球由今精進求新，雖數萬年不能出其範圍，非就一時言。如鄒衍海外大九洲説出《周禮》，今所共知，在漢史公且謂宏大不經。又如地球，婦人孺子今皆口講指畫，紀、阮二文達乃疑其誣誑。今人未嘗不笑古人之拙，今之所疑，安知後之笑？今不如今之笑古，故欲治經，須將經分爲天、人二宗，天道遠，人道邇，御風乘雲，固難驟行。即如《周禮》所言神怪非常之事，説者動稱與格致之理不合。電報景傳，聲無煙藥。乾嘉之人所絶不信者，無綫電、電槍、氣球、留聲器，及咸同之年，亦且疑之。故今所疑，安知後來不見諸實事？此固一定之理也。每怪秦漢儒者不分世代，凡經傳所言，急于中國一隅盡行之，非常可駭之事理，不知爲世界後來而言，非攻擊則附會，是直以經傳爲一隅一世之私書，而無以爲進化之地步，是直以孔子爲中國一時之聖人，而不能統化世界，參贊位育，豈不惑之甚哉！故經傳特留闕疑一例，以分化世代後來之事，統歸闕疑，切不可如馬、鄭之附會，亦不可如紀、阮之譏刺。考六經漢魏下皆以爲一隅之書，欲治中國，《春秋》一經已有餘，何必牀上牀、屋上屋？邵康節《皇極經世》乃以《易》爲皇學，《書》爲帝學，《詩》爲王學，《春秋》爲伯經，各主一世代，乃免重疊之弊，分經而治，不可躐等，暗室一燈，思想真爲絶倫。惟《詩》與《易》同派，如詩歌與筮卜書，《春秋》爲别派，如文與史策。緯云：「書者，如也；詩者，志也。」故《知聖篇》改《易》、《詩》、《書》宗旨，《詩》爲帝，《書》爲王，就其體裁而分知行，久乃悟爲天、人之分。蓋《尚書》首帝典、帝謨，不能以爲王學。《春秋》亦有王，乃定《書》、《禮》、《春秋》爲人學之皇、帝、王、伯。《書》爲皇、帝，《春秋》爲王、伯，《禮》間居二者之間。凡世界之事，三經已備，《易》、《詩》則爲天學之皇帝、王伯。《論語》「譬如北辰，居其所而衆星拱之」，合諸天星辰爲大一統，天學之皇也；四宫三元合爲五宫，天學之帝也；昴星爲西宫之一宿，日屬世界繞之，天學之王也；日統八行星以繞昴星，天學之伯也。不惟天學今日不能言，人學雖近屬小，六合以内，無奇不有。當今世界爲大春秋，凡屬實行，上爲《王制》派。《周禮》爲三皇五帝之書已見者，爲可知不可解者，必待地球五洲開化、五帝分統，而後爲帝學；世界大統，統于一皇，而後爲皇學。地球同時立二十一曆，而後歲功成，非萬年不能有此局。皇世又必數萬年而後乃能進于天學，上升下浮，鳶飛魚躍，而後爲神化。此但就西人少壯之説推之，由伯而進王，由王而進帝，由帝而進皇，由皇而進天，經傳據衰而作，則指老耄之世界，皇降帝，帝降王，王降伯，其進化之程度，即爲退化之比例，不知經數千萬年而後乃能終此局。故凡經傳關後來進化事，乃能闕疑，若夫已見之理境、實行之政事，則必極力求通，萬不可藉口闕疑，不求精進。

中國一人

吾國自達摩西來以演禪宗，宋元儒者推以説經，千年以内其道孤行，制藝爲之代表。明之天下送于八比，當今中國危棘幾幾于不能保種。其得失之效，大可覩矣。每怪言新學者以八比爲洪水猛獸，乃表彰心學，作半日静坐之課程，殺其人而用其書，是面新學而實八比，豈不誤之甚哉！鄉村俗師解釋《論語》，如「先行其言而後從之」，與「欲訥于言而敏于行」、「朋友信之」之類，每以都會之人相比況，成都人每言過其實，俗師因以爲言。然則不生都會，鄉鄙樸訥皆可爲聖賢矣。即如「朋友信之」一句，鄉曲農工每具特别之性質，不肯妄語，是于孔子曾子至聖亞聖已各得其三分之一，聖賢亦不如是之易。凡行誼屬個人私德，一室潛修，究于世界何補。又如《論語》「一日克己復禮，天下歸仁」，雖電報神速，不能如此周徧。邑宰莅任多年，百里之内，村農有不知其姓名者，故八比之感應話頭，久已成爲笑柄。然八比家實出于經説，窗下所講求，及至出任，乃知形隔勢禁，皆屬虚妄，變本加厲，遂專求官派，以自異于書生，以幼時所習爲誑語，儒生遂成無用之别名，因此歸咎經傳，以爲無用之物。此固吾國數百年之積習也，是蓋不知《論語》所言原有别義，望文生訓，以成此弊。《論語》爲微言，非爲三家村學究立教授之法，後人專就庸言庸行言之，此中學一大害也。考《禮運》孔子與子游論禮，有「中國一人、天下一家」之説。《大學》四條目：治國、平天下、修身、齊家。此四條目舊以爲八條目者誤。經云：「自天子至于庶人，壹是皆以修身爲本。」古本之傳始于所謂「修身在正其心」，後人補格物致知傳①，移「誠意」繼之，然「誠意」章並不言所謂「誠意在正其心」，又無所謂「正心在誠其意」之傳，如欲補，則所補當共三篇。經明以修身爲本，不能于修身之上再加四等，本中之本，所以爲學人之害。所謂「大學」者，爲帝王專在平治，中國一人，天下一家，修齊即所以爲平治，故平治二傳爲實行，修齊二傳爲比例。以中國一人例言之，《尚書》「明四目、達四聰」，予曰觀于五行之色曰「汝視」，察五聲在治忽曰「汝聽」，曰「元首明哉，股肱良哉」，曰「元首叢脞哉，股肱惰哉」。《詩》曰「公侯腹心」、「王之喉舌」，此皆用中國一人例法。《洪範》之五事，心居中，左右爲耳目視聽，前後爲言行，故《内經》以身比官，孟子「耳目之官蔽于物」、「心之官則思」，故《論語》之心多指京師，爲天君。聞見即四目四聰，言行爲南北貎言，故《家語》以四目四聰爲四岳，所謂言行即南海、北海之帝，《國語》所謂南正重司天以治神、北正黎司地以治民。西學以思想皆出于腦，《内經》有以腦爲臟之説，《尚書》「元首」即謂腦，腦爲大心，心與膽對，爲小心。經傳言心爲元首，爲京師，爲腦，所謂「心之官則思」也。視聽言動即四方四岳，如《論語》告顔子之視聽言動、子張之聞見言行，皆爲中國一人。《洪範》之五事例就一身分君臣，五方五極，言近指遠，專言修身，治國皆寓焉。嘗就經傳所有「心思」、「耳目」等字編爲《中國一人》專書。儒者不知此例，乃專就一身穿鑿附會。禪宗浸入中國，與其説最相合，因其説以解經，治國之

① 格物致知傳：原作「格致物傳」。案朱熹曾爲《大學》補「格物致知傳」。

事皆就身言之，輕其所重而重其所輕，故《大學衍義》遂不言平治，八比家因之，遂造帝王但正心修身，國自治，天下自平，種種悠謬，積爲風氣，以致成爲中國之毒。今既罷去科舉，使人崇尚實學，報章乃欲假禪學以亂孔子之真，故不得不發明經傳之微旨，以挽八比之餘毒也。

墨學出于孔辨

《論語》有「從先進」之説，《中庸》則云「從周」，二者相反，不知從周則爲儒，先進則爲墨，致莊子以六藝爲道，諸子爲方術。諸子在六藝後，九流出于四科，諸子爲六藝之支流，固一定之例也。《禮記》以《詩》、《書》、《禮》、《樂》爲四術、四教，春《詩》夏《樂》秋《書》冬《禮》。《六家指要》道爲《易》，陰陽即《春秋》，二者居中，爲皇帝，東儒西墨，南名北法，四家分方，亦如四經分學。後世誤以六經全屬儒家之私書，諸子遂別于儒，目爲異端，或託春秋以前人，或雖在孔後別成一派，如墨是也。至聖兼包諸家，故《論語》謂之無名。今之報章或以爲宗教家、教育家、哲學家、政治家、理想家，以後來之科目强以名，如天之至聖與以專屬傳經之儒家，皆爲謬妄。《史記・世家贊》曰：「言六藝者皆折中孔子。」墨子主乎《詩》、《書》、《春秋》立説，其稱引經傳與孟、荀同，固不問而可知爲孔子之徒。《淮南子》明言墨子學于儒者，憤世勢之濁亂，乃專言夏禮。考博士傳經有文、質二派，文家尊尊，爲東方儒者之説；質家親親，爲西方剛毅之說。《論語》「禹吾無間然」章、「林放問禮」章、「禮云禮云」章，公羊所謂改文從質者，全爲墨家所主。由質近于野，先進野人，後進君子，博士雖有殷質周文之說，夏在殷前，猶專屬于質。《禮緯》言夏爲三月之喪，至周乃有期年，以至于三年。儒家主文，爲從周之說，墨子專傳孔子尚質一派，爲夏禮，江都汪氏考證墨子用夏禮説詳明。是孔與墨指子思爲孔子，非真孔。《非十二子》有子思以孔子爲至聖，可見。同爲孔子之學，一質一文，儒固不能煬孔子之竈，墨亦不能自外生成。今之報界諸公不知儒墨之孔爲子思，遂謂墨爲孔子之敵，于六藝外別樹一幟，因誦《墨經》一語，與《墨子》所引經或爲異文，或爲師說，《國粹報》遂謂墨子別有六經。不知《墨子》所引全屬孔經，儒、墨可以相攻，而孔、墨不容並議。蓋就教化言，中國占文明之先，儒家爲主，墨家爲客。莊子云墨子之徒述《墨經》，與儒者不同。墨子有《經上》、《經下》篇，莊子本據墨子之經而言，故稱曰《墨經》，並非謂孔子有六經，墨子亦有六經，墨遂超子思而敵孔子。蓋孔子萬世師表，經傳所言，原始要終，非數千萬年不能見諸實行。儒者子思以下欲于戰國之世將聖經全見施行，非實行則不能存，故秦皇、漢武皆行皇帝之事，《史記》所謂無其德而用其事者。墨子循序漸進，戰國只能用夏禮三月，待千萬年後，文明程度進化，乃用九月、期年、三年。若如孟、荀之說，六經之說皆可于戰國實行，是六藝爲戰國一時而言，無以爲萬世師表地步，墨子則爲循序漸進，小行之于戰國。中國用夏禮三月之喪，大行之于全球，引導西人先爲三月之喪。儒者爲兼營並進以存經，非儒者則經傳之全體不能存。墨子如《公羊》許夷狄者不一而足，待人後行，乃足下俟萬世。一爲存經而言，一爲行經而設，墨家創其始，儒家要其終，墨爲西方之質，儒爲東方之文，二家皆爲孔子功臣，原始要終，缺一不可，故在當日則如冰炭水火，幾若勢不兩立，自今日觀之，則水乳交融，非儒不足以存經，非墨不足以俟後，先進後進，儒墨之所以分，子思、墨翟可並言，而孔子與儒墨萬不可並列。考東方木德，其行仁，西方剛毅，所謂金主義，東方柔德，故儒教迂緩，墨家則爲天水訟，訟字從公，故墨家尚同。《詩》云：「雨我公田，遂及我私。」天雨無不被其澤，所以爲公。考世界進化皆先野後文，《論語》所謂先進野人、後進君子，故質家宜在文家之先。孔子作經，正當戰國，必先質後文，先行三月之喪，而後可以徐推至于三年。儒家之説所以存經，如當時專用墨子派，則經説無以自存于天地之間，二家于時局互有長短，交相爲用，不可偏廢。西人爲墨家，中國爲儒家。以俟後言之，中國所謂無其德而用其事爲太過，西人專用墨派，未免不及。中外交通，爲古今一大變局。墨家居簡行簡，質勝文則野，儒家一于主文，未免文勝之弊。《説苑》引孔子見子桑伯子，謂子桑伯子質有餘而文不足，欲以我之文化其野；子桑伯子亦專就儒家言，孔子謂儒家文有餘而質不足，欲以我之質化其文。蓋以分方言，則東木西金，一柔一剛，一文一質，各不相同。大同之説則相反相成，柔必取剛，剛必取柔，二者混化爲一，在《尚書》曰「柔而慄，剛而無虐」，在《論語》曰「温而厲，威而不猛」，又曰「文質彬彬，然後君子」，此儒墨一家，一柔一剛，一進一退，一文一質，一後一先。自其分而言之，至如冰炭水火之不能相容；自其合言之，則如水乳膠漆。此至聖六經爲其大成，而儒墨特其中之一小部分。古書多以孔墨、儒墨並稱，子思爲儒，孔子固非儒。孔墨並稱之孔，則必以爲子思。蓋孔子爲大宗，九流皆係支派，萬不可以諸家相題並論矣。

道家

《六家指要》言道家順陰陽，統儒墨，綜名法，集其大成。見在説者卑則以孔爲儒，高以孔爲道。夫以孔爲道，似也，而孔之不可爲道，則更有説。考《論語》「言志」章之曾哲與農山言志之顔子兼容並包，所謂道家也；老子之外，列子、莊子、尹文皆所謂道家也。若孔子則爲至聖，爲六經，不惟儒非孔，即道亦非孔。《莊子·天下》篇所言十子，大抵皆道家者流，以老子及己之自命，皆自託于方術，以爲耳目①口鼻，以六藝爲心，爲至神天化，是莊子雖祖述老子，而不敢以老與孔比。蓋道家雖較勝各家，然既以道自名，則已落邊際言詮，囿于一偏，爲諸子之一，而不敢與至聖比。舊説顔子爲道家，孔子自謂其偏長不及四子，四子所以事我者如回能仁而不能小，顔子本爲道家，而所以師事孔子，而一間未達者，則以其能大不能小，偏于一

① 目：原作「且」，據文義改。

端。蓋至誠如天，《論語》「賢者識大，不賢者識小」、「夫子焉不學，而亦何常師之有」，《中庸》曰「大德川流，小德敦化」，此天地之所以爲大，而無所成名。如孟、荀講王學，則非毁桓文，列、莊言道德，則非毁仁義。以大小言之，道德固可以包王，王固可以包伯，但言皇帝者則專主道德，言王伯者則專主仁義，自立限畫，專門名家，不能相通，不惟儒家不敢自謂入聖人之域，即道家亦道其所道，能大而不能小，所以爲子學。亦如器皿雖有大小之别，然終囿于器。六藝高遠，即《論語》「北辰」章及無爲、無名、無我爲道家所主者，不下數十章，爲列、莊所主。王者制法爲儒者所主固多，下至齊桓、晉文、管仲、晏子亦皆推崇，辭無軒輊，不惟儒家，下至農家、縱横家、小説、雜家亦皆祖述《論語》。《中庸》所謂「萬物並育不相害，道並行不相悖」，故云「道不同，不相爲謀」、「攻乎異端，斯害也已」，兼容並包，不事攻擊，有始有卒，所以爲聖人。「夫子之門何其雜」，此《論語》所以兼包皇帝王伯、六藝九流、天人之學，無所攻擊于其際。至于諸子，有所從則有所違，有所守則有所攻，雖道家之莊、列亦然。蓋就諸子言，皆各有水火冰炭、順逆違反之事，至聖則先後本末無所不具，道家所以亦如雜家，爲孔子之具體，而不能以至聖域也。自來説莊、列者皆于孔子之外自成一家，或者並以爲異端，而無人、無我宗旨全見《論語》，道與墨同出六藝。蓋道家之深者爲《詩》、《易》之天學，其淺者爲《尚書》之人學。舊説以莊子爲子夏之門人，列子、莊子所言孔較老尤詳，凡所稱述，皆爲《詩》、《易》師説，與《楚辭》相脗合，故道家雖與小人儒者有異同，凡實則君子儒。六藝之師説不囿于儒，則道何以能出六藝範圍？今所傳《道德經》，世或以爲老聃所作。道德本爲《尚書》所包，古無立言之事，凡諸子皆出六藝後，今所傳鬻熊、伊尹各書，自來皆以爲依託，惟《道德經》與孔同時，别爲一派。考道德爲三皇五帝之學，必出在孔子後，《列子》引其文曰「皇帝之書」，又其所引老聃説《道德》皆無之，是《道德經》爲七十子所傳，絶非老子自作。《楚詞》爲皇帝學，不主老子。惟韓非有《解老》、《喻老》二篇，《史記》遂以與韓非同傳，謂刑名出于道德。子書每多附益，不必皆出其人，《管子》、《荀子》、《春秋繁露》是其明證。文帝尚黄老，以《道德經》爲《老子》，皆出漢人之手。今《解老》、《喻老》皆出于蓋公等之手，其書藏在内府，與《韓非》合，校書時並以爲一書，不必出自韓非，亦如《管子》解問凡十餘篇，必出原書之後，大抵爲漢儒言管學者所附益，與原書有早遲之别。考《孟子》爲子書之正體，無一章不有「孟子」，以此推之，則凡有姓名者爲本書，無姓名者爲古書，或爲其人所傳授，如《董子・爵國》篇，《荀子》之《樂記》、《禮論》、《三年問》諸篇，《吕氏春秋》之《月令》，或爲後人附益，如《管子》之周禮師説各篇，與其問解各篇，《韓非》之《解老》、《喻老》，亦如《公羊》、《穀梁》、《喪服傳》，大抵皆出于漢師。當時子書自名一家，皆如《孟子》，不能以古書參雜其中，又不能爲别書所解説。此《老子》亦如《周禮》、《王制》，爲聖門七十弟子之所傳；後人以爲老子所作，亦如後人以《周禮》爲周公所作，《王制》爲博士所作，《月令》爲吕不韋所作，其實不如此也。

尊經書院日課題目

廖平 撰
楊世文 校點

校點説明

據廖宗澤《六譯先生年譜》（光緒二十五年，一八九九）曰：「彙集尊經、九峰、藝風、家塾諸題，編爲《經課題目》二卷。……先生在尊經時，以題目多，難於鈔録，每預刊印發，一人不能作多題，得此一目，或餘日補考，或據目與同經別題相商，或又據目與別經研考交通之條。」又廖師政《四譯舘經學穿鑿記·跋》云：「（四譯）襄校尊經，當時應課者常二三百人，分經立課，用志不分。每課題目由數十道以至百餘道，率皆大例巨疑，經衆研究堅確不移者，乃據爲定説，否則數變或數十變而不止。」又《光緒井研縣志》卷十二《藝文二·經部二》：「平昔年分校尊經，每試題目，刊給學者。近輯所刊《經學目録》爲上卷，再以九峰、藝風、家塾諸題編爲下卷。考平經學數變，遇有疑義，即標題以相考核，成書多而且速，實由于此。群經宏綱巨例，領悟爲難，此篇舉要示目，谿径易循，初學依目程功，最爲切用。」而此本爲《尊經書院日課題目》，並不分卷，多爲光緒二十年甲午（一八九四）堂課題目。有民國二十四年井研廖氏刻本，今據此本整理。

目録

尊經書院日課題目

日課之設，勗學以要其成也。工候不齊，中程固自有人，心欲求通，而誼例茫然，莫得侖弟者有之。今爲酌分門彙，期於各精一業，久會其歸，砉然理解，道業將遂茂焉。所列亦高下間出，以爲不可執堂等耳，嗜學者善自擇之。初到院日課另立。

易

《易緯》補注

補鄭氏爻辰説

《五經彙解》各條摘要

校勘《周易集解疏》趙刻《湖北叢書》本。

書

《帝典》爲經二十七篇爲緯考

輯《左》《國》《尚書》説前人所輯，多係有明文者。

彙輯二帝三王二伯舊説

《書》例表仿惠氏《易例》。

《尚書大傳》補注以别經博士説補其未備。

《書序》駁

《王制》義證引《王制》以解經，又以經注《王制》。

《五經彙解》各條摘要

《今文尚書》與三家《詩》相通條考

詩

輯注《魯詩》《韓詩》

《韓詩外傳》禮制詳注專取禮制，以别經博士説補注之。

考訂今古篇章次第

《五經彙解》各條摘要

儀禮

取兩戴《記》文補證闕義

輯《左》《國》儀節補證經義
經十七篇與《詩》相通條考
擬正續《經解》儀禮學各書提要
編《儀禮彙解》仿《五經彙解》例。
《容經》類鈔以經傳中散見之文，依類歸附於各條之下，别有《凡例》。

戴記

分注各人擇占一二篇。
擬正續《經解》禮記學各書提要
輯《王制》義證
《五經彙解》各條摘要
四代禮制異同表附考
五等禮制異同表
錫命考

公羊

補注《春秋繁露》補淩注。

取《繁露》精要補證何注

擬正續《經解》公羊學各書提要

傳文疑辭類鈔凡無聞、蓋其、諸其與未知、或曰之類。

穀梁

周公攝政考周初用殷法，兄終弟及。周公如宋宣、魯隱，實已即位。周公定傳子之法，乃讓於成王。由後讓言之，則周公爲攝；由攝乃生成王幼之説；由幼乃生襁褓之説。實則周公非攝，成王非幼。○堯如武王，舜如周公，禹如成王。○《金縢》周公自稱一人、余小子，稱二公，爲對天子之詞。○文王舍伯邑考立武王，亦立弟之説。○成王尚有四弟。○荀子説周公由有天下而無，武王由無天下而有天下。○《周書》周公攝政。○《春秋》成隱公之志，《尚書》則成周公之志。《公羊》云：「吾立也乎哉？吾攝也。」

《書》以周公爲主考前後之文，皆關於周公者乃録之。如周用盤庚乃録之，舜代堯，如周公繼武王之類。

七日癸酉從丁卯數抑從乙丑數問天子七日殯，先遠日，但數問日。喪禮與吉禮計日不同，則春秋乃喪至變禮，故少二日。抑於辛未殯，間二日，乃行即位禮。崔東壁又以朝諸侯爲明年即位事。

虞夏亦用通䜟考

費誓自稱魯人說成王封魯，在周公反政之後。此篇當是周公於東方命魯人，非魯公之辭。

左傳

輯《左》《國》《尚書》說前人所輯，多係有明文者。

《禹貢》六府說天生五材，民並用之。

三事即三公說正德司徒，利用司馬，厚生司空。

八元八凱實證十六人即九官，與所讓之殳、斨、伯與、朱虎、熊、羆七人也，試考其名目同異。

逆子釗於南門之外考太子侍疾，崩，然後出居耶？究居於何地？《左傳》每言喪次在臣下之家，是否此制？並考後世史事遵用否。

卿士考專指二伯，抑卿以上通稱？

儀禮

燕大射皆天子禮考有稱主人者、稱公者。主人爲天子公，乃使公攝爲主人。天子不與臣下爲禮。

鄉飲酒鄉射二鄉字皆當爲卿考賓主皆卿，故篇中見公、大夫，無卿。字義有三，卿明文，其中官名、禮樂，多非鄉官所用，以爲卿字，則與公、士皆以官名，乃無所不通矣。

《顧命》即玉者喪禮儀說

名號稱謂考

禮記

四代禮制異同表如載祀年之類，專録《尚書》。

《金縢》代乃代立説或據《文王世子》，以請代死爲詐。

十二州同建五長考五長，二伯、方伯、卒正、連帥、屬長。

《月令》乃命羲傳説考《大傳》文較簡於《月令》，分候解《尚書》之文。如迎賓、餞入，即天子東郊、西郊事。言物候，即傳鳥獸句。命事即傳東作西成等句。

輯兩戴《記》《尚書》傳説

釋稱伯相、邦伯、師長、西伯、予一人，伯父爲二伯，伯兄爲州牧，仲叔、季弟爲卒正，幼子爲連帥，童孫爲屬長，官伯族姓。

五刑三千非肉刑考

周禮

五瑞五長即周禮五等封考《史記》、《漢書》皆以魯衛封方四百里。

引《王制》以注傳

輯博士説以補傳説佚義

三世表

編《公羊彙解》

《五經彙解》《春秋經》各條摘要

穀梁

傳例考以傳文爲主，取經文證之。

筆削善惡褒貶表每類各分細目表之。

三《傳》禮互文見義表

三《傳》例文異義同表

擬經解續篇《穀梁》諸書提要

輯《易》《書》《詩》《禮》博士説以補佚義

輯劉子政《穀梁》佚傳師説依經文按年分入。

編日月時例表日有正無變，時有正無變，月以記時，日以見疏數，月以見尊卑，日有正有變，時有正有變，日月不爲例，分爲八門。

分國鈔

比事鈔《春秋比》未善。

編穀梁彙解

左傳

校補《春秋名號歸一圖》

引《王制》以注傳

輯二伯侯牧伯子男三等典禮

輯三等國大夫典禮

經説不在本條鈔

杜氏《釋例》襲用史舊文駁

事見傳經不書例可以爲二傳不書例之實證。

引《儀禮》《禮記》爲注

且字例條説與二《傳》「或曰」、「一曰」相同，考其與上文違異。

鈔緣經立説異經見義二例同經者爲緣經，不同者爲異經。

編《左傳彙解》

杜注襲用賈服説條考

《非左》辨正明郝氏撰《湖北叢書》本。

孝經

輯《古孝子傳》別有《凡例》。

輯子史中《孝經》師説

輯兩戴《記》孝經舊説

編《孝經彙解》

周禮

《周禮》徵以《五禮通考》、《讀禮通考》爲主，凡與《周禮》同文者皆録之，以爲《周禮》之證。二書畢，再以他書補之。

《周禮》專條與經傳子籍及西漢説皆不同考

釋車

諸子

補注諸子隨性所近，聽其自占。

輯録諸子中三《禮》三《傳》《孝經》《論語》説仿陳左海《詩》《書》二經例。

校勘周秦兩漢諸子先以《讀書雜志》、《諸子平議》校訂，再求精本校之。

輯九家佚篇佚文以復其舊目

史學

據《左傳》繹史補莒邾滕薛許世家前人已有成書，不善，試更作之。

《史記》羼附《書序》考

輯《易》《公羊》《穀梁》《左傳》三《禮》《論語》《孝經》先師遺説考仿陳左海《詩》《書》二經之例，各門分鈔亦可。

三史論《左傳》《毛詩》《古文尚書》師授源流不同考

隋①以前《儒林傳》詳注經學大師不在儒林者，亦可附鈔。

蜀中先賢傳

《史記》校證

兩《漢書》校證

《繹史》古事摭奇凡四代之事與六藝不同者，依代類鈔，《繹史》畢，再以他書補之。

---

① 隋：原作「隨」，據文意改。

目録

輯録晁陳馬三家所收蜀中先哲遺書並鈔敘跋。

輯録《四庫提要》中蜀中先哲遺書

蜀本考

金石

補《金石苑》

掌故

職官　井田　食貨　軍制　刑罰以上六門①，專考先秦以前古制，務期詳備。

辭章

鈔《提要》論詩論文論詞分門略仿詩話、文話、詞話之例。

---

① 原稿排式如此。則此「六門」似當作「五門」。

輯録蜀中先賢文集隋①以前用嚴氏目録。

鈔《左》《國》辭令前人已有成書，今仿之，凡非口對者已見嚴本。

校《全唐文》先以《文苑英華》校之。

注漢四家集

鈔全唐詩人小傳即用《全唐詩》本。

鈔各史《文苑傳》仿《八史經籍志》例。

校《魏鶴山集》

注《百三名家》不能全注，任擇一集。

注六朝四家

分輯《文選》所引逸書

注七十家賦鈔

注《駢體文鈔》

注《八代詩選》

注《續古文苑》

① 隋：原作「隨」，據文意改。

（上缺）崔東壁説周公不作《易》《儀禮》《爾雅》《月令》《周頌》《小雅》《周禮》書後
（上缺）之誤。然則侯封四百里，指方伯無疑。以此推之□□二伯，伯爲卒正，子爲連帥，男爲屬長，封地專指五長□田而言，非本封也。

肉刑五由誤襲《吕刑》考《吕刑》乃苗民虐刑奪貨注文，非周常制。

由十二州改九州説出劉歆考語出劉歆，博士説當不如此。

釋官以《尚書》官名考合《周禮》。

《康誥》有命康叔爲司寇説

《金縢》周公稱余小子余一人説武王未崩，周公已立，如堯老舜攝事。

五典五禮名目考五禮不用《周禮》説。附説《書》多以五立目，如五瑞、五品、五教、五刑、五流、五服。

論孟

《論語·堯曰》章與《孟子》四代連文皆《尚書》傳説考

周公思兼三王以施四事表以周公篇論敘三代四王之説表之，惡事附。

伐奄非武王事考

諸子

輯孟荀《尚書》説

元聖素王條證專取古書中周孔並論者。

經總

周公魯公不稱謚説

彙輯二帝三王二伯舊説

《五經異義》書與十四博士禮制皆同考所争者皆在古文。

尹氏稱氏同於《詩》《春秋》説

校勘

《酒誥》篇考「王曰」以下皆分條釋篇首「王若曰」節之文，抑「王曰」以下乃正文，「王若曰」爲總括大義？《周公篇》多此例，更推廣之。

周公五誥考用《吕氏·慎大覽》説及經文新邑、冲人，以《盤庚》爲周公之書，《左》稱《盤庚之誥》，去《酒誥》，以《盤庚》補之。

《多方》《多士》考二篇何以分？或以爲本一篇，乃别本異同。

《君奭》與《召誥》相對答考周、召相誥對，當考訂其詞，合爲一篇，又有經傳。

《杍材》及《康誥》脱簡答辭考「王曰」下爲脱簡，「王啓監」以下爲康叔對王之辭，分三段。

各篇經傳考

小學

單曰字多訓釋條考曰「公將不利於孺子」，即解流言意。

孟侯解《大傳》説可從否？

誤詁誤入正文考《尚書》此例最多，如甸、男及以周公解「王若曰」之類，是以爲大夫、卿士句則説矣。御事爲經，司徒、司馬、司空爲説；師氏爲經，千夫長、百夫長爲説。由此推之。

從革當爲縱横説

《九共》《帝告》即《禹貢》《帝謨》説《皋陶謨》一名《帝謨》。

釋裸王入太室裸，即《詩》「裸將於京」。

釋逸逸祝册、逸誥，果人名，抑佚脱？

孺子解崔氏説禮稱孺子，不必年幼；又考《雒誥》孺子指伯禽，非成王，引《檀弓》《左》《國》等書爲證。

史記

《周本紀》《大誓》考《大誓》《牧誓》一書二名。本無《大誓》篇，先秦所引《大誓》明文十五條，皆別文異文暨傳説，博士所得《泰誓》乃《牧》傳文，故無先秦所引十五條。《本紀》之《大誓》即史公隱括《牧誓》本文，古文家羼加《大誓》名目，以爲《大誓》。至於《牧誓》，又全引經文當之，其作僞之迹顯然。

《逸周書》全爲《尚書》舊傳考

《國語》《史記》逸篇魏氏據以補書得失説

帝王伯升降説表

輯《繹史》尚書説

古文家以《書序》校補《史記》考

謨脱「帝曰」「禹曰」廣例《史記》有「帝曰」、「禹曰」是也，由此推之。

輿地

東池北會於滙滙當爲漢考

《周公篇》畿内畿外兼説考友邦，邦君，外御事，多士，内庶邦，庶士，外越少正，御事，内外侯男衛邦伯，内百僚庶尹，惟亞惟服宗工。

五服考采，甸男，采綏。

詞章

二十八篇上應列宿賦以題爲韻。

王會圖賦古體。《雒誥》「四方大和會」即此事。「百辟享」即指貢獻，要用《禹貢》九州、十二州説。

明堂位賦古體。即《召誥》位或之位，當用《逸周書·作雒解》明堂位生義。

擬魯周公廟樂章

擬堯除肉刑詔

擬武王命周公攝立詔

擬成王賜魯公天子禮樂制詔

擬伯禽之命唐誥仿《僞古文》體，不須集句。

擬封八伯策命各就本州立説，不可雷同，不可集句。

取《僞古文》附注各篇議《僞書》不能廢，附存之，當審所附篇目。《周官》乃僞周禮説，當删之。

擬薦八元八愷書

《尚書》制度四代無沿革論

周公似宋太宗論成王似德昭。

《尚書》全以垂教無貶惡之文論宋儒以《吕刑》「贖刑」係以垂鑒，後人多用其説，則善惡不分，何以爲經？

《書》無《舜典》篇名論

《帝典》九官贊用三國名官贊體。

《無佚》贊每君各以一贊，不分美惡。

擬梅氏《上僞古文孔傳表》

擬四岳薦舜表

擬判七道四凶、三監，學唐人體。

擬二公上《周公行狀》

魏氏《書古微》跋

陳氏《尚書先師遺説考》跋

孫輯本《泰誓》跋

尊經書院堂課題甲午三月

易

《左》《國》筮辭不見今《易》非《連山》《歸藏》之文説

「元亨利貞」釋例四字全見、分見共若干，仿《春秋比》之例分鈔之，言其所以然之故。

書

《禹貢》八州雜見要荒地國考

《周書》「王曰」「周公曰」「公曰」「若曰」「又曰」釋例

二十八篇敘例跋

詩

東南西北釋例

《小宛》至《大田》分配考《節南》至《雨無正》爲西周之亡。《瞻彼洛矣》六篇與《魚藻》六篇相對，記東西京之事。

《黍》《苗》以下記伯事。《小宛》似是追論周亡之故。篇次未得其説，試精心推考之。

穀梁

釋上下舉上、舉下、接上下、太上之類。

同尊周同外楚釋例

《敘例》書後新刊《凡例》本。

公羊

齊會序江黄盟楚即一匡天下晉楚乃分伯北南説

君存焉爾釋例傳於外諸侯不當稱君，凡稱君者，皆借用本國傳文。

《解詁三十論》跋

左傳

先書緩書釋例書外事有緩日、緩月，甚至一年乃書者，試就其事彙考之。

晉楚分伯晉統東方楚統西方考

經終孔子傳終哀公悼公不編年爲後人附益之

儀禮

經文簡略當以傳記之文相補考

古文考經記皆今學，所言古文果何所本？

十七篇爲全經説《續經解》有專書，能於其外在有發明否？

禮記

釋故「故」同「詁」，累用者多古故訓，試類列而考之。

釋凡凡讀爲例，亦爲古書名。類鈔記中「凡」字，考其與《左傳》五十凡相似若干條。

兩戴《記》凡例跋

周禮

鄭學改變經傳以合《周禮》考《詩》箋《書》注有明文，《禮》注尤多。

九服五等封三易六詩删列十二證删之。

《考工記》爲今學六工之傳未經劉歆竄改説六工明見《曲禮》，此篇與上五篇多異同，又序文爲歆所加，直以爲《冬官》原文，並不以爲闕。

小學

摘録《吕氏字説》長義彭縣吕君書雖多臆説，當有妙解，試摘取之。

康長素以《爾雅》《説文》爲僞古文辨

鄭樵《六書説》得失考

釋形事意

史

六藝未嘗焚佚考補康書所未備。

《史記》録三代文在二十八篇外者皆爲傳記考《泰誓》即《牧誓》之傳説，所謂先經起事。

史公引用公羊説考

漢書

鄒夾《春秋》駁無師無書，何以著録？有師有書，見於劉歆所引者尚多，何以不著録？

鈔録古文家説其用《周禮》古文説者不甚多，魏晉以下古説乃大行。

鄭學盛於六朝古學淵源皆後儒僞撰實證

輿地

樂山縣沿革考宜詳考古地志書。

井研縣沿革考

子

九家之書成於晚師多失本意考《莊子》全本孔經，其議訕皆末流之弊。

子多六藝傳記之文考其書爲其所傳，抑與其書得遂以歸之，《管子》尤多此例。

《墨子》上下經釋例

詞章

國朝古文家宗派得失論宜詳備，當實據其文篇目立説，不當空衍陳言。

致康長素論《新學僞經考》書

擬陳孔璋爲曹洪與魏文帝書

批校楊子雲文就李申耆選本批其文法，校其異同。

蜀問詞，小學，賦，刻書，受經，立學畫像。

李太白爲蜀人考仿柳子厚《晉問》。

謝詩句法表

尊經書院堂課題甲午四月

易

「三易」與文王周公作《易》皆爲古文家説考

《易》與《春秋》相通議《易》陰陽、八卦、六十四卦與《春秋》二伯、八方伯、五十六卒正數目相同，試爲圖，並考《易》可以《春秋》六十四國國名當卦名否。

《詩》《書》卜筮釋

書

周公十一篇皆豫州事與末四篇相起如《詩》之《國風》説

《盤庚》「冲人」「新邑」説《史記》言周用盤庚法以悦殷人，可據此説之否。

王後封國當在王畿抑在外州議

《康誥》、《酒誥》如《邶》、《鄘》、《衛》，《召誥》、《雒誥》如《王風》議

詩

《貽》《鴟鴞》兼有《無逸》《立政》二篇説《孟子》言鴟鴞有《無逸》之意。

《豳》與《王風》通畿説《春秋》雍與豫通畿，《詩》則青與豫通畿，青爲留都，豫爲西都。

左

君氏即隱七年尹氏經本同二傳説傳之君氏乃不見經事。

衛侯剽書弑考據傳稱殺子叔，《史記》以爲剽不在衛，是未弑書弑。

《春秋》以十九國爲主説

公羊

公子陽生也解「子」爲「于」誤，「生」如「諸侯不生名」之「生」，謂不名無惡非死罪，下孔子語是説稱化燕。

三世内娶考疑内娶謂娶於魯，如蕩伯姬來逆婦，與公孫壽來納幣。試以《左傳》考之。抑讀内爲類，如魯三娶於齊，皆稱婦，與上三世無大夫别爲一事，傳連引之，實非解所以無大夫之故。

「州不如國」三句爲夷狄例、「人不如名」三句爲王臣例説

穀梁

一家一國天下與本國諸夏夷狄同異説並考近遠爲三世例。

「天子之内臣也」解讀如「吾大夫之命乎天子者」，魯之臣爲天子所使而爲監者。

仲孫華孫説本齊仲孫，二《傳》以齊亂魯，連弑二君，惡之，以齊之仲孫同於魯之仲孫，所以惡齊華孫稱孫，仲孫可以不名。

儀禮

引《左傳》證聘禮覲禮相見禮食燕禮各分一篇考之。

記傳釋例記先於傳。無記義者引《戴記》鈔補。《記》有大小重篇。記、傳外更有義、有問。

禮記

審訂《禮運》《禮器》《郊特牲》三篇經傳注仿《王制定本》例，前作未盡，再詳考之。

明堂分立四門非十二室考青陽、總章、元堂皆明堂之異名，本《尚書大傳》説。

魯封方七百里考下言千乘，則地方三百一十六里，疑「七」爲「四」字之誤。《漢書》言齊封四百里。

周禮

鄭注《周禮》不用《大戴》説《周禮》專條多同《大戴》，鄭不引以爲據，知今本《大戴》非原文，恐爲盧注誤入經文，不然則古文家所羼。

《曲禮》六大五官六府六工即《周禮》舊目説

史

《十二諸侯年表》燕爲羼文考燕，《春秋》不記卒，無大夫，乃小國。

陳厲公利公證誤本止厲公，利公當爲注説誤入正文，又爲後人所亂，故《陳田世家》及《年表》皆誤。

趙武事《晉世家》合《左傳》《趙世家》本趙譜爲莊姬諱惡説

漢書

莽歆初用儀制與得《周禮》以後不同考

古文學案可否仿《烏台詩案》爲之，康書未備者補之，「五經不全」、「五經皆非孔子作」二條，尤宜闡發。

《人表》《藝文志》公羊穀梁無名説公羊世系、穀梁數名，皆後人臆造。

地輿

《春秋》見經五十六卒正國名分州考雍州不見國，王臣舊采也。青州見一州牧、七卒正、二十一連帥、一常敘附庸，梁、冀、兗、徐、荆、揚、豫各連州牧見七國王後，二伯與夷狄、附庸不在此列，當就經義推考之。如梁州則梁、巴、庸、鄀、崇、夔，荆則隨、江、黄、沉、胡、麇、蓼是也。

釋蜀《春秋經》會蜀、盟蜀無間，事兩見蜀，明蜀非一地，會蜀在魯境，盟蜀地在梁州。會蜀乃約蜀之盟，非一時事。諸侯背晉、與楚畏晉，知因二蜀同名，託以在魯。如城下之盟，不得已者，連書其事，以起匱名，以言秦，知在梁州。

小學

釋字矢屰，正亚，白白自百百頁，不丕，天立，干千，土士，矢舌，來麥，辛辛言，己巳。

《左傳》《禮記》中字形訓故鈔

形聲中形事意鈔各分門鈔三四部以示例。

詞章

五經贊《詩》《書》《禮》《春秋》《易》各爲序，駁古文家以爲不全，今考定爲全文，乃贊之。

《春秋》十九國贊齊大伯，宋王後，晉、楚方岳，攝伯魯、衛，陳、鄭、蔡、吳、秦爲方伯，曹、莒、邾、滕、薛、杞爲七卒正，小邾爲附庸。依經例典禮及升降國地故事贊之。

擬重修《通志》序

擬公孫禄劾國師劉歆奏

擬代百二十女訟鄭君表莽、歆不足言。

戲作劉歆《上周禮表》

吴公墓志銘

批《駢體文鈔》碑記

陸江句法表

尊經堂課題目甲午五月

易

《繫辭》本名《大傳》今名爲何人所加考所言《繫辭》本指卦下之經文，不指傳。

兩《戴記》易經師説考

五經除傳記經文字數不過三萬考惟《詩》字數較多，當有序例在内。

書

四岳考《尚書》羲、和、仲、叔，費、秦、文侯、甫，《詩》齊、秦、魏、唐，《春秋》齊、秦、晉、楚。

以九德配九錫九命説錫命共十八級，九德一德占二級，如今正從之比。今四品以上爲九錫，四品以下爲九命。

一公二卿説《詩》以齊爲大伯，唐、鄭爲二卿。《春秋》以齊爲大伯，鄭、秦爲二卿。《尚書》以周公爲大伯，然則費、秦爲二卿歟？二地皆在青州，抑一居守，一從行，如秦、鄭之比，秦仍當屬雍州歟？費爲周公封地，秦爲周公屬邑，一言兵，一言用人，即《甫刑》、《文侯之命》之意，即所謂「明德慎罰」者耶？秦穆之説多可疑，舊説果可駁否？

詩

《書》與《詩》相通説夏、殷、周如三《頌》，《召》《雒誥》如《王風》，《康誥》《酒誥》如《邶》《鄘》《衛》，四岳如《齊》、《秦》、《魏》、《陳》。

周之東遷晉鄭焉依即以唐鄭舊説考

甫中許國在豫在荆考周西東通畿，豫亦得爲南方否？甫在《書》，申在《詩》，許在《春秋》。

穀梁

王後有監禮制實證《邶》、《鄘》、《衛》三言「女子有行」，即三監否？

殺大夫説《禮》言侯伯專殺，經書殺大夫，乃譏其君。疑專殺但主微者言，至於命卿，則不得專。故桓盟云「無專殺大夫」。試考之。殺夫夫以稱國、稱人分有罪無罪。楚固無稱人之例，究何從見其有罪無罪。不名氏者，專爲明尊卑，抑別有意？

諸侯遷封錫命圖齊爲大伯，則晉、楚當爲州岳；晉、楚爲伯，則以鄭移冀州，以陳移荆州，齊代攝兖州，衛還統豫州。陳、衛、蔡、鄭初皆在豫州，鄭以伯移冀，蔡以遷移徐，衛以遷移兖，楚伯，陳代楚，則還遷統豫。

公羊

春秋與詩相通考

《春秋》據魯與《儀禮》以士爲主皆爲禮制説天子諸侯有五等之分，魯在其中。朝者天子二伯，來朝者卒正、連帥，以魯爲主，則等差嫌疑方易明白。若以天子爲主，則禮制皆下行，難於分析。《儀禮》爲學校行習之書，自當以士爲主。天子諸侯禮皆有有司存，由此推之即得。

錫命考舊説謂弓矢征伐，斧鉞專殺。二伯專征，方伯專殺，是九錫以弓矢爲重，然又以秬鬯爲重錫。《文侯之命》錫秬鬯，是二伯，抑方伯？《詩》言錫弓矢、秬鬯，究是何典制？

左傳

《鄭語》以冀州國爲西方豫州國爲南方考《左傳》「西至於河」，亦爲避王畿，故不數雍州，以申、吕爲南方國，以畫疆言之，不在荆州。

釋討凡方伯言討者，多爲其屬國，二伯言討，有分别否？

宋有役國説以《春秋》言之，宋當屬何州？郳、薛、邾爲魯屬國，何以又爲宋役？宋於小國交涉，何以皆在魯屬國？

儀禮

經記以小國起數例説如上農夫食九人，萬二千五百人爲一軍，皆五十里國之數。天子於百倍於五十里國何？可同以此推之。

大國次國小國多指侯伯州牧卒正不指百里七十里五十里説百里以下如今州縣，經皆略之。

十里説百里以下如今州縣，經皆略之。

大國次國小國典禮不同考即上公、侯、伯、子、男之文，實則指二伯、方伯、卒正也。

禮記

《王制》五十里爲小國則五六十六七十爲次國七十里爲大國七十里爲小國則八九十里爲次國百里爲大國考以小國得大國之半推之自得。五六十、六七十名目出《論語》，可以補之，八九十可以推之。

帶敘例説説諸侯事帶敘天子後，説三卿二十七士帶敘通佐五大夫，以此推之，其例甚多。

周禮

豳雅豳頌考出於僞撰，如笙詩之故智，抑果爲舊説，指《生民》什與《魯頌》而言？

司馬國分三等同王制與五等封地矛盾考

司禄闕文即孟子爵禄章説

小學

釋字相、弗、必、同、乙、丙、丁、戊、己、庚、壬、癸、丑、寅、辰、未、申、酉、戌、亥。

問兩漢金石篆文今存若干種

讀國朝小學書跋尾以《書目答問》爲主，每一種皆詳其體例與作書之意與其得失。

史記

與《左傳》異者可以合同條考不能合者附之。史敘春秋事，其日月詳文有出《左傳》外者，是史所見詳於今本。

漢人寫經用故訓字譯改説

史公崇奉六藝考駁班氏先黄老後六經之説。

漢書

《高祖本紀》班馬異同考不必先看原書作就，再取檢對，大有啓悟。

《五行志》三《傳》家法異同考其有「一曰」屬何家説，試詳考之。

爲揚子雲辨誣《劇秦美新》乃劉歆作以誣揚者，類考前人不仕莽之説以明之。

地輿

六經九州皆同《禹貢》無沿革考駁《爾雅》《職方》並改十二州之説。六經同貫，不能雜出四代異同，使無所遵守。今所存古書皆尊孔經者，必無同異。惟古學乃言沿革，《爾雅》《職方》皆爲其改羼。

周州不應無梁徐補幽並説此皆莽、歆之誤，故其議封建，數年不能成。

駢文

擬春秋衛蔡許遷封策託爲王者命之，衛二，蔡一，許四。

擬《尚書》命四岳主方岳統二州兼攝外州策命仿《魯頌》「泰山巖巖」章之章。

擬詩命韓侯申伯策暨韓侯申伯謝表

重修青羊宫前殿碑要切題，忌鈔襲舊作陳言。

散文

擬韓昌黎答柳子厚論史官書

駁歐文忠《春秋論》

詩賦

《堯典》十二州十二山賦名如幽州、并州、南交、嵎夷、西朔、方三邦、三危、崇山、羽山之類，再徵引之，略仿京都之體，詳其山川種類、風土，可以《王會圖》、《海山經》爲主。

唐詩與宋人名題體例不同表取其事同題異者表之。

李杜句法表

補易

《春秋》與《易》相通説八卦同方伯，六爻上三爻似三監，下三爻似三卿，五十六卦如卒正，每卦上三爻如三連帥，下三爻如三屬長，六屬長三壓於連帥不見，或又以變卦配王臣。

春秋

許四遷説許爲大岳後，《詩》以比甫、申，又以比檜、蔡。遷明其主徐、衛，二遷明其初主兖，後主豫。許四書遷，究竟何意？

定哀以下無伯説伯始於莊中年，亡於昭中年。北之齊、晉，南之楚、吴，是用何制度？與春秋之初有無異同？各就經傳詳考之。

四日交卷。如題繁重，欲詳考者，先繳敘例，五月十五再齊卷。

尊經書院堂課題目甲午六月

易

先明《詩》《書》《禮》《樂》然後可以治《易》議

漢《易》家法互有通弊説各有長短得失，試詳考之，究竟《易》當以何爲宗。

釋罰解疑罰不當專作贖解。

書

王伯申俞蔭甫改正文字録存

五刑考《堯典》《吕刑》《周語》《漢刑法志》其説互異，以何説爲長？肉刑五爲苗虐刑，抑果爲帝王正法？

《吕刑》有經傳説「墨辟」節疑是苗虐刑傳，「罰鍰」亦苗制，抑或罰鍰不如舊解。

以本經注本經條説

《雒誥》有封伯禽賜周公天子禮樂同宋爲王後考

詩

各篇中外分類考先西北，後東南，與《春秋》先中國、外夷狄同。二《南》以「南」字爲界是也。

商齊鄭音説《樂記》獨言三國，是何義例？

《詩》與各經體例不同師法宜異議《書》《禮》《春秋》事皆質實，《詩》多比興，意在言外，故有即音比物之例。

公羊

改補解詁三十論十首

《左傳》爲今學禮例事相同

《春秋》不從質改文乃三統説，指後來法殷、法周者言，不當以説《春秋》。

伯主升降分合齊桓一匡，晉、楚分伯，齊、晉、楚、吴分裂天下爲無伯。

諸侯分封就國齊爲伯，成以下爲方伯。衛一遷兖，陳代楚，又遷豫。蔡遷徐。鄭、秦以伯主冀、梁。

許曹以下用大夫禮

日月時例不爲例門、日有正無變門、時有正無變門、日變門、時變門、以日月時定尊卑大小中外門。

用二《傳》補缺義經例、禮制、事實。

重文分正傳借用

西東京通畿存西周，開南服。

以《詩》説説《春秋》文王，周召，新周，王魯，故宋，絀杞。

穀梁

善惡表善如善正道義禮之類，惡如非不正非禮罪惡之類，類鈔傳文，比其輕重，以考其所得賞罰厚薄。

進退表進如褒喜親舉許加進之類，退如貶疏誅絶之類，類列傳文，考其善惡。得此賞罰，略如今簿書比例之體。

左傳

三十論仿歐文《春秋論》。

左氏親見聖人受命作傳兼説六經非史臣，左説六經，皆傳受微言大義。

以赴告禮節爲筆削

解經出於師説

三科九旨大例三《傳》所同内外、日月、三世。

五十凡駁議有經制，有禮制。

據傳補例

編年出於先師杜分年多割裂《史記》，記年歲間詳於傳。

傳義長於二《傳》傳中新例，足以補正二《傳》。
同於二《傳》非古學
《史記》爲先師
《論語》《孟子》與《左氏》合
《禮記》爲禮説
《毛詩》《古文尚書》祖《左氏》
先秦諸子與《左氏》合
賈太傅書證
《漢書·五行志》證
經中不分孔子新舊二義
東漢師説多不得傳意
因事緣飾禮制經義
鄭君多説禮
禮制三《傳》皆同
「微而顯志而晦」疏證
「婉而成章盡而不汙」疏證

傳引「仲尼曰」皆《春秋》大義

「君子曰」多就一端立義

傳言神怪卜筮是非善惡不背經義

《藝文志》所列學派傳中全有其義

三《傳》違異闕疑

經無傳有可證筆削

包括九流技術

儀禮

釋官《儀禮》所稱之官不盡爲定名，不過就其執事目之，當就《周禮》考其合同，不必立異。

以《逸禮》附經考舉吴氏所補篇目儀節，分附各篇之下。吴氏外名目亦附之。

天子諸侯大夫士禮節異同表如冠以士禮爲主，别以天子、諸侯、大夫不同儀節立壹表以明之，他篇仿此。是一篇可化爲五篇。

禮記

《王制》與各經文異義同考以《集説》爲主，專取小異者説之，或取《左》《國》論其同亦可。

釋《經解》篇單取論六經之文，以西漢以前傳記子史説六經者注之，略如各經總論之體。

三統表表三代異禮，不全者補之，專以能循環者爲主。

四代禮制不同表不能循環者入此表。

周禮

删劉羼字凡關大節數句者皆已删出，以此羼改單字孤文爲主，孤卿九夫之類。

佚禮官證以删去僞文者爲佚禮，即就《曲禮》名目分篇，再舉經傳子史官名職掌統屬之文證其同異。

周禮徵《周禮》删去僞羼之條，全與《禮記》相合，取記中官名、儀節、典禮補正《周禮》原文，略如經傳之體，凡與《記》相合皆爲今學。

小學

字長短、大小、平乎、告吉、周召、兵庚、晶、克、彔、壴、工、网、司后、父尹、兄、弟、多、名。

五百四十部多可删説

大徐二十八俗書字例説就其例推廣之。

史學

古學考目

古學以《周禮》爲主考劉歆改《逸禮》爲《周禮》，凡攻博士經不全及改異制度，《毛詩》、《古文尚書》皆由《周禮》而興。

《左傳》制度同《王制》經説同《公》《穀》非古學考凡劉羼改《周禮》之條，無一與《左傳》同者。

莽歆初本今學《周禮》出後乃用古學考歆初請立《左傳》《逸禮》《逸書》皆爲今學，後來議論全與《移書》相反。

《史記》百篇序乃羼文非劉本《史記》考

劉歆攻博士經文不全考三易、百篇序、賦比興、鄒夾、逸禮。近人五經皆全舊説。

今學師説惟《公羊》存東漢以後古學盛行考

今文淵源甚明古文則皆無定説考古學淵源多出於魏晉以後。

西漢以前六藝皆主孔子古學乃以屬文王周公國史考

古學全爲傳説惟《周禮》乃蒙經名辨

《爾雅》乃今學非古文説

今古之分全在制度論

劉氏所争《逸禮》《逸書》爲《王制》《尚書》傳説非經文證《逸禮》劉羼改爲《周禮》，《逸書》則《史記》所引三代事不見於《尚書》者。

《周禮》删去羼入之條復《逸禮》之舊爲《王制》傳説證

古學解經但詳訓詁博士多言義禮不同考

古學《周禮》《左傳》《毛詩》古書撰述名目體例皆同考訓傳注箋名同，體例亦同，足見《毛傳》非真西漢之書。

以《毛傳序》爲古書起於齊梁以後考

詞章

《左》《國》小論仿柳子厚《非國語》體，不必全作。

《史記》稱《左氏春秋》《國語》

《史記》事《國語》有今傳無《史記》録《國語》事，如柯盟、封禪，今《左》《國》皆無。

傳文凡例文句出今《國語》伐、侵、襲、社、雩。

《國語》緣經立説天王、王師敗績於某。

《異義》引左氏説出今《國語》董伯爲尸、日祭月享。

今《國語》爲殘本無宋、衛、陳、蔡、曹、杞、秦、虞、虢。

《傳》合《國語》數篇爲一篇鄢之戰、磨笄之役。

《傳》摘録《國語》

《國語》一事互見二國傳或單録或兼取叔孫豹。

《公》《穀》全同《國語》無不合之條

經事《國語》有今傳以文多不録劉康公來聘、臧孫請糴、作三軍。

《國語》詳今傳略晉文公出奔。

《國語》各國自紀年今傳皆易爲魯

《國語》有「君子曰」

終於三家分晉與《傳》終哀公不同

《國語》原本今《周語》《晉語》略存其式一王一公爲一卷。

《國語》引經言制度者證六經相同言義理者明通經致用

《國語》合於《王制》所言多爲細目

《國語》與傳異爲異本或别國異文

賈子《春秋》五行占驗全本《國語》

無外内傳之説

《國語》一君總論今傳間録於其始晉文、晉悼、秦穆、衛文、齊桓。

《國語》佚文

《國語》原文每公編年《史記》年表據之春秋以前事皆以《國語》爲斷

傳文孤證以《國語》證之莊姬、甸侯。

《國語》舊文散見子史《繹史》可考。

《國語》占驗之文今傳不録但詳後事

《國語》與傳年月差迕《國語》有月日，《傳》無；《傳》有月日，《國語》無。

《國語》無今傳有

《國語》紀事多言成敗禍福每一篇兼及數人。

《國語》與傳文字異同

引《國語》補傳如《三國志》注例

《國語》文多一人不能全習其書如全，大約十百倍於今本。

《異義》左氏説不與今學違

《國語》先王之制即《王制》

《公》《穀》口授譯説《國語》荀息食言、天子丹之類，故《左》《國》文，《公》《穀》質。

《傳》用《國語》截去原文首尾

以五起數以與三起數異三爲三軍，五爲五屬大夫。

《管子》用《國語》非《國語》襲《管子》封禪事，今《國語》本無之。

《禮記》中有《國語》記事文

《國語》事實與經例同

《左》《國》之文多同《老子》謹於禍亂

《左》《國》經説皆先師古説後儒失傳者

劉子政《新序》《説苑》《五行傳》《列女傳》用《國語》考

《國語》文依經立説而無解經釋例之文

《國語》大事必詳小事或稱引所不及

《左傳》異於二《傳》十數事《國語》不左右袒

《異義》韋施據《國語》説樂

《禮記》賦仿《左傳類對賦》體。

擬刻《華陽集》、《丹淵集》序分作二篇。

書院藏書記序

聲調三譜淺説是書初學閲之，多不得其要領，試詳其義例所在，明白指證，以便初學。

七古體格正變考各體中先舉正例，後言變例，務須强盡，以窮其變。

尊經日課題目甲午夏季

群經惟《詩》師説亡佚殆盡，蓋以三家不傳，《毛詩》爲古文家，又辟雷同，於先師舊説不敢徵引，故後世説《詩》者直視《詩》如古詩選本，望文生訓，全無義例。孔子作經立教，皆以《詩》爲首，竊欲與諸君共明之，故編纂疑義，發爲題目，務祈各就所習，切實詳考。所有疑難，先於講課時共同考究，必期盡洩題藴。所有篇帙繁重之題，即作爲日課，不必更及他業。精心考究之後，題目意有未安，許其會商酌改，一月不能卒業者，可以展限數月。所有絶卓之藝，隨即刊刻，以不負作者苦心。未有佳作之題，下月再行摘録補出。題外如有續得新意，請擬定題目，附於卷中，以便考核，再行補出。《詩》學大明，則諸經相得益彰，其共勉之！

易

説《詩》當如説《易》議《湘綺樓詩説》推《易》與《春秋》之例，以説《詩》當爲古法，試申其宗旨、義例。

仿《序卦》之體編定二《南》次序魏默深更定次序分配之説皆可據否，並論二《南》所以分別。二《南》專言閨門，《兔罝》、《甘棠》似又不合。

說《詩》名物説例仿《説卦》之例，《詩》中名物分類考訂，詳其意旨，此《詩》例一大門。

輯《詩大傳》《史記》稱《繫辭》爲《大傳》。《詩大傳》雖亡，其散見諸書者尚多。今仿《繫辭》、《尚書大傳》之例，輯諸書説《詩》之文以補之。

《詩》與《易》相通條説扶陽抑陰，凡光明者爲君子，爲中國，爲尊者；陰霾者反此。《易》言「利涉大川」，《詩》凡言舟楫、涉厲，皆指成事而言。

書

《書》《詩》互相發明考如分陝、居東之類，相證乃明，試推廣之。

齊魏陳秦爲四岳與費秦文侯甫相同議

《牧誓》稱庸蜀等國與《詩》江漢皆指梁荆考周公主徐、荆、揚，召公主梁州，分陝與《書》同。

《詩》屢言禹不言堯舜説《詩》中言帝有指堯舜者，試考之。三《頌》絀杞，言禹者多爲九州土田及之。

五事五福六極分類鈔用《洪範》名目，以《詩經》文類鈔之，而加以説。

《詩》與《尚書》文句相同考《尚書》多訓故誤入經文，難於句讀，其文意與《詩》同者，可引《詩》以證之。

東征解東征與居東同，皆指青魯而言。所謂東周，指周公，《尚書》意亦同。

《鴟鴞》爲《詩》起例説如室家、陰雨、綢繆、羽尾音之類，周公以鳥自比，故二《南》皆首鳥。

文武及成康以後事略於《書》詳於《詩》考《書》詳於周公，略於文武。《書》記王政，止於成康，成康以下皆詳於《詩》。

《尚書》與《詩》同以周公爲主説

殷監説不言夏亡事，舉殷以包夏。

詩

輯録説《詩》舊説題多新義，有已爲前人所發者，彙録爲一册。至於各題，務必先考前人有無此説。

一篇誤分爲數篇數篇誤合爲一篇考以《鄭風》言之，文皆承接，頗似共爲一篇，一人一時所爲。疑本爲一篇，引者就中摘引，乃以章首字立名耳。《周頌》多一篇分爲數篇。

旁記訓詁誤入正文及章句脱佚考

毛本改易三家篇章次序考於魏默深所考之外，再推補之，並考二《雅》之文有互相竊易者否。

文句重復例説《大雅》與《頌》同，不與《風》同，《小雅》與《風》同，不與《頌》同。試先將經文鈔出，細心推考，如「嚶嚶草蟲」、「芃芃黍苗」數句，《檜風》皆與《小雅》同，試考其義例。

二《雅》義例同異説《大雅》言文王，《小雅》不言文王；《大雅》詩少，《小雅》詩多。劉申綬之説，足盡其義否？

大小《雅》每什義例考二《雅》分什，雖外古法，然考其什，有似各爲終始、專屬一時一事者，恐舊本原有以類相從之例，雖其篇目分並不同，尚有蹤跡可考。

《大雅》三什説《文王》至《烝哉》配《周頌》，《生民》至《卷阿》配《魯頌》，《民勞》七篇配《商頌》。後數篇言周事者，乃《小雅》之文，當就盛衰分隸之。

說。

《王風》不言京師《曹風》言京師王四國說《王風》究在何州？可用《魯詩》王魯說否？並駁「王降爲風」之

事父事君鈔事君鈔勞於王事，不得養父母者；事父鈔隱居養親，不仕者，單鈔忠孝不能兩全者。

博采通人條考凡《毛詩》及唐宋以下有古義，申明舊説即用之，不必求異。

《小雅》八什説自立條例説之。

釋南南指外四州，二《南》即本此意。類鈔全《詩》中「南」字説之。周公皆徂東，西者屬召公，並考《詩》中東、西、北、東方、東門是否皆從日月生義？

什駁三《頌》魯、商不言什，析《周頌》爲三什，以與《大雅》相配。《蕩》什乃多一篇。《小雅》八什，篇數倍於《大雅》，中有笙詩五篇，恐有分析篇章以湊其數者。《南》、《風》皆不言什，疑皆出毛本變亂。

《國風》釋例有本國風俗，有本國事實，有春秋以前之詩，有春秋以後之詩。大約居首者土風古作，後列者乃多本國事實。

釋數凡《詩》中數目字，彙鈔而考之，有有實義者，有居成數者，分別列之。

《詩》篇中自有序考有序則不須再加序。大約新作指目之詩則有序，樂章舊辭、典禮祝禱則無序。

一人爲齊大伯同車同行皆指二卿説

以《民勞》七篇補足《商頌》十二篇議

二《雅》皆言召公《小雅》不及周公説城謝事二《雅》皆有其文，《生民》與《魯頌》同篤公劉，又言豳館，其什當屬周公，不見《小雅》有王魯之意。並考《大雅》未言召公者，可移歸《小雅》否。

敬天考說凡言天、上帝者，彙鈔分別義例，而考之群經，皆天爲主，可由《詩》推説之。

重民考説同上。

萬年萬壽萬邦萬國萬民兆民皆指天子考

《周南》言公侯無文王明文説《毛詩》竟屬之文王，非是。並考其與《豳風》何以同説周公。大約《豳風》爲豳人作，《周南》爲南國作。

魯道説《齊風》數言魯道，與《論語》「齊一變至魯，魯一變至道」同否？魯爲王，齊爲大伯，代魯行政。周公使召公命齊爲大伯，一匡天下，故《齊風》言魯道歟？

二《南》君子之子皆指周召説「於歸」謂歸其本國。

《齊詩》五際篇次考不數《文王》，今以《文王》爲《大雅》之序言，「文王孫子」指《生民》以下，配《魯頌》言。「湯孫」指《蕩》以下，配《商頌》。

儀禮

樂章見於《禮經》外有典禮祀事二體説《南》《雅》首三篇入樂，有明文，以外體例同異。

《詩》禮節鈔照十七篇之目，分鈔之，不在十七篇者附録之。此《詩》中禮説一大門。

《容經》彙鈔凡志色、言、視、聽、行五門，依《容經》子目，分鈔《詩經》文而加之以説。

名稱表説如伯叔、君子、兄弟、淑人、曾孫、季女之類，彙録《詩》文，據《禮》説之。

宫室寢廟考《大雅》《頌》所言當爲天子禮，《小雅》所言當爲諸侯禮。

《詩》篇目考三百餘名，有見引用者，有不見引用者，有同者，有同而别異者，有即《詩》文爲目者，有目不在《詩》文者，試精考其義例。

禮記

明堂位爲《魯頌》師説考

釋見「見君子」當即「士相見禮」之「見」，其中有朝覲、巡狩、聘享之不同。

釋射言射者多各就《禮》文考之。

以《樂記》説《詩》引《詩》以證《禮》，再引《禮》以注《詩》。

以《禮運》《郊特牲》《禮器》三篇説《詩》同上。

錫命考《詩》言錫予、賜貺，較諸經爲詳。今將禮制器服類鈔而考之，更作一表，以明其尊卑。

三公官屬名號職事考依《王制》節目，分類鈔而考之。如工作、農事屬司空，征伐屬司馬，教化屬司徒之類。

燕飲食例《詩》言燕飲，當有尊卑鄉國之異，宜細考其義例。

《戴記》《詩》説考即《記》中引《詩》以考本詩宗旨、典禮及作者名氏，三家無説者就此可以考見。陳本多僅録引《詩》數句，宜於上下文中求之。

《王制》詩注《詩》中典禮之文，散見錯出，苦無綫率。今以《王制》爲本，取《詩》中制度同者附注《王制》下，以便得其歸宿。至後取《王制》以注《詩》，本原枝節，皆得明核。

《詩》爲坊表説摘録《坊記》、《表記》之文，再取他書文義相同者補之。

《詩》中攝王大伯二卿四岳典禮名氏稱號考申伯當爲荆州伯，韓侯當爲梁州伯，南仲、皇父、召虎、方叔即爲二伯否？仲山甫當爲大行人，伯兮、元戎、元老皆指二伯，一老指留守之公。

諸父兄弟甥舅婚姻皆指諸侯説凡言同姓、異姓者附之。諸父、諸舅、叔兮、伯兮即指同姓、異姓方伯、二伯而言。伯氏、仲氏、仲子當即二伯、方伯。舅氏當即大國大夫。言舊姻新昏者有别義否。

三統表仿《著》與《駉》之例推之，皆以《詩》實證之。

《大戴記》《詩》説考

《詩》爲樂歌故略於喪禮説

《國風》絀召公故《春秋》以北燕爲小國説

公羊

《詩》與《春秋》用夏變夷詳於荆徐略於梁揚説並考《詩》以四方、四岳起九州。淮海、海邦即指揚州，鬼方、南海、西戎、戎狄當指要荒。

何君《禮》説實證《解詁》《禮》説皆爲博士所同，今以何注爲主，務各求其於《詩》爲何篇之説，取而注之。

内中國外夷狄《春秋》與《詩》相同考《國風》皆内州國，南服外州國，見於二《南》、二《雅》。

《魯頌》即王魯説湯孫即王後。意所言公孫、文王孫子，亦當指魯。公羊言周公、魯公事，皆《魯頌》師説。並考《周頌》言王後共有幾篇，次序分合有爲後人改析者否。

《公羊》以《詩》説《春秋》考如王謂文王，周公東征，周、召爲二伯。周公、魯公封國廟牲制度皆是，更推廣言之。

釋楚《周南》言草木，楚即指楚國，蔞、芻、蒲即指徐、吴，試再推廣其例。

《春秋》弑殺滅亡喪葬夷狄侵伐中國諸事皆不見於《詩》考

《詩》言朝聘燕饗有天子待諸侯與大國待小國不同考

邶鄘衛爲王後如《春秋》之宋議邶武庚，故先之；鄘管，衛蔡，以兄弟爲次。

災異考

田獵考

豳爲二伯爲魯秦爲居守鄭爲從行《春秋》稱伯之國皆不爲方伯議

分陝考用《禹貢》説周主青、徐、荆、揚，召主梁、雍、冀、兖。

《春秋》四稱侯之國爲方伯齊晉衛陳各主一州議

《王風》兼指西東二都與爲魯國議

王者中天下而立仍西周東周通畿考

邶鄘衛魏唐議或依《左傳》，邶、鄘、衛爲一國，魏、唐分爲二國。唐爲王卿，魏爲北岳，抑以唐、魏爲一國，如邶、鄘以起晉國。

鄭唐皆王卿晉鄭焉依爲舊説考

《春秋》六稱侯國四爲方伯魯爲頌蔡不見寓於邶鄘説

同姓異姓中分諸侯表晉、衛、鄭、曹、齊、陳、秦、檜。

同姓之國皆配亡國考邶、鄘、衛、魏、唐、檜、鄭。

《周南》漢汝屬荆徐召南江汜爲梁州説

甫中許爲南方國考甫即《吕刑》，主《書》，許主《春秋》，《詩》以申爲主。

齊爲大伯兼東岳唐魏爲王卿説

外四州移封鄭秦新封申韓議果如此説否？

陳爲南岳魏爲北岳考

穀梁

《春秋》大綱名義及典禮其文皆見於《詩》考如中外朝聘、巡狩、封建、立官、兵制、井田，尚古重信、親賢遠佞、親同姓、哀鰥寡、記災異之類。

南雅功用次序與《春秋》相同考如先中國，後夷狄，始修齊，終平治之類。《周南》始《關雎》，終《麟趾》，與《春秋》亦同。

《詩》人名與《春秋》相同說考其人同異。《春秋》書尹氏爲譏世卿，《詩》稱尹氏亦同此意。

《詩》言京師與《春秋》同指行在考言京師者全爲東遷之詩，抑有西周稱行在爲京師者？

釋天子傳中「獨天不生」數語，即釋天子之義，與《詩》言聖人無父而生同。《史記》褚先生說甚詳。

貴信惡屢盟說

《詩》主東周《春秋》存西京考

三監名號制度考邶、鄘、衛采唐三章以外，再推廣言之。邶、鄘、衛三篇皆言女子有行，即指三監否？

左傳

說《詩》義例《左》《國》引《詩》，有訓字者，有釋義者，有詳其事實者，有述其典禮者，有推引言外之意者，有說本義者，有假借者，當於上下文考其意之所在，不必但録引《詩》數語。

賦《詩》斷章釋例大約賦一章者乃多假借，賦全詩者多爲本義。今當於《傳》中賦全詩者考其宗旨、典禮及作者姓名，欲以此當《毛詩》之序說也。

鄭志解「志」即指《詩》否？《鄭風》較諸國詩數加倍，名目《左傳》者共若干篇。《鄭風》、《齊風》相通，多言齊桓爲伯事？

邶鄘衛同爲衛詩說季札觀樂，魏、唐分歌，邶、鄘、衛合歌。用班氏《地理志》三監之說，以爲一國則衛詩共三十九篇，較他國加倍。詩分隸三國，其義例安在？《邶風》何以多九篇？試考古說，定其爲一國、爲三國，並其詩分隸之例。

《周頌》分一篇爲數篇考當即《傳》引《武》一篇推之，其篇數多少，當略與魯、商二《頌》相等，其篇名見於引用者，當即舊目，其名目不經者，即當爲分析而立。

因行事附著經說考孔子因行事而加王心，《傳》則即行事以存經說。凡《傳》所言六經，皆七十子之餘論，託之於春秋名人論述，非實孔子以前已有詩教與詩師說也。

周公魯公無諡說周在畿内，故周公事繫《豳風》，《傳》以《豳》序《秦》之先。《周南》言公侯，當指周公，何以《豳風》專說周公？豈召公見《雅》，周公見《豳》，以此相比耶？

《左》《國》以齊晉秦楚爲四岳《詩》以陳代楚說

風釋義豳爲王，齊、魏、陳、秦爲四岳，鄭、唐爲王卿，邶、鄘、衛爲王後。抑除去齊、秦、唐、魏四國不爲方伯，四州只見四伯？

《國語》《詩》說考東遷以上事，皆詳於《國語》。

稱謂典禮辭令事迹與《詩》相同考稱謂如舅氏、伯叔、甥舅，典禮如公族、公行、伯氏、仲氏，辭令謂應對、立言與禮文同者，事迹如誰因誰極之因。

孝經

輯《詩》中孝子傳所言有天子、諸侯、卿大夫、士、庶人之異，鈔出經文而分別之。

明堂后稷與《詩》說相同疏證

輯《詩》中孝義其有不能歸入孝子傳者，摘鈔之以入《廣義》中。

《小旻》至《大田》多言孝説

「王事靡盬」皆爲不得養父母而發説《大雅》不言王事。凡散見《風》《雅》者共若干見，多指二伯、方伯、監者而言，試詳考其義例。

論語

釋朋友

天命彙鈔

釋風「君子之德風」，即《國風》之義。《國風》中所言草木皆有義例否？

引《論語》説《詩》如「子謂顔淵」一章，講《小旻》之類，無明文者尤宜細考。

《雅》《頌》各得其所説二《雅》之分别在何處？各什及各篇次序、宗旨、三《頌》同異及次序，又與二《雅》之所以别，並説之。

東周説即王魯之意，故《春秋》雍州不建國，《詩》則雍州建國，而青州不立方伯。《左傳》言周之東，恐因周公居東之事。東周之周，即指周公，而寓王魯之意也。

興觀群怨義證前釋四者名義，至後引《詩》以證之。

《詩》三百説古凡舉成數者，其實皆不及其數之多。毛本篇數溢出三百之外，乃古文家分析篇章，多立名目，以多自炫。

「思無邪」說意取此句爲《魯頌》首篇。《詩》大綱以王魯爲主。

遠佞人鈔

「言志」章引《詩》證疏孔子、顔淵、子路，各引《詩》以證之。

詩書與禮樂教學異同說

會同廣例凡言會同者，多指諸侯，如同車、同歸、同行之類。

孟子

引《孟子》說《詩》如「周公東征西夷怨」數句，是「周公東征，四國是皇」之說。「今有受人之牛羊」一節，是說「無羊」之類，關大例者列前，有明文者次之，無明文者列後。

《孟子》以「憂心悄悄，慍於群小」屬孔子說疑《柏舟》爲孔子删詩自序，又疑《文王》爲《大雅》之序，以《齊詩》從《大明》起數也。《黍離》亦似序，試考古說證之。

高子爲《詩》先師兼治《春秋》《孝經》考

連言文武周公孔子即三《頌》之意說並考三《頌》文例異同。

「東征西怨南征北怨」即二《南》舊說疏周公在東南，東南人喜得見之而歸，西北之人則怨其不歸，非婦人望夫與女子昏嫁之辭。舊說多誤。

《黍離》與「知我罪我」之言相合說

周禮

衣服飲食表彙録而考其尊卑典禮。

《詩經》釋官先録出官名，證以《王制》《周官》，其有不見官名、但有爵號字氏者，從《春秋》之例推之。

車賦考《詩》中所言師、車、軍徒，凡言兵事者鈔出，表其異同，加以說。

三代九州皆同疏證《職方》《爾雅》皆爲後人所亂，非原文也。並引《詩》文證之。

寺人考《秦風》有寺人，諸侯亦有其制否？後言路車、乘黄，亦天子賜諸侯之物。疑《秦風》前後皆說王者之事，故言王於興師。

釋士女士女皆比喻，非男女正辭，有比君臣、中國、夷狄、諸侯、尊卑、監者。

釋君子君子各有所指，並考君子上加字，如「愷悌」、「樂只」之類。

小學

名物比例照《釋親》以下門目彙鈔經文，然後再考其中有無義例。舊說或以鴛鴦皆言婚姻，青蠅皆指佞人之類，果可通否？

同意相授考凡經中變文協韻及累字足句，皆一意用數字，當知其同意，不必碎細說之，如「室家」、「家室」、「家人」及「展轉反側」之類，說詳《六書舊義》。試類鈔經文，以證注疏之誤。

風例凡北風、谷風、凱風、大風、飄風、終風之類，彙鈔而分別，方道及其美惡，並考「凡雅」當爲「風雅」。

同音借喻詳考《詩》之説《詩》之言草木鳥獸，恐有因音近借喻之例，如葽、芻、蒲之喻徐、吴，鳩皆喻周公，中谷即比中國之類。揚舟是否借喻揚州？

釋歸《豳》與《周南》言歸，互相紀周公留東。有女子嫁，有征夫思父母，有周召巡行，有天子返蹕，西京懷歸者，多爲父母而發。

《爾雅》釋《詩》言字詁不釋其義説《詩》言諸物，皆有取義。《左傳》之葛藟，猶能固其本根，故君子以爲比。《爾雅》皆不詳其義，試采緯書言取義者補之。

憂喜釋例所指當屬大綱重事，不及瑣細，試各求其事以實之。

方言《詩》説《國風》當有采用方言之例。

因韻不協知非本字考顧、江諸家多就毛本考音。三家本有異文，知不合者不無假字。

古書「志」字多即指《詩》考

釋謀猷

釋馬言馬之文最多，宜專詳其典禮。

釋音凡言音者彙考之，好音、德音之類同。

釋周魯商宋凡散見之文彙考之。周道、周行、魯道、殷監之類，並鈔之。

釋天四時異名，見於《爾雅》，主生主殺，當有義例，以外異名異義，更推廣之。

經學六變記

廖平等著
舒大剛校點

校點説明

廖平《經學六變記》，實際包括《四益館經學四變記》、《五變記箋述》、兩《六變記》四個部份。前者係廖平自述、及門記之，劉師培摘刊；次者爲其高弟黄鎔箋述；後者爲其及門柏毓東筆削黄鎔所作廖平七十壽序文而成，一爲廖宗澤摘録。此四者，皆成於廖氏本人或及門高弟，故能忠實地反映廖平經學六變思想之概貌。研究廖氏經學思想者可於此問途；若僅欲觀其經學思想之輪廓者，亦可讀此編而得寓美富。故知是編乃廖學之綱要，誠窺廖學之管鑰也。

廖平勤於著述，但所著刊布不廣，除《今古學考》、《穀梁春秋古義疏》有數種刻本外，餘皆一版即止。即如廖學綱要之《六變記》，亦復如此。其中《四變記》，據黄鎔稱，一經劉師培摘要，刊於四川《國學雜志》，再經石印附於《孔經哲學發微》，加之《四益館叢書》、《六譯館叢書》本，似有四本可據。實則《發微》所刊僅列表示綱，不足爲校勘之助；而《四益》、《六譯》二本，實爲同版改隸。復覈之《國學雜志》本，亦復一同於《四益》、《六譯》之本。其行款、版面、字數莫不一律，甚乃字跡之粗細、文字之譌脱，亦如一轍。蓋《雜志》刊布在前，叢書從而收之，遂因其版，無以更易。惟於《四益館經學四變記》題下加「劉申叔摘本」五字，復於版心上端墨口處改刻「四變記」字樣，又於下端墨口處刻以頁碼。而對其中内容，未加重定。《五變記箋述》祇有《四益》、《六譯》二叢書相襲之本。至於《六變記》，則刊附於廖氏《文字源流考》後。又别傳有廖宗澤所述《六變記》者，其爲文也分條立款，頗有眉目。

此番校點，於篇中所徵引之前載，莫不一一核對，是正其訛。於訛奪衍倒處，俱出校指明。

目録

四益館經學四變記

卷之一

今古 癸未

卷之二

尊今抑古 戊子

卷之三

小大 戊戌

卷之四

天人 壬寅

自序①

癸未至今二十四年矣。初以《王制》、《周禮》同治中國，分周、孔同異，襲用東漢法也；繼以《周禮》與《王制》不兩立，歸獄歆、莽，用西漢法。然今學囿於《王制》，則六藝雖博，特中國一隅之書耳。戊戌以後，始言「大同」，乃訂《周禮》爲皇帝書，與《王制》大小不同，一内一外，兩得其所。「凡有血氣，莫不尊親」。蓋鄒衍之説大明，孔子乃免拘墟。壬寅後，因梵宗大有感悟，始知《書》盡「人學」，《詩》、《易》則遨游六合外。因據以改正《詩》、《易》舊稿，蓋至此而上天下地無不通，即道釋之學，亦爲經學博士之大宗矣。竊以由聖人而求至神，其大小淺深，亦猶道德之於仁義，必至無聲無臭，而後超變化而行鬼神。嗟乎！星紀再周，歸宿四變。苟不先狗馬填溝壑，或尚有進乎此。然所詣至此，其得於神明誘導、師友贊成者，寔非淺鮮。顔子稱「既竭吾才」，此之謂矣。近著書踰百種，恐久而散佚；又知己遼隔，或僅聞鄙説，未詳大旨之所在。因屬及門，條列舊文，附以佚事，編爲四卷，聊以當年譜耳。丙午季春，四益館主人自叙②。

---

① 自序：原本篇首有「序曰」二字，兹據篇末語改題，以示與他序區别。

② 四川《國學雜志》第六册在叙後有「壬子冬將前記摘編以付棗梨，四益館主人又識」十九字。後在入叢書時削去。

初變記

乾嘉以前經説，如阮、王兩《經解》所刻，宏篇巨製，超越前古，爲一代絶業。特淆亂紛紜，使人失所依據。如孫氏《尚書今古文注疏》，群推爲絶作，同説一經，兼採今、古，南轅北轍，自相矛盾。即如「弼成五服，至於五千」，就經文立説，本爲五千里，博士據《禹貢》説之是也。鄭注古文家，則據《周禮》以爲萬里，此古、今混淆以前之通弊也。至陳卓人、陳左海、魏默深，略知分古、今。孫氏亦別採古文説，專爲一書，然明而未融。或採輯師説，尚未能獵取精華，編爲成書；即有成書，冀圖僅據文字主張今、古門面，而不知今、古根源之所在。但以文字論，今與今不同，古與古不同。即如《公》、《穀》，齊、魯、韓三家，同爲今學，而彼此歧出；又如顏、嚴之《公羊》，同出一師，而經本各自不同。故雖分今、古，仍無所歸宿。乃據《五經異義》所立之今、古二百餘條，專載禮制，不載文字。今學博士之禮制出於《王制》，古文專用《周禮》。故定爲今學主《王制》、孔子，古學主《周禮》、周公。然後二家所以異同之故，燦若列眉，千谿百壑，得所歸宿。今、古兩家所根據，又多同出於孔子，於是倡爲「法古」、「改制」，初年、晚年之説。然後二派如日月經天，江河行地，判然兩途，不能混合。其中各經師説有不能一律者，則以今、古爲大宗，其所統流派，各自成家，是爲大同小異，編爲《今古學考》，排難解紛，如利翦之斷絲、犀角之分水，兩漢今、古學派，始能各自成家，門户森嚴，宗旨各别。學者略一涉獵，宗派自明，斬斷葛藤，盡掃塵霧。各擇其性質所近之一門，專精研究，用力少而成功多；不再似從前塵霾，使人墮於五里霧中。此《今古學考》張明兩漢師法，以集各代經學之大成者也。

二變記

兩漢之學，《今古學考》詳矣。本可以告無罪於天下，惟一經之中，既有孔子、周公兩主人，典禮又彼此矛盾，漢唐以下儒者所有經説，及《典》、《考》政治諸書，又於其中作調人。牽連附會，以《周禮》爲姬公之真書，《王制》爲博士所記，與《周禮》不合；又以爲夏、殷制。考《左》、《國》、《孟》、《荀》，以周人言周事者，莫不與《王制》切合；所有分州建國、設官分職之大綱，則無一條與古文家説相同。或分或合，皆無以切理饜心。故説經者如議瓜，如原訟，爲聚訟之場。凡學皆愈深則愈慧，惟學經者愈學則愈愚，其歸宿即流爲八股，深爲學術政治之大害。蓋當時分教尊經，與同學二三百人，朝夕研究，折群言而定一尊。於是考究古文家淵源，則皆出許、鄭以後之僞撰。所有古文家師説，則全出劉歆以後據《周禮》、《左氏》之推衍。又考西漢以前，言經學者，皆主孔子，並無周公；六藝皆爲新經，并非舊史。於是以尊經者作爲

《知聖篇》，闢古者作爲《闢劉篇》。外間所祖述①之《改制考》，即祖述《知聖篇》，《僞經考》即祖述《闢劉篇》，而多失其宗旨。群言淆亂折諸聖。東漢以周公爲先聖，孔子爲先師；貞觀黜周公爲功臣，以孔子爲先聖，顔子爲先師。乃歷代追崇有加，至以黄屋左纛，祀以天子禮樂。當今學堂，專祀孔子，若周公，則學人終身未嘗一拜。故據《王制》以遍説群經，於《周禮》中删除與《王制》相反者若干條。

案：以上二變，事在二十年前。所有刊播各書，爲海内所共見。至三變，則别有分派。然海内畧窺鄙作者，其主張《今古學考》尚占多數，其餘則知者更鮮矣。

三變記

以上二説，大抵皆就中國一隅言孔子，已用博士法。以《王制》遍説群經，於疆域止於五千里而已。《中庸》所謂「洋溢中國，施及蠻貊」，「凡有血氣，莫不尊親」；《禮運》所言「大同」之説，實爲缺點。嚴又陵上書，所謂「地球，周孔未嘗夢見；海外，周孔未嘗經營」，亦且實蹈其弊。初次解《周禮》以爲孤證者，繼考《大戴禮》、《管子》，則實有明説。蓋初惟據《王制》立

---

① 祖述：據《六變記》，二字衍。蓋涉下而誤。

説,與《王制》一異,而非有明文與《周禮》同者,遂漫不經心。戊戌在資中,因《詩》之「小球」、「大球」,與「小共」、「大共」對文。「共」作「貢」,九州之貢。《顧命》之「天球」、「河圖」,緯説以「河圖」爲九州地圖。據《詩》、《書》「小」、「大」連文者,「小」字皆在「大」字之上。定「天球」爲天圖,「小球」、「大球」爲地圖。先「小」後「大」,即由内推外。蓋當是時講《詩》、《易》,前後十餘年,每説至數十百易,而皆不能全通。於三《傳》、《尚書》卒業以後,始治《周易》,宜其容易成功。以《詩》論,其用力較三《傳》爲久,而皆不能大通。蓋初據《王制》典章説之,以至齟齬不合。乃改用《周禮》、《地形訓》「大九州」説之,編爲《地球新義》。當時於《周禮》未能騣通,僅就經傳子緯單文孤證,類爲一編。不敢自以爲著作,故託之課藝,以求正於天下。見者大譁,以爲穿鑿附會,六經中絶無大地制度,孔子萬不能知地球之事,馳書相戒者不一而足。不顧非笑,閉門沈思,至於八年之久,而後此學大成。以《周禮》爲根基,《尚書》爲行事,亦如《王制》之於《春秋》。而後孔子乃有皇帝之制,經營地球,初非中國一隅之聖。庚子井研修《藝文志》,用邵子説,以《易》、《詩》、《書》、《春秋》四經,分配皇、帝、王、伯。當時彙刊所撰各書,編爲《百種書目解題》,其説詳於施《序》。至癸卯年而皇帝之説定,《周禮》之《集説》成。以全書文字繁重,「小」、「大」之分尤在疆域,故取《周禮》疆域,别編爲《皇帝疆域考》,繪圖立説,明白顯易,附會穿鑿,庶可免矣。惟當再變之時,專據《王制》立説,所有與《王制》不同之舊文典章,如《大戴》、《地形訓》、緯書、《莊》、《列》,概以爲經外别傳,遺文瑣記,徒資談柄。及考明《周禮》

上圭三萬里與《大行人》之大九州，乃知皆爲《周禮》師說。根本既立，枝葉繁生，皇帝之說，實較王伯尤爲詳備。一人之書，屢變其說，蓋有迫之使不得不然者。又安知不有鬼謀天誘，以恢復我孔子「大一統」之制作？故編爲《小大學考》。於《周禮》取經，去其師説謬誤，故改「今古」之名曰「小大」。蓋《王制》、《周禮》，一林二虎，互鬥不休，吾國二千年學術政治，實深受其害。合之兩傷，甚於洪水猛獸。今以《王制》治内，獨立一尊，並無牽掣；而海外全球，所謂三皇五帝之《三墳》、《五典》者，則全以屬之《周禮》，一如虬髯公與太原公子，分道揚鑣。所有古今載籍皇帝之師説，師無統帥，流離分散，蒙晦殘佚，一如亡國之人、喪家之狗，立此漢幟，招集流亡，紛至沓來，各歸部屬。茫茫荒土，皆入版圖；上下和睦，鬼神效靈。天不愛道，地不愛寶，符瑞臻至，庶績咸熙。與《王制》一小一大，一内一外，相反相成，各得其所，於經學中開此無疆之世界。此書未出以前，爲洪荒之混沌；小、大既分，輕清者上浮爲天，重濁者下凝爲地，而後居中之人物，乃得法天則地，以自成其盛業，孔子乃得爲全球之神聖，六藝乃得爲宇宙之公言。雖然，此不過六藝之「人學」，專言六合以内，但爲《春秋》、《尚書》與《禮》，僅得其半；而「天學」之《詩》、《易》、《樂》，尚不在此數①也。

初據《王制》以説《周禮》，中國一隅，不能用兩等制度，故凡與《王制》不同者，視爲仇

---

① 在此數：原作「此在數」，據文義乙正。

敵，非種必鋤，故必删除其文，以折衷於一是。自三皇五帝之説明，則《周禮》另爲一派。又事事必求與《王制》相反，而後乃能自成一家，故以前所删所改之條，今皆變爲精金美玉，所謂「化腐朽爲神奇」。《莊子》所言「彼此是非」，「各是其所是，各非其所非」。其中所以是非不同之故，學者所當深思自得者也。

四變記

天人之學，至爲精微，其精微分别之數，難以言盡。今就《戴記·大學》、《中庸》列表以明之：《大學》爲「人學」，《中庸》爲「天學」。考《中庸》動言「至誠」、「至道」、「至聖」、「至德」，於「聖」、「誠」、「道」、「德」之上，别加「至」字，以見聖、誠、道、德，有「小」、「大」、「至」、「不至」之分。考「皇帝之説」，每以「至」爲標目。《禮記》之所謂「三無」，《主言》篇之所謂「三至」。故「人學」言「道」、言「誠」、言「德」、言「聖」。「皇」爲「天學」，人用其學而加「至」字以别之，所以見「帝」之有可加。「至道」、「至德」，至極而無可復加，故謂之「至」。物極必反，一言「至」，則每與「小」者不同，如「至仁無親」之類。大約仁則親，仁之至盡則不親。「至」字一或作「大」，若《莊子》所謂「大智若愚」、「大德無爲」、「大孝不仁」是也。故「皇」與「帝」同言道德，而「皇」則加以「至」字。蓋「皇」與「帝」皆爲聖人名號宗旨，不能再加。同爲一等，又有優劣之分，所以天皇則加「至」字、「大」字①，以與人帝分優劣。至儒者不講「天學」，遂以聖人爲止境，於道家之所謂「天人」、「至人」、「神人」、「化人」，皆以爲經外别傳，無關宏指。不識《中庸》言「至德」、「至聖」、「至誠」，《孟子》已言「神人」②，《荀子》已言「至人」，《易》言「至精」、「至聖」、「至神」、「大人」。《中庸》曰「及其至也，雖聖人亦有所不知」、「所不能」。明以見「聖人」之外，尚有進境。今故以經傳爲主，詳考「至人」、「神人」、「化人」、「真人」、「神人」、「大德」、「至誠」、「大人」，以爲皇天名號，而以《靈樞》、《素問》、道家之説輔之。以見聖人人帝之外，尚有天皇，此「天人學」之所分也。

初以《春秋》、《尚書》、《詩》、《易》，分配道、德、仁、義之皇、帝、王、伯，故《知聖篇》有「套杯」之喻。大、小分經分代，以明各經各爲一時代，以免床上床，屋上屋，混同一視之流弊。初以《春秋》、《尚書》爲深切著明之史記體，《詩》、《易》爲言無方體之辭賦體，一行一知，一小一大。故以《易》、《詩》配皇、帝，《尚書》、《春秋》配王、伯。緯云：「書者，如也；詩者，志也。」舊説以史記體爲行事之王、伯，辭賦體爲空言之皇、帝，久乃見邵子亦以四經配四代，惟以《詩》

---

① 大字：原作「大德」，據上下文意改。

② 案：《孟子》無「神人」一詞，惟《盡心》篇有「聖而不可知之之謂神」一語，「神」比「聖」高。蓋爲廖平所本。

爲王、《尚書》爲帝不同。《尚書》首堯舜，有「帝」字明文，邵子以配帝是也。惟《詩》配王，不惟與體裁不合，與「思無邪」、「王于出征，以佐天子」、「宜君宜王」、「王后爲①翰」，亦相齟齬。故懷疑而不敢輕改。遲之又久，乃知四經之體例，以「天」、「人」分。「人學」爲六合以内，「天學」爲六合以外。《春秋》言伯而包王，《尚書》言帝而包皇。《周禮》三皇五帝之説，專言《尚書》；《王制》王伯之説，專言《春秋》。言皇、帝、王、伯，制度在《周禮》、《王制》，經在《尚書》、《春秋》，一小一大，此「人學」之二經也。二經用史記體，深切著明，與《詩》、《易》言無方體者不同。亦如詞賦派、史記派。「人學」六合以内，所謂「絶地天通」、「格於上下」，人而非天，故人神隔絶。至于《詩》、《易》以上征下浮爲大例；《中庸》所謂「鳶飛于天，魚躍于淵」，爲「上下察」之止境②。周游六漠，魂夢飛身，以今日時勢言之，誠爲力所不至。然以今日之人民，視草昧之初，不過數千萬年，道德風俗，靈魂體魄，已非昔比。若再加數千年，精進改良，各科學繼以昌明，所謂長壽服氣，不衣不食，其進步固可按程而計也。近人據佛理言人民進化，將來必可至輕身飛舉，衆生皆佛。予案：佛法舊以爲非中國之教者，前人考明宗旨，皆出於道，故有以《列子》爲中國古佛之説。見《子史精華·釋部》，佛説與《列》相比。《論語》云「未能事人，焉能事鬼」、

① 爲：《詩·大雅·文王有聲》作「維」。

② 「鳶飛」至「上下察之止境」：《中庸》原文作：「鳶飛戾天，魚躍于淵，言其上下察也。」

「未知生，焉知死」，儒者引以爲孔子不言鬼神之證。不知爲學之次第，不可躐等而進。未知生，不可以遽言死；未事人，不可以遽言鬼。若由今推數千年，自「天人之學」明，儒先所稱詭怪不經之書，皆得其解。今略舉數證如左：

一、《靈樞》、《素問》。○「黄帝」當爲「皇帝」，「岐伯」當謂「二伯」。謂治「皇帝學」之專書。於其中分「天學」於「人學」、治天下、治病，爲三門。已經輯出，別爲一册。治天下者，爲「帝學」，陰陽五行家九流之一；考九流「陰陽家」書目，當有移入此中者。言天道人身應天地者，專爲「皇學」；治病者，乃爲醫學專書，入「藝術」門。

又案：書中屢言道，以身比天地，因修身以存道。以隱逸神仙派，所以爲學道之別傳。專就養生言修身，以性情喜怒哀樂能傷生，此修身之高等也。蓋《容經》爲普通修身；《洪範五行傳》爲仕宦修身，修養爲道德修身之大成。故前兩等爲《大學》之程度，後一級爲《中庸》「至誠」之基礎。

二、《楚辭》。○案：《楚辭》爲《詩》之支流，其師説見於《上古天真論》，專爲「天學」，詳於六合以外。蓋聖人於六合以外，存而不論。《詩》、《易》之託物占比，言無方體是也。《楚辭》乃靈魂學專門名家，詳述此學，其根源與道家同，故《遠遊》之類多用道家語。全書專爲夢游，即《易》之「游魂」、「歸魂」。所説皆不在本世界，故有「招魂」、「掌夢」之説。凡所稱引，後人皆就中國一隅説之。即屬游魂，何以尚在中土？故因《楚辭》專引《山經》，而《山經》亦因之大顯。

三、《山經》。○全書皆爲神靈所生，雖聖人不能知、不能行，惟神靈乃能名之。大約五《山經》即三垣、四宫恒星。《中山》，中垣；《東》、《西》各七宿；《南》、《北》各七宿。不及人民者，以太遠無人民也。五篇言山川、動植、礦物與鬼神形狀、嗜好、祭品名物最詳，蓋其書爲「天學」之天官宗祝巫史所掌。學者以祭祀鬼神譏之，實則所稱鬼神，皆爲彼世界之人。至其時鬼神往來如賓客，亦如今外交部與外國相交涉。

又案：《海外》四經爲四旁①，又如五行星與月球。《大荒》四經，爲在下之四方，其人民即《詩》之「下民」、《招魂》之「四方」。其人形狀詭異，多不似人形。如《國語》以爰居、夷羊、鷟鳥爲神，又如佛書之地獄變相。所稱帝王卿相、子孫姓氏，名多與本世界相同。《國語》：宗祝必知鬼神嗜好、情狀、宗族。故《左》、《國》所引五祀帝鴻氏、丹朱、鯀之類，名雖相同，實非本球古帝。

又案：或以「在天成象，在地成形」，經書所見，如麟、鳳、龜、龍、長狄、防風骨；史之負貳之尸、形天氏，天之所有，下應于地，故上下相同。又或偶一降臨，非常之物，終不得據爲己有。

① 旁：據文意，疑當爲「方」之形誤。

又案：老、莊皆云「至人無夢，其神不靈。」蓋「至人」以上，形神俱融，能飛身往來，彼此直身相接，不用神游，故曰「不夢」。此帝爲神游，如《詩》之夢境；「至人」則凌雲御風，故曰「不夢」。又天地格絶，則以祭祀享神，示爲靈應。「至人」之世，則直爲賓客，非鬼神矣，故曰「不靈」。又往來有飛行、生化二種：鳥魚飛潛之事，固無論矣；若嶽降生申，傅説騎箕上升，與佛老所謂「化身」，則往往相同。所謂「人神混雜」，《山經》神靈以外，各種人民皆爲地球所無。蓋五山爲三垣，太遠，故無人民。行星日會，乃有人民，特形狀不同耳。

又案：麟、鳳、龜、龍，爲四宫之精，與五帝同。故五帝有以爲列宿之精者，有以爲緯星之精者，所以必有名號。如「靈威仰」之類。至於本世界所稱之大五帝，顓頊以上之龍鳥火水名官者，亦託以爲天神。初非世界所有，所以能上天入地。

又案：顓頊以下乃絶地天通，經所謂「格于上下」，此人帝德不及遠，專爲「人學」之事。《山經》實「天學」之專書，并非詭誕。所以《列》、《莊》、《楚辭》、《穆傳》引據如經典，則非不經可知。

四、《列》、《莊》、《尸》。○諸書於地理最詳，同以地球爲齊州，屢言「游于六合以外」、「無何有之鄉」、「游於塵垢之外」，皆不在本世界。故其所列地名，舊來多附會中土，今知爲「天學」，其事乃得大明。

又案：《地形訓》所引昆侖三十六民與龍鳳種族，此皆爲「天學」諸書，所言混合不一。地球之昆侖，實則「混沌」音之轉也。若以爲葱嶺，安得云中？又安得有神仙往來？所謂名同實異。《列子》之五神山，舊以爲五大州，實則爲五緯星。今考定齊州之稱，則知「靖人」、「僬僥」，皆不在本世界。

又案：《列》、《莊》南海之鵬，北海之鯤，即金、火二星。

五、《穆傳》。○案：此篇《列子》舊入神游之後，全篇皆爲夢境。

六、辭賦。○司馬《大人賦》即《遠游》篇摘本，讀之乃有淩雲之志，則其不在本世界也明矣。當時「天學」甚明，故賦詩家尚得據以立說。去古愈遠，乃不敢據以爲定，亦如顓頊以後，德不及遠，乃爲民師而民名。

七、釋典。○將來世界進化，歸於衆生皆佛，人人辟穀飛身，無思無慮，近人論之詳矣。特未知佛即出於道，爲化胡之先驅。所言即爲將來實有之事，爲「天學」之結果。一人爲之則爲怪，舉世能之則爲恒。

五變記箋述卷上①

戊午之歲，改去「今古」名目，歸之「小大」，專就六經分「天人」、「大小」。

井研廖氏學
樂山受業黄鎔箋述

此編迺五譯先生自記畢生學識之歸墟，實晚年學力之進境也。前有《四變記》，經劉申叔刊入《國學雜誌》，大江南北所傳播之《今古學考》，不過初變，二變萌蘖之生耳。癸丑之秋，先生旅居滬上，重輯四變綱要，石印於《孔經哲學發微》。今行遠登高，功業益上，至魯至道，五變有成。《易》曰：「通其變，使民不倦。」又曰：「易窮則變，變則通，通則久。」《中庸》曰：「動則變，變則化。」孔子謂老子猶龍，嘉其善變也。鎔摳衣在門，得寓美富，循循博約之途，不得不請事斯語。先生本名「四益」，今因五變，更名「五譯」。

① 五變記箋述卷上：原作「五變記」。按此實黄鎔箋述《五變記》，因後有「五變記箋述卷下」，故據補。

人學三經

《禮經》

人有禮，乃爲人。鎔注：《曲禮》：「鸚鵡能言，不離飛鳥；猩猩能言，不離禽獸。今人而無禮，雖能言，不亦禽獸之心乎！」故聖人作爲禮以教人，使知自別於禽獸。六藝中，六藝：射、御、書、數、禮、樂。先有小禮如《曲禮》、《少儀》、《内則》、《容經》、《弟子職》。小樂，十三舞《勺》、成童舞《象》，如今中小學校普通科。此爲《禮經》，乃修身、齊家事，爲治平根本。《左傳》：「禮，經國家、定社稷、序人民①、利後嗣者也。」如今法政大學、專門學校之學科。「修身爲本」，本此禮也。《大學》「自天子以至於庶人，壹是皆以修身爲本。」

鎔案：《荀子·性惡》篇：「性惡」之説，與孟子相反。考荀學實出孔門，聖道廣大，殊途同歸，後儒不可妄分畛域。枸木必待檃栝，鈍金必待礱厲，人之性惡，孟子據孩提愛親，以爲性善。然人少則慕父母，知好色則慕少艾，有妻子則慕妻子，仍是性惡處。必待禮義然後治。天之生物，草木争長，鷹隼虎豹，弱肉强食。童子初學語，便知駡人，惟聖人以禮義化導之。故聖王當作「聖人」。爲之起禮義、本篇：「禮義者，聖人之所生也。」制法度，《孟子》：「教以人倫：父子有親，君臣有義，夫婦有别，長幼有序，朋友有信。」堯時無此文明。以

① 「人民」：《左傳》隱公十一年作「民人」。

矯飾人之情性而正之，以擾化人之情性而導之。使不善之性歸於善。使①皆出於治，合於道者也。其説如此，深識聖道之作用。蓋荀爲戰國老師，乃子夏五傳弟子，見《經典釋文》。所言頗有經驗，實能闡明聖作禮義之本原。去聖未遠，必有所據而云然者也。《史記》以孟荀合傳。宋神宗元豐八年，詔以孟子配孔子，以荀況、揚雄、韓愈從祀。可見「性善」、「性惡」學派同出孔門，一本分支，無庸軒輊。乃宋儒是孟非荀，拘持偏見。況昌黎《原性》辯駁甚明，宋儒崇拜韓之《原道》、闢佛諸論，獨於性則自恃聰明，見指失臂，津津一得，以爲直接孟子之傳，則踰越韓公；而荀出孟後，擯諸異端之列。夫人性果善，則必不教而成也。孔子曰「性近」、「習遠」、「上智下愚不移」，是性無一定之資格也。孟子曰「逸居無教，則近於禽獸」，是性不善而待教也。「教以人倫」，倫理乃孔經所發明，孟據《帝典》「敬敷五教」言之。是孟子亦謂善性易漓，當約束之以禮教，正如璞玉頑金，必加琢治而後成器。此義參之《荀子》，如出一轍。宋儒貶斥荀説，自詡認性極真，一孔之見，度量不宏，且滅没聖人制禮之功。能尊孔不能張孔，徒以「良知」、「良能」葆全太璞，不假彫琢，便以爲聖賢學問。「此心同，此理同」，堯舜與人無異，東西南北，古今聖人，皆如此。夫性與天道，子貢親炙聖門，嘗謂不可得聞；兩宋之儒，在孔子千百年下，乃學聖如此其易。噫，異矣！

① 使：原作「始」，王先謙《荀子集解》本作「始」，今從梁啟雄校定作「使」。

《大學》：「自天子人學。至於庶人，「天學」之真人、至人。壹是皆以修身爲本。」「人學」、「天學」皆以修身爲基礎。「人學」正身以率物。「天學」之身形游六合，説詳於後。《論語》：「其身正，不令而行。」《孟子》：「君正莫不正，一正君而國定。」董子：「正朝廷以正百官，正百官以正萬民。」三説合正心修身爲一。本有實形實義，並不索之隱怪也。蓋聖人作經傳世，闡發上下古今、天地宇宙之理，藴奥雖深，窮年莫究。千百年而不盡。然等級標著，程功以次，惟恐晦盲閟塞，阻遏學者嚮往之心。故《春秋》之世，倫理不講，即氏族主義，亦未發明。孔子吹律定姓，吹律，即翻譯。故仲尼始姓孔。始撰《帝繫》，分別姓氏。同姓不昏，男有室，女有家，推此義以及天下，故經有天下一家之例。修身即天下一人例。正心即《書》之元首，指腦言。修齊之旨，關於國與天下最爲密切。説詳《疆域圖》第三十一及三十三。孔經大義，燦若列星，何嘗虚無寂滅，遁入鬼窟，使人迷昧哉？惟宋儒倡言誠意、格致、後有詳駁。去私、存理，自以爲聖人再世。《閲微草堂》曰：「隋唐以下聖人多。」然《毛詩集傳》解説鄭衛之詩，發洩許多淫邪之念。説詳四益撰《胡先生詩緯訓纂序》。私欲未淨，有觸即發，真所謂太極之理，靜極生動也。後有詳説。按《列子·仲尼》篇曰：「吾修《詩》、《書》，將以治天下①，非但修一身。」斯言也，正因《大學》終於修身，恐後儒誤會此旨，獨善其身，主敬存誠，高言希聖，則

① 《列子》原文「書」下有「正禮樂」三字，「天下」下有「遺來世」三字。

聖道眇瑣纖詭，墮落禪寂，無異坐井而觀也。故修身之旨，即《洪範》①「五事」例；說詳《疆域圖表》。齊家之義，即《梓材》「大家」例。皇爲祖，二帝爲父母，三十二王爲子，六十四伯爲孫。《吕刑》伯父、伯兄、仲叔、季弟、幼子、童孫是也。放準驗推，灼然聖制，小統大統，垂範後王。彼以「民胞物與」侈談聖量者，豈非空言揣測，門外彷徨者耶！大抵宋儒摭拾經傳一二字，標幟領異，欺世盜名，當時且目爲僞學。使聖經果以道學爲宗，胡爲紛歧雜出，莫能統一？且互相詬詆，黨同伐異，究竟氣質未化也。

〔附〕小樂

鎔案：孔經未作以前，有世俗之禮樂，爲朝野上下所沿用。西人謂之社會習慣。而由來已久者，禮則喪期吉禘、夫人大饗、同姓昏、娶母黨、不親迎、喪中娶之類，皆周時通行之禮也。樂則鄭聲、秦缻、趙瑟、燕筑、楚歌、楚舞，皆當時各國土著之樂也。《樂記》所舉齊宋衛音亦然。自孔子作經，酌宜定法，禮必合乎節，樂則期於雅，煥然改觀，淨滌舊染，非復前日之樸陋。凡見於傳記所有小禮小樂，爲及門所行習者，莫非聖作新裁也。《禮記》：「十三舞《勺》，成童舞《象》。」此孔門教導小子，俾習音樂，陶淑性情之法。《論語》：「子之武城，聞弦歌之聲。」正是子游創興學校，傳播孔學，「莞爾而笑」，宜也。《樂記》子贛問「六歌」，因其性情所近而習之，故絃歌干揚，樂之末節也，童者舞之。藝成而下，然後用之郊

① 洪範：原作「鴻範」，兹據《尚書》原文改。

廟，用之朝廷，用之冠、昏、燕、饗諸禮，無不鏗鏘從律。蓋先由審聲知音，克諧角徵，庶幾由人心生，感物而動，以通於政，此禮樂之原。當明孔經以前情狀，然後知孔經之禮樂，由粗及精，作用深微，豈曰小補哉！

《春秋》 治國學。

地方三千里，與《書經》比較爲小。〇王伯學，爲仁、爲義。

鎔案：尼山鍾英玉麟，誕瑞素王，生值春秋之世，蒿目時艱，上無天子，下無方伯，《公羊》説責重二伯。車馬周游，得百二十國寶書，即《史記》所謂「諸侯並作」語。歸於洙泗，參以魯史，因時事，加王心，始元創制。《元命苞》：「子夏問夫子作《春秋》，不以初哉首基何？孔子曰：『丘於《春秋》始元終麟，王道成也。』」是元年乃孔子特筆，孔經以前，紀年不如此。推之正月，亦當同例。《爾雅》月名：「正月爲陬」等十二名詞，必爲孔前字母之稱。至孔子作經，乃改用正二三等雅言耳。行遠自邇，化成九州，疆域方三千里，此孔經之化，實際則未嘗統一。立牧置監，舉綱張目，以此州制，上考不謬，徵信於《禹貢》。《春秋》荆、徐、梁，以州舉。孟子時齊、楚隔閡，言語不通，禹之州貢，安得如此廣遠？須知經史文野之別。推之五服五千里，四表三萬里，鴻謨俟後，待人而行。故《書經》大統，《春秋》小統，空言行事，「人學」之始終以備。五譯精譽《春秋》學，權輿《公羊》，溝通《穀梁》，集成《左氏》，犯險攻堅，合通三《傳》，化除門户，創斯偉業。著有《公羊三十論》、《公羊春秋補證》、《公羊驗推》、《春秋圖表》、《穀梁糾謬》、《穀梁古義疏證》、《穀梁起起廢疾》、《左氏鍼膏肓評》、《左氏五十凡駁例》、《左氏撥正録》、《左氏漢義補證》、《左氏古經説》、《左氏春秋學外篇》、《春秋三傳折衷評》等書。畿甸疆定，將相和衷，出撫四夷，歸然一統。二帝三王，武、周、成、康，莫不聽命。美哉，始基弗可及已！

《春秋》者，王伯之學，以仁義爲主。《論語》「依仁」、「游藝」，緯説：「霸不先正，尚武力。」武力即藝，用武必託諸義。即揭明王伯之宗旨也。齊桓公存三亡國，仁也；伐楚責貢，義也。晉文踐土盟諸侯，皆獎王室，義也；無相侵害，仁也。《孟子》「三代之得天下以仁」，王學也。葵丘申五命，伯者之義也。霸者假仁，則偏於尚義。孔孟淵源，學無異轍。乃宋儒據「仲尼之徒不道桓、文」之語，《荀子》亦曰：「仲尼門人，五尺豎子，羞稱五伯。」遂謂孔孟皆黜伯崇王。斯言也，不但抹煞一部《春秋》，且率天下之人而禍仁義者也。何也？使學者高言王道，鄙棄伯圖，矜語德化，不尚武功，坐致南宋不振，神州陸沉。晉尚清談，致有五胡之亂。桓温北伐，望中原歎曰：「神州陸沉①，王夷甫諸人不得不任其責。」南宋之世，與東晉何異！學説有差，國家受害，是不可以糾正。夫文譎、桓正，孔子正據城濮、召陵之事，比較優劣。晉用詭謀以戰勝，《左氏》所載蒙馬曳柴等事，皆兵家權謀用奇之術。臨事好謀，孔子所與。齊僅責貢以蕆事，《春秋》曰：「楚屈完來盟于

①《晉書・桓温傳》「沉」下有「百年丘墟」四字。

師。」爲齊桓諱。聖意尊晉而抑齊，《春秋》書曰「楚師敗績」，嘉晉文也。故顛倒時代，先文後桓。宋儒主張「誠」、「正」，薄棄詭譎，既與聖評相反，又不識「九合」、「一匡」褒奬霸功之意。仲引孟説而違悖孔心，逐末忘本，是殆未諳孔孟之時局也。孔子之世，周德雖衰，王靈未泯，但有伯者出而尊周攘夷，以屬諸侯，便足以匡時弭亂，故全部《春秋》，大抵齊桓、晉文之事也。孟子之世，七國稱王，戰争愈烈，非有王者出而統一，不克救民水火，故孟子盛稱湯武，而非薄桓、文也。孔子之世，宜於伯，不可説諸侯以革命；孟子之世，宜於王，最宜説六國以保民。明夫當時之病狀，乃知孔孟爲良醫，用藥對證①，厥疾必瘳。宋儒昧於時勢，不解聖賢救世之苦心，徒以「内聖外王」概尼山、鄒嶧之學術。既不明《春秋》之義，又以「精一」、「執中」爲堯舜相傳之道統；《虺誥》始言「仁」，《湯誥》始言「性」，據僞文以爲根柢，不自知其舛謬。不揣時以立言，安能通經以致用？列國皆世卿，乃謂孔子周游求仕，不知一車兩馬，魯君資以適周，考察郊廟及列國政俗，歸而作經。惟孟子歷聘，乃有「無君皇皇」之説，當知時局不同。「克己」、「四勿」，錮蔽學者之性靈。庠序中缺少人才，前清之諺曰「科甲官不識民情」，蓋中宋儒之毒也。大都老腐敗、老學究，斤斤談性理、詡道義，而不識經國大計者也。是以在當日林栗南宋孝宗朝兵部侍郎。劾其無學；沈繼

① 證：通「癥」。《列子・周穆王》「因告其子之證」；《朱子語類・論語》「對證下藥」，並以「證」爲「癥」。

祖寧宗朝監察御史。奏舉十罪；劉德秀諫官。斥爲僞學；胡紘、太常少卿。姚愈、諫議。劉三傑御史。等抉其猖獗，亦奚怪哉！果爲聖學，誰敢擯斥？五譯推闡王伯之學，謂「麟書」之成，所以撥當時諸侯之亂，遺之後世，且將撥海外全球之亂。商榷何、范，砭箴賈、杜，別黑白，定一尊，俾學者瞭然大義，徵諸寔用。故《春秋》稱道桓、文，以其能内尊外攘，託爲侯伯，「衣裳」、「九合」，特嘉齊霸，於晉文、狐、趙，無所贅辭。因弟子不問，又以無可疑議，城濮、踐土之功，彰明顯著也。太史公曰：「《春秋》辨是非，長於治人。」觀於武帝多才，根據《公羊》；宣帝良吏，幼學《穀梁》。宏我漢京，成效可覩。詎若規行矩步，終歸無用者乎？章氏謂：「仲尼國老，已去司寇，其作《春秋》，亦僭也。」①此以經爲史之說，不足與辨。

《王制》爲之傳「人學」之小標本，儒、墨、名、法家主之。

鎔案：《春秋》三《傳》，今、古爭執，久成水火；短長得失，爲世詬訾。五譯統以《王制》說《春秋》，徵諸三《傳》，莫不絲絲入扣。如《公羊》陝東主周，陝西主召，爲二伯；《穀梁》鄭，冀州之國，以起八伯；《左傳》周公將左軍，虢公將右軍，齊稱伯舅於葵丘，晉賜弓矢於踐土。襄公以下稱伯父。二伯八伯之制，三《傳》合符，可見同出一源也。五譯初闢此

① 「章氏」云云，見章太炎《原經》，「已去司寇」下有「出奔被徵，非有一命之位、儋石之禄」。

途，見者大駭。推考各經，猶然一貫。二伯，如《詩》二《南》，《書》羲、和，禹、皐，太保、畢公；《易》陰、陽兩儀。八伯，如《詩》國風，《書》四岳，羲和四子，伯兄、仲叔、季弟，《易》八卦。迄今人皆首肯，樂與守成。而斬荆棘、啟山林者，蓋苦況無可告語也。著有《王制訂本》、《王制義證》、《王制集説》、《王制圖表》。夫以《王制》説經者，兩漢博士派也。漢以前，孟子學說，全據《王制》。鎔輯有《王制孟子合證》。其「周班爵禄」一章，統舉《王制》綱要，託諸聞略，實聞之孔門也。聖作《春秋》，雖據魯史，竊取新義，桓、文二伯，竊比老、彭，即殷伯、大彭。改制譏時，不仍周典。故《孟子》曰：「諸侯惡其害己，即謂《春秋》之制，不合時尚。皆去其籍。」謂周姬典禮，無一存在。後儒以《孟》説畿内封國與《王制》等級參近，《王制圖表》考其凹凸接逗筍節，知爲詳略互文。又考之《周禮》，枘鑿不入，直指目爲殷制，章氏則以「天子使其大夫爲三監」爲周制，又以方伯連率爲聯邦。或以《王制》言東田，「東田」一條，乃漢儒訓詁誤入正文者。又謂之爲博士所集。眾喙豐蔀，聖法不章。由是説《春秋》者，游蕩無根，徒爲雕繪枝葉，貽譏「斷爛」。皆由失離《王制》，遂成無律之師，作寇亂邦，其害可勝言乎！五譯泛槎尋源，深悉葱嶺爲中國山脈之祖，而二百四十二年之事，馬跡蛛絲，確有脈絡可考。「人學」植基，緇帷傳習，儒、墨、名、法，各擅所長。班《志》云：「合其要歸，亦六經之支與流裔。」豈虛語哉！

《書經》平天下學。

地方三萬里，與《春秋》比較則爲大，全球正名天下。《詩》：「溥①天之下。莫非王土。」「王」讀作「皇」。「皇帝學」爲道、爲德。《中候》「皇道帝德」，爲内外優劣；《洪範》「五、皇極」，屢言皇道；《典》稱堯「克明俊德」，舜「惇德允元」。

鎔案：《書》叙堯、舜、禹、湯、文、武、成、周之治法，然非分代記事而已。鴻規鉅制，始終一貫，上考下俟，師表萬年，全由聖裁，迥殊古史舊説。「六經皆史」，近儒章氏且謂古史皆經，又謂《書》爲不具之史，《帝典》爲歷史紀傳；又有謂《尚書》四代爲我國文明鼎盛時代者。黄河濁流懷襄，爲患甚矣，聖道之厄也。夫堯時禽獸逼人，舜如深山野人；又舜，東夷；文，西夷。孟子所稱，何等譾陋！他若《尸子》、《韓子》、《淮南子》所稱堯舜，皆喬野無文，《通鑑前編》纂輯諸説甚備。此猶可曰儉德也。《禮·明堂位》「土鼓、蕢桴、葦籥，伊耆氏之樂也」，已無「八音克諧」之雅。《墨子》「堯堂高三尺，土階三等」②，難容群牧群后之朝。《淮南子》：舜作室、築牆、茨屋。《禮記》虞官五十，則與「百僚師師」不符。秦博士説古帝王地不過千里，則與「五服」、「五千」不合。《禮緯》唐虞二廟，夏四廟，殷五廟，周六廟，史事。已非「天子七廟」之制。經制。《左傳》「天子七月」，「諸侯五月」，「大夫三月」，「士踰月」。

① 溥：原作「溥」，誤。據《詩·小雅·北山》原文改。

② 「堯堂」至「三等」：見《史記·太史公自序》所載司馬談《論六家要旨》，不見於《墨子》。

經制。《尸子》謂「禹之喪法，制喪三日」。史事。況禹卑宮室，惡衣服；《論語》。堯下爲巢，上營窟；《孟子》。不窋失官，竄之戎狄；《國語》。太王居邠，被侵狄人。《孟子》。草昧之象，載籍極博。以爲文明者，固信經而不諳事實；以經爲史者，又逐末而不識本根。謠諑煙霾，孔義不著。是當劃分經史之界，而後内容外觀，文野迥異，即孔經之作用亦顯。

唐虞之事，實狉榛蠻野，無可爲諱。正如「百家言黄帝，文不雅馴」者也。史公擇言尤雅，以爲《本紀》。書首明明謂孔子所傳，不離古文，《史記》八引古文，皆指孔經之文。是古史之《世本》、《譜牒》，史公猶及見之。以爲薦紳所鄙棄，故協厥經傳，待人深思。後儒不察，竟瞢然合糅經史。自此以後，《通鑑》欲接《左傳》，《綱目》直擬「麟經」。尤其謬者，乃謂三代以上，道在君相；三代以下，道在師儒。夫以儒生而抗帝王，固僭而不倫；即所援「危」、「微」、「精」、「一」道統之粹語，亦梅氏贋鼎，不足爲典要者也。「危」、「微」、「精」、「一」，出於《荀子·解蔽》篇，引《道經》曰：「人心之危，道心之微。」又有「精於道」、「一於道」之説。枚氏①續以《論語》「允執厥中」句，遂成十六字。宋儒據之以爲「心傳」。既鄙《荀子》之「性惡」，又宗所引之《道經》，何歟？案：《道經》乃「皇帝學」，即《道德經》之所本，非堯舜時有此學術。「槷中」，即《周禮》土圭法。葉公不好真龍，誤據僞古文，終身謹守，以爲聖學在是，實於聖經之表裏精粗未能貫澈。噫！可哂也。五譯蚤年研求宋

① 枚氏：又作「梅氏」，即梅賾。

學，漸而開悟，有如伯玉知非。深識知行顛倒，知爲「天學」，行爲「人學」，先行後知，程功有序。終無入德之時，冥索枯想，空疏無用，乃鉤考典禮、制度、政治、疆域，以方三千里爲王九州，騶子所稱禹序九州。方五千里爲帝之一州；《謨》曰：「弼成五服，至于五千州①。」萬五千里爲一帝之九州，爲一表；方三萬里爲四帝四鄰，爲四表。四帝，如《月令》四時法天四宫；《謨》曰：「欽四鄰②。」《典》曰：「光被四表。」《貢》之九州，據騶子九九之説，由禹序推至大瀛海環其外，所謂「四海會同」。如此者九，即《貢》之「九州攸同」。《範》之「九疇」，即大九州，法天九野。天包全地，皇則配天統全球，爲祖。天下一家例，《詩經》三見「皇祖」。帝爲天子，《白虎通》説。二帝二伯爲父母，四岳、八伯爲子。《吕刑》：「伯父、伯兄、仲、叔、季弟、幼子、童孫。」故曰：「天子帝之正稱。作民父母，二伯。以爲天下王。」「爲」讀去聲，「王」讀作「皇」。緯説「皇道帝德」，《顧命》「皇天用訓厥道，付畀四方」③，如《月令》。黄帝統馭四帝。《考靈曜》「萬世④不失九道謀」，天有九道，皇統全球，九州

① 「弼成」至「五千州」：見通行本《古文尚書·益稷》，該篇爲《今文尚書》本《臯陶謨》後半部，廖平主今文，故歸之《謨》云。下同。又通行本於「五千」爲讀，「州」字屬下。

② 欽四鄰：見通行本《尚書·益稷》篇。

③ 「皇天」至「四方」，見通行本《尚書·康王之誥》，《今文尚書》屬《顧命》。

④ 萬世：《叢書集成》本《古微書》作「萬里」。

法天。《帝典》堯稱「俊德」，舜稱「惇德」；《月令》五帝五德。故皇主道，帝主德。《道德經》彌綸六合，與《莊》、《列》同爲「皇帝學」之傳。《道德經》本出孔門，至漢文帝尚黄老，乃託名老子，出顯於世。所謂「無名，萬物之母」①，「有物混成，先天地生」，即騶衍稱引「天地剖判以來」，至「天地未生，窈冥不可考而原」之説。況《荀子·解蔽》篇已引《道經》，《列子》、《内經》等書所引「黄帝曰」皆爲「皇帝學」，故陸德明謂《老子》在經典後。《論語》「志道」、「據德」，謂依據《尚書》二帝，以待世界開通，必有統一之皇。故《帝典》寓有《皇篇》在内。《書經弘道編》因分析之，以符二十九篇之目。又《召誥》、《雒誥》開闢西、雒兩京，以當兩帝，分治東、西兩半球。解詳《弘道篇》。才美足觀，託之公旦，作周匹休，叡聖哲想，囊括宇内。《列子》引孔子之言曰：「吾修《詩》、《書》，將以治天下，遺來世。」《荀子》曰：「《詩》、《書》故而不切。」班《志》：「『如有所譽，其有所試』。唐虞之隆，殷周之盛，仲尼之業已試之效者也。」是以《書》爲孔子所作。後儒讀《書》，猥以古史目之，是瞽者無與文章之觀，但耳食人言，而芴昧無知識也。秦博士曰：「古者帝王地方千里。」此則唐虞真史事，比之五服五千里、四海三萬里，廣狹懸殊。若不考疆圉，而謂經皆官書，不容庶士僭擬；章太炎説。至於經中美制，則以爲史官諛詞。裂聖作爲四代，《伏傳》七觀，分類説《書》，不別時代。等天縱於

① 無名萬物之母：《老子》原本曰：「無名，天地之始；有名，萬物之母。」知「無名萬物之母」爲黄鎔誤引。

馬、班，雜纂成編，後世鈔胥檔吏，皆可抗衡木鐸，且似素王無所制作，濫竽俎豆。此廢經之狂吠所由噪也。五譯主張尊孔，博采周秦諸説，證明孔學之大，充滿全球，當日轍環周游，便識地球疆宇之廣；退而奮筆，書如天行，規模宏遠。下俟百世，庶幾皇帝御極，有所遵循。故公羊作《傳》，終《春秋》而樂道堯舜，正謂《尚書》繼「麟經」而作。《春秋》小統之義，尚以俟後，《公羊傳》：制《春秋》以俟後聖。秦漢而下，始見施行。若《書經》大統，純爲史臣之筆，是以蛙見説孔聖，猶戴天不知天之高，履地不知地之厚也。誣蔑聖經，抑制大學，質諸司寇，能逃卯誅乎！

世之以經爲史者，大抵因《史記·五帝本紀》後叙堯舜，多采《尚書》，遂從而附和之也。抑知前三帝采用《戴記》傳述孔子之言、宰予之問，明謂擇言尤雅，《論語》：「《詩》、《書》、執禮，皆雅言。」不取百家不雅馴之文，此爲古史。以其野稗鄙陋，不足垂爲國史，故采經摭傳，用著良模。可見龍門作《記》，尚不肯攙雜古史；而杏壇創經，必更異於譜牒所記也。乃史公既改廬山真面，習久不悟，而班《志》遂有「左史記言，右史記事，事爲《春秋》，言爲《尚書》」之説。故杜氏《左傳序》直謂：「《春秋》者，魯史記之名也。」小司馬補《三皇本紀》，多采緯説。後世《綱鑑》諸書，又依《通鑑前編》，廣搜古事，相矜博洽。文野雜糅，謬誤相沿。而「六經皆史」之説，市虎杯蛇，群入迷霧。外人推測進化公理，尚疑《書》經夸飾；日本那珂通世説。且謂黄帝以來，疆域廣博，至姬周，而内地多夷狄，楚則鴃舌，吴乃文身，嗤笑中國人退化如此。比之子孫不肖，不能守成，如蠶自縛，無以解嘲。「入吾室，操吾戈」，中國學者何以禦之哉！誠知《尚書》之堯舜，非唐虞之真堯舜，則表裏貫澈，可以説經，六經皆非史舊。可以論史，史爲事由，經如法律。改良合軌，辦事有才。可以博古，可以通今，而才智明達，不患學校乏人才也。謂予不信，試再徵之諸子：其宗旨不同，則所舉堯舜亦異。兵家之堯舜戰争，法家之堯舜明察，墨家之堯舜儉質，道家之堯舜無爲，儒家之堯舜德隆，農家之堯舜耕稼。藉古帝以明學説，皆自以爲真堯舜。《韓非子·顯學》篇説。其實堯舜未必然也。子家皆出孔後，立標建幟，各發明一種學説。其所以推美堯舜者，蓋以《尚書》獨載孔聖大統之規，託始堯舜，故諸子亦祖述二帝也。班《志》謂九家皆六經之支裔，豈不然乎？

《尚書》託古垂法，以堯舜爲傀儡。宰我曰「夫子遠賢堯舜」，正謂《書》之堯舜，政治文明，非若蛇龍同居之景象也。後儒不信及門親炙之評，而從枝葉之絜論，乖離道本，徒逞機辯，違心自是，甚無謂也。《論語》：夏禮、殷禮，杞、宋不足徵。則唐虞之文獻，必更無可據也。緯説：「聖人不空生，生必有制，由心作則，創起鴻謨。」經異於史，尚何疑義之有，《書經弘道編》説，全非舊史。

《周禮》爲之傳「人學」之大標本，道家、陰陽家主之。

鎔案：舊説《周禮》爲姬周典禮；又以爲周公所制之禮；繼察其禮制，未經舉行，又以爲周公致治之草案。曲爲之解。近儒謂《周官》非肇制於公旦，父子積思以成斯業。牽涉文王，更爲無理。種種謬説，皆由誤讀「周」字也。不知「周」雖姬周之國號，《詩》曰「周雖舊邦，其命維新」，《金縢》「新命於三王」，《康誥》「作新大邑」，已非蕞爾之「小邦周」可比。故《周禮》爲《書》傳，當解作「周徧」之「周」。周天三百六十度，周地九萬里，「周」乃泰皇統一全球、奄有天下之大名，非武王、周公所得私爲獨有。《周禮》十一言「周」，知皆包全地球之詞。《大司徒》「周知九州之地域，大九州三萬里。廣輪之數」，坤爲大輿，地員如輪。如此偉議，目爲姬周，何異以管窺天哉！

周公制禮之説，見於經傳者，亦有據矣。然究非姬周公旦之禮耳。《禮記·明堂位》「周公踐天子位」，「六年，朝諸侯於明堂，制禮作樂」；《伏傳》説同。此《書經·立政》篇之師説也。《立政》「告嗣天子王」，又曰「繼自今，文子文孫」，「繼自今，後王立政」，乃謂將來之王，非姬周之王也。其曰「方行天下，全球乃稱天下。至於海表」，則四海、四表，又非姬周之土宇也。其曰「不訓德則」，即五方五德；杙柯測日之法，則又非姬周適用之儀器也。雖職官綱要，契符《周禮》，一經一傳，詳略互文。然周公「若曰」，始終皆用代詞「若」，直以爲家相創制，則拘泥迹象，認假作真，而美玉待沽之義不著，可謂之明經者乎？

然膠執舊説者，或尚不信也。請以《春秋》事實證之：如同姓不昏，禮之大者也。《論語》：昭公取於吴；《公羊》、《坊記》説同。章氏謂僻陋在夷，皆以《周禮》爲準，誤矣。《左傳》：晉公子，姬出也；犬戎狐姬生重耳，驪姬亦姬姓。鄭子產謂晉平公內實有四姬；《荀子》齊桓公「姑姊妹不嫁者七人」；《仲尼》篇。《漢·地理志》：齊襄公姑姊妹不嫁，令國中民家長女不嫁，名曰「巫兒」，爲家主祠。嫁者不利其家，民至今以爲俗。若果周公有禮，何敢改異國典？他若鄫季姬自擇配，《穀梁》「遇者同謀」。徐女擇壻子南。又史傳所載魯惠、衛宣、晉獻、晉惠、楚成等，上烝下報，數見不鮮，章氏謂魯、衛、齊、晉皆秉《周禮》，是其疏謬。全無忌憚。故人謂周公制禮，吾敢斷之曰：周公無禮也！禮制創自孔經。三年之喪，據《魯世家》：伯禽報政曰：「變其俗，革其禮，喪三年後除。」此史公所擇雅言。似奉行周公之喪制也。乃滕文公欲行三年喪，其父兄百官曰：「吾宗國魯先君莫之行，章氏謂短喪之説，内政未必爾。豈未讀《孟子》？吾先君亦莫之行。」且志曰：「喪祭從先祖。」是周先王皆未行三年喪也。《左傳》：周景王葬穆后，既葬，除喪；昭十五年八月，王穆后崩，十二月葬。《春秋》所書吉禘于莊公，武氏子當喪出使，季孫斯居喪不釋官；且出聘。《公羊》：哀五年九月，「齊侯杵臼①卒」；六年《傳》云「除景公之喪」，皆足證周無三年喪之制。故宰我守舊，以期喪；周喪期年。墨家歸喪於儒者；若《春秋》所譏踰越禮法之事，不一而足。人但信周公有制作之權，而不知孔子爲禮義之宗。望文生訓之儒，不考其實，以《周禮》歸之周公，而不知爲《書經》之傳。表裏不分，令人迷

---

① 杵臼：《公羊傳》原文作「處臼」，《穀梁傳》與《左氏傳》亦同。

罔，此經學所由日蕪也。

人之稱周公周禮者，或以爲據《左傳》所云：魯「秉周禮」，杜氏以「五十凡」爲周公史法。別詳《五十凡駁例箋》。「周禮在魯」之文也。夫盲左作《傳》，往往借託時事，試演孔經，左氏，魯君子，得孔門經學，故采綴經義，作《國語》。如太史占《易》，蔡墨言龍，穆姜説《隨》，季札觀樂，成鱄言《皇矣》，單穆公言《旱麓》，叔孫穆子解《鹿鳴》，以及饗餞歌詩，會聘叙禮，莫不施用經説。故博士以《左氏》不傳《春秋》，謂其不專傳《春秋》也。其曰「周禮在魯」，兼有《易象》、《春秋》。正謂大統典禮存在尼山。孔子魯人。惟注家誤解，乃云魯守先型。試問：「太伯端委以治周禮」，哀七年。其時文王尚幼，周公未必誕生，有謂太王遷岐，始號周公，太伯所治，乃太王之禮，夫太王乃追稱，《周禮》「惟王建國」，僭越可乎？果使太伯篤守周儀，仲雍胡爲斷髮戎俗？無忌嫁女魯昭，徵貢百牢，不從天數，子貢據禮糾正。即據孔門之「周禮」言之，皆《春秋》撥亂之通例也。讀書不明大義，安得不偏地荆榛哉！

《周禮》之爲《書》傳，亦猶《王制》爲《春秋》傳也。昔之講經者重家法。五譯謂説經當依舊傳，否則浮蕩無根，不免郢書而燕説。《書》爲「皇帝學」，《周禮》正爲「皇帝傳」。外史「掌三皇、五帝之書」。皇統六官，小宰所掌天地、四時之官。《尚書》「乃命羲和」，五節是也。帝制五官，《周禮》無「冬官」，則五極五官。六官止五官，猶六經止五經，以《詩》包《樂》，故「小宗伯」五官奉六牲。據帝制以待推爲皇，《論語》所謂「據於德」。猶《帝典》之中寓《皇篇》。「天官」統四方，亦猶《顧命》統四嶽。伯相攝冢宰。太保畢公爲二伯，以統《刑》、《命》二誓，如羲和統四子，又皇制六官也。大綱既舉，再詳細目：《貢》曰九州，《典》曰十二州，《職方》則内外互舉。内七、外二。《書》言侯、甸、男、采、衛五服，《康誥》、《酒誥》、《召誥》、《顧命》。《周禮》乃增蠻、夷、鎮、藩爲九服。驗小推大。《帝典》十二牧、十二師，即《職方》六裔，《大司徒》十二土壤，《馮相氏》十二辰。《帝典》二十二人，即《馮相氏》十日、十二月。《範》：「卿士惟月，師尹惟日。」《吕刑》「五極」，即《大司徒》五土。五官皆言以爲民極。《典》之「光被四表」，即《典瑞》土圭致四時。《召誥》土中大邑，即《大司徒》地中王國。《洪範》「五行」，即《小宗伯》五帝。《皇篇》「四民」，《康誥》、《雒誥》「四方民」，即《大司徒》五民。四方加中央。《帝典》「協時月，正日」，即《周禮》「正歲」、「正月之吉」。《康誥》「大明服」、《大誥》「無疆大歷服」，即《大司徒》「地域廣輪」，《考工記》「輪輻三十」。《帝典》四方巡狩，即《大宗伯》朝覲宗遇。《皇篇》「賓日」、「餞日」、「日永」、「日短」，即《大司徒》「景朝」、「景夕」、「日南」、「日北」。《康誥》「時臬」、《君奭》「槩基」，即《匠人》「置槷」，《車人》三尺之柯。凡《書》中典制，全與《周禮》璧合。鎔承五譯先生之教，編成《皇帝疆域圖表》，比櫛印證；又成《書經弘道編》，發明斯誼。巍巍大統，俟後施行。既非四代史册之遺經，亦不爲前朝記事。蓋孔聖哲想周遍全球，由王《春秋》。進帝，地方萬五千里。由帝進皇。地方三萬里。世界漸通，孔經亦漸以適用。俟百世而不惑，藏美玉而待沽。將來「泰皇」獨尊，統一宇内，則《周禮》「周」字之名義顯，即《書》如天行之緯説亦明。世之以經爲史者，曷深思而決擇之乎！

《書經》、《周禮》，經傳相得。聖作賢述，水乳交融。昔之所以誤解相沿者，良由世界隔絶，海外未通。騶子宏天，貽誚不經。漢代諸儒，乃於《書經》縮小範圍，投合時尚；但據《王制》，但言小統。而《周禮》大統規模，東諸秘府，無人過問。及劉歆發得《周禮》，請立學官，博士淺見，目爲異端。蓋先師知本原，雖改小經制，尚默識其弘規。《伏傳》「四極明堂」、「鴻範五行」、「越裳九譯」、「天下大洽」等説是也。後師久而失實，循支忘本，井蛙入海，莫辨津涯。《移書》責其「是末師而非往古，《古文書經》。信口説《公羊》。而背傳記」，《左傳》、《周禮》。謂其解書不遵《周禮》也；解《春秋》不遵《左傳》。又曰：「因陋就寡，分文析字，煩言碎辭，小夏侯詳章句，大夏侯曰：「章句小儒，破碎大道。」學者罷老不能究一藝。」謂其喪失繩墨，漫衍支離也。又曰：「國家將有大事，舉行大統大典。若立辟雍、封禪、《史記》：司馬相如卒後，上《封禪》一篇，天子異之。可見博士不言大統。蜀自文翁講學，多士研經，長卿乃能言封禪。史公講業齊魯，乃作《封禪書》。巡狩之儀，《明堂位》七會同之制，詳於《皇帝疆域圖》第三十五及四十。則幽冥而莫知其源。」謂博士以《王制》説經，不知《書》爲「皇帝學」也。惟聖學法天無隱，時行物生，天統全地，經以「皇」統全球。《召誥》「皇天上帝」，皇法天之紫宮大帝。比物此志也。《周禮》五官，本爲完本，司空攝冢宰居中，司徒代地官主冬，《地官》兩見司空爲本職。變禮昭垂，良規遺後，補以《考工》，實爲贅疣。惟其完備無缺，乃足寶貴。無論九服萬里，既大逾周疆十倍；即《大行人》六服七千里，姬周亦無此版圖。鄭君强勉牽就，左右不安。五譯以爲《書經》皇帝傳説，雺霧盡撤，皎日中天。證以地球，若合符節。起馬、鄭諸儒於今日，當亦歎生不逢辰，而思舍舊謀新也。

孔經初立此二派，先小《春秋》、《王制》。後大。《書經》、《周禮》。《春秋》之「王伯學」，中國已往略有端倪。秦漢以下歷代君主。至於「皇帝學」派，地球初通，中外從來未嘗統一，必待數千年乃可得其髣髴。孔經空存，師表萬世，謂萬世帝王之師表，非老學究、老腐敗之師也。待人後行，俟後。非已往陳跡。經與古史不同。

鎔案：孔聖生際衰周，鑒諸侯之分裂，天子不能命，列邦無所統，人民無可訴，禮義不興，綱維不立，因作《春秋》，筆削從心，用夏變夷，創起一王之制，以成小統之治法。又知世界由漸開通，區區方三千里不足以楷模後世。因於《謨》、《貢》增廣五服弼成，地方五千里以爲一州，《謨》曰：「弼成五服，至于五千州。」内九州、外十二州爲一大王。九州則萬五千里爲一帝。舉隅反三，四帝則方三萬里，分治四方。《謨》曰「欽四鄰」，《論語》：「德不孤，必有鄰。」迨泰皇统一，天下一家。《皇道篇》、《鴻範》皇極。此孔經「人學」二派，驗小推大，垂範後聖，新經新制，與往古之史事迥不相同者也。以《春秋》論史事，則天子下聘，經譏下聘；天子求貢，經譏求金、求車；天子棄西京，經存西京；以秦爲留守伯。天子居東都，經以東都爲行在；王臣皆氏舊采。諸侯不朝王，經起朝禮；公朝王所。天子不巡狩，經起巡狩；「天王狩於河陽」。鄭以郈易許田。晉侯召王，經書曰「狩」；趙盾、許止不弒，經皆書「弒」；吴楚稱王，經書曰「子」；楚有王子，經書「公子」；諸侯專封，經所不與；大夫專命，經所重貶；陪臣執政，經書曰「盜」；不三年喪，經譏吉禘；同姓爲昏，經主異姓；書「孟子卒」。女自擇配，經必用媒。《書》「遇鄫子」以譏。凡世卿喪娶，不親迎，娶母黨，喪中不釋官等事，爲舊日通行之慣習者，經皆一一譏其非禮，以撥亂而反正。以《書經》論，史事質野，經制文明；史事不雅馴，經制皆雅言；史事疆域愈古愈狹，經制疆域愈古愈廣；立法於前。所以俟後。史事不知禮法，經制特創禮儀；史事喪期無數，經制考妣三載；史事文字結繩，經制書契古文；《史記》八引「孔氏古文」。史事唐虞二廟，《書》：「高宗豐于昵。」經制天子七廟；史事禽獸野人，四益《倫理約編》詳言之。經制孝弟慈和；史事禹治黄河水，經制禹治中國水；且推治天下之水。史事禹導水入東海，經制禹導水入四海；史事中國無逆河，經制逆河入北冰海；史事中國無四海，經制全球始有四海；史事《貢》九州小，經制《貢》九州大；史事夏殷諸王皆稱帝，經制改易帝號稱王；史事周爲小邦周，經制周爲大邑周；殷亦爲大邦殷。史事周之疆域不大，經制周之疆域極大；史事兩周京在鎬、洛，經制周兩雒在全球；史事周東都在洛邑，經制周東都在「地中」；史事父子易姓，堯祁姓，丹朱貍姓，咎繇偃姓，伯益嬴姓，舜姚嬀二姓。《典》中諸臣，僅以名傳而無姓。經制姓別統系；孔子吹律定姓，始姓孔。《大戴》推闡《帝繫》，《左傳》賜姓展氏説。史事黄帝以來，皆有年數，經制載堯以來，畧無年月。凡屬經中之典制，莫非聖心所獨斷。哲想彌綸，不仍舊貫。《禮記》孔子答曾子、子游等問，皆屬新制，非有古禮如此。後儒目《春秋》爲魯史記，目《書經》爲四代史，宋芸子謂《周禮》三百六十，所掌即四代政要。好談古事，滅沒聖裁。或謂孔子爲良史，秉筆記載，無以爲後來進化之地。五譯精研經學，深知經義與史迥別，雅俗援證，比附表列繁夥，著有《四代古制佚存凡例》、《春秋反正表》、《書經託古表》。兹所臚舉，不過百一，觸類以推，可以恍悟。倘温故而不知新，入孔室而反噬主人，非子貢所謂「不知量」者乎？

當日春秋之世，侵弱暴寡，棼亂至極。尼山創立「王伯之學」，俾有綱紀秩序。而列邦競争如故，甚至定、哀以後，田氏代齊，三家分晉，桓、文業衰，周益陵替。孟、荀乃首倡王風，尊湯武，黜五伯，《孟子》：「仲尼之徒，不道桓、文。」《荀》曰：「五尺豎子，羞稱五伯。」不獲一試。衛鞅少爲刑名，即孔門政事學。說孝公以帝王之道，《書》、《春秋》之學。不適時用，此孟子所以偃蹇，宋儒謂孔門黜霸崇王，同一戾時。改語强國霸術，孝公大悦，遂行新法。墾田定賦，司空養民之政非廢井田。變秦戎翟之俗，比於魯、衛。孔道初行於世。李斯學於荀卿，得帝王之術，時當亂世，士皆研求治術。出而相秦，并六爲一；規摹《王制》，施行郡縣。秦定天下，丞相綰請王諸子，李斯議置郡縣，始皇可其議。分中國爲三十六郡，齊淳于越曰：「殷周之王千餘歲，封子弟功臣爲枝輔。今陛下事不師古，何能長久？」李斯議曰：「陛下創大業，非愚儒可知。越言乃三代之事，不足法也。又諸侯並作，語皆道古以害今，人善其所私學，以非上所建立。」此言三代封建之敝，當改行統一之制。力小易制，海内混一。初行《王制》，宜從簡質。今美國分劃四十九州，州伯如秦郡守，即方伯也。今民國欲行兩級制，省界較秦遼闊，聲息不靈，政不畫一，不善學古。二世不克守成，楚項擅威，分封王侯。天下復裂。炎漢嗣興，初泥封建之説，舊説秦廢封建，所見未當。刓六國印而不果。納張良之嘉言。然仍封功臣七王，如姬周之封諸侯。次封子弟九國，皆先後叛變。舊以殷周封建説《王制》、《周禮》，不知二書雖言封國，同以學校選舉爲基，不許世有其國。《謨》曰「六德」、「有邦」，唐虞皆重選舉，此孔經之改良舊制也。此義不明，俗儒動訾秦廢封建，並詬商君廢井田，以爲戾古亡國，見識違謬，施行不利，是不善讀書之咎也。繼乃改用郡縣之制，傳之後世，遂爲行省。至於省、道、府、縣四等，適合《王制》伯、正、帥、長之規則。《春秋》王伯之學，當日孔聖創法，不過理想之空文，而小統致治，久而必徵實驗。方今世界大通，列强角逐，已入中國戰國時局。昔之戰國小，今之戰國大。中外名流，競欲提倡「大同」學説，以安天下。五譯謂「大同」之學，即《書經》、《周禮》「皇帝學」也。《書·洪範》「建皇極」，居中統八州。《皇道篇》六相、六官，羲和二伯，即二帝，如堯舜。即《中候》之成王、周公，東西二雒。《顧命》五篇分五方，驗推之，即《周禮》五官，如全球五大洲。將來一州一帝，即《戴記·帝德》之五帝。《書》堯、舜、禹，加二高。泰皇出而一統，即《範》所謂「皇建其有極」。此孔經韞匵之美，數千年後，必見諸實行者也。顧驗之往古，必先有學説發明於先，而後事蹟從而踐之。「王伯之學」以内夏外夷爲宗旨，故秦築長城，北却匈奴。漢世繼踵，闢南越，降夜郎，通西域，征大宛。國威遠播，號稱「天漢」，此博士明經之功也。新莽攝政，古學初噪，無德用事，誤引周公之聖，謬法井田之隆，收天下田爲「王田」，民怨沸騰。不知井田乃經制，由小推大，即借根方之算術，西人得之，名「東來法」。致使天下分裂。然中興以後，國勢不弱，猶縱横於葱嶺東西，兵破安息，直抵波斯海灣，可謂盛矣！厥後清談誤國，漸以不競；唐崇佛學，儒尚駢麗；宋宗道學，黨派私争；明始制藝，清代八股，皆於經學粉飾枝葉，咸非其本義。由是晉有五胡之亂，其卒也南北相持；唐有藩鎮之禍，其終也五季傾軋；宋多内訌，而外患乘之，契丹、西夏、遼、金相繼。蒙古崛起；明阿同姓之私，頒朱注爲憲令，高談性理，騖虚棄實；清承明敝，利用腐儒，安常守舊，傑出樸學，字句瑣碎，正、續兩《經解》多蹈此弊。經術晦闇，迄於今日，邪説横流，甚謂「孔子畢生，海外未經游歷，地球未嘗夢見」，將欲廢孔毁經，别求宗主。此非孔經之咎，乃諸儒解經之咎也。

夫「四海」見於《謨》、《貢》，「坤輿」言於《易傳》。曾子説「地員」①，《管子》有《地員》篇。《書緯》説「地動」，《周禮》詔「地求」。「求」，古「球」字。《大司徒》「周知地域廣輪」。凡諸偉義，釐然皇帝之疆宇，而《書經》、《周禮》所詳言者也。版圖既闊，控馭維艱，而皇道帝德，標幟開宗於是。道家發明道本，《荀子・解蔽》篇已引《道經》；《列子》引《黄帝書》「谷神不死」六句，在今《道德經》上篇。可見古之《黄帝書》即《道德經》也。「黄帝」當作「皇帝」，《内經》及他書所引黄帝之説，皆《道德經》之旨也。無

---

① 曾子説地員：此説未見於記載。本句下注云「《管子》有《地員》篇」，則「曾子」當爲「管子」之誤。

爲清淨，寥廓通靈，《列》、《莊》所述，胥是義也。陰陽家推闡德旨，分配五行，順時變理，《董子》、班《志》、《靈》、《素》等書是也。蓋道德之學，體合於心，心合於氣，氣合於神，神合於無。雖遠在八荒，近在眉睫，莫不知之。《列子》引《亢倉子》説，非宋儒所謂「道學」也。《列子・黄帝》篇，古之神聖之人，備知萬物之①情態，悉解異類之音聲。以此神智，秉要執本，統御無疆，故能六合爲家，安坐而理。今之世界，泯棼裂亂，輪汽舟車，已肇「大同」之基礎。但全球合一，必在數千年後。而數千年前孔經，已代籌治法，如七會、四朝、明堂、巡狩、七曆、三正、土圭、畿服諸大政，説詳《皇帝疆域圖表》。莫不詳審周密，豫創鴻規。《春秋》「王學」，中國行之，已著成效；《書經》「皇學」，將來施行於天下，亦必令如流水，造車合轍。大略潤澤，是在後聖，此天生至聖，所以爲天下後世也。

大抵孔經「人學」，本有小、大二派。小統主《春秋》，漸施行於秦漢之世；大統主《書經》，須待行於千百世後。自「泰山」既頽，微言漸滅，八儒三墨，支派日歧；九流諸子，偉論滋增，上溯淵源，猶然同軌。兩漢之際，乃有今、古之聚訟，今、古者，文字隸、古之別也。主今文者，爲西漢博士派；主古文者，爲東漢古學派。博士主小統，但言現在，不言俟後。求合時尚。後世開通世界，聖制無聞。以《王制》偏説諸經，削足適履，概從小觀。

① 「聖之人備知萬物之」八字，原本雙行夾注，據上下文意，當爲正文，今正。

其弊也，謂方百里出千乘，方千里出十萬乘。包氏說。口少賦多，民不堪命。《刑法志》：方百里出車百乘。古學主大統，膠執訓故，剖析文字，而昧於經國之大體。以《周禮》、《左傳》偏説諸經，泥古悖今，不利時行。其弊也，以萬二千五百人一軍，爲軍制定率，鄭氏說。致兩五十里小國，便足以抗天子。既援周公文壓孔聖，又百篇《書序》，推崇堯舜。後儒乃謂唐虞爲中國極盛時代，不識巢窟之景象。今、古二派，皆有流弊。

四益天聰獨悟，蚤年劃分涇渭，撰成《今古學考》。精進不已，芟削今、古，但從《春秋》、《書經》分小、大。至於《詩》、《易》分小、大，別論詳後。而《今古學考》之書，當如過渡之舟，已渡則棄。大江南北，猶斤斤守此初程，是敝帚自珍，見表未見裏也。經學之要在明疆域、典制，「王伯」爲小，「皇帝」爲大。版圖明察，政治乃利設施。「王伯」世局，治以《春秋》；「皇帝」世局，治以《書經》。天命制作，遺餉百王，不在今、古文字之末也。孔經未作以前，結繩字母，音多字少，如《莊子》所謂「舊法世傳之史」，史公所讀「牒記」、「譜牒」及「百家言」、「百家雜語」，皆孔前姘音字母之舊本。其字體如安息書記，畫革旁行；《索隱》：外夷書皆旁行，不直下也。印度梵文，一字數音，天方文由右而左。又如唐古忒文，近世滿、蒙、西藏文，多從耳治。孔聖易以書契，「六書」、「四象」，目治見義。《春秋》地名、人名，三《傳》經本互有異文，此翻譯方音，以古文代字母之蹤迹也。「失台」、「大鹵」、「善伊」、「稻緩」，名辭扞格，改從雅馴。《公羊》：「地物從中國，邑、人名從主人。」《穀梁》：「號從中國，名從主人。」即述孔經用文言之義例，有二音譯成一字者，如「甲」曰「閼逢」，「子」曰「困敦」之類；有三音譯成一字者，如「丑」曰「赤奮若」、「寅」曰「攝提格」、章太炎說：《爾雅·釋天》「正月爲陬」等十二名，巴比倫亦有之。「巳」曰「大荒落」、「亥」曰「大淵獻」之類。《春秋》年日，《書經》大統用之。《謨》辛、壬、癸、甲，是其起例。傳記所譯，如「勃鞮」爲「披之」，「斯」爲「差郙」，「婁」爲「鄒」，「終葵」爲「推」之類。後世反切，即其遺意。史公稱「孔氏古文」、「《詩》、《書》古文」、「《春秋》古文」，實孔經初造古文之證。古文簡單，一字數用，弟子增孳示意，遂成大篆。《說文·敘》：六國文字異形，至於李斯，始作小篆，漢博士用隸書今文。西漢之季，人心嗜古，謂《倉頡》古文、《史籀》大篆，寖以失真。聖爲篇家鴻筆，獨奮雅言正名，創始制字。鄒魯之士，所言既非黃帝百家不雅之文，況杞宋無徵，周公其衰。特起隆規，以立百世繼周之準則。故序《易》、刪《詩》、《書》之說，貶抑聖裁，不可以訓。須知天縱多能，新經肇作，是以來學尼山者，日以益衆。若瓦缶陳言，采拾舊史，何能傾動一時，致三千、七十及門哉！

然則孔聖作經，必先制字。良以古史闕文，字母姘音，如梵音佛書，全恃耳根功德。《左傳》仲子爲魯夫人，季友、叔虞命名，皆以手文，即當日字母之形。古文六書，即與手文迥異。屈曲如繩，但可爲口音之符記，不足以載道垂法。自孔經革更野史，譯從雅言，凡世俗習慣之文字，一埽而空。自此以後，人文蔚起，由古文而大小篆、隸，迄於草、楷，疊次進步。外洋仍用世俗習慣之文，無聖人起而改良。煥乎其文！子史傳集，著作日新。此至聖文學之賜，天下同文之基也。然文字新創，而名物名辭，仍采各國方音土語，如揚子雲《方言》所記，經傳中均常用之。是孔經當日，仍然言文一致，並不求諸高深。亦如白香山詩，老嫗可解，孔經高深在義理，不在文字。俾國人易臻文化，故《公羊》多齊語，《楚詞》有楚語。今齊、魯無俗語，多與《□詩》合。因地成文，因文見意，疆輿漸廣，人類增多，語音煩賾，文字之混合益夥。如今「目的」、「方針」、「組織」、「改良」等詞，皆已入文。故周秦諸子之文，較六經爲詳備；漢魏之文，古茂淵懿；晉唐六朝，駢麗繁縟；昌黎勁利，宋代輕空；至前清，而文章彪炳。全球認中國爲文明祖國，良以此矣！大抵涵濡風雅，道久化成，乃能取精用宏，資材豐蔚。如《九通》、《御覽》、《圖書集成》、《淵鑑類函》、《玉海》、《函海》、《玉函》之類。彼進化未久，富庶方興之國，文淺語俗，既乏典雅，又愧辭華。正如鄉曲寒賤之秀，欲與世家大儒競藏書，矜識解，難矣！曠覽當今之世宙，中國當以文名橫行一世。乃今之職掌文教者，不爲增高繼長之謀，竟爲下喬入幽之計。降等立學，習爲白話，自甘喪亡國粹，猶以老成人而學兒童語。欲以此争存於學戰時代，則惑之甚矣。

《經話乙編》：《韓詩外傳》：姑布子卿相孔子，謂孔子得堯之顙，《書》始《帝典》。舜之目，次《帝謨》詳舜事。禹之頸，次《禹貢》。皋陶之喙。《帝謨》「稽古皋陶」。古之帝王卿相，備於孔子一身。寓言孔子作經。凡經傳所説堯、舜、禹、湯、文、武、周公，《書·中候》詳周公。帝德、王道、伯功，《春秋》桓、文。皆屬孔子一人之事。緯説孔子爲素王。《論語》：「文王既没，文不在兹乎！」孔氏古文。

《公羊》：「王者孰謂？謂文王也。」素王商後，《禮記》：「而丘也，殷人也。」《傳》曰「水精之子」，謂蒼天即文王。故經傳諸子之所稱引，全歸孔子。自王莽崇尚古學，創爲三代鼎彝，由是孔子以前，乃有「六書」文字，黄帝、堯、舜，乃有斷代之書。劉歆所創古文六經，孔子以前之師說，紛然雜出。《繹史》「書契類」並列六家。文字今、古之分，此爲絕大關鍵，學者所當深思也。

鎔案：天生孔聖，受命作經，託言「信好」，後儒竟以删訂纂修，殽惑聖制。五譯據《史記》八引「孔氏古文」，以爲孔作六經，先制文字。新城王晉卿先生謂必有實據，乃足徵信。近數年來，竭力搜稽，碻證繁夥，豁然通貫。但前說稍略，鎔撰有《羅玄德先生中文古籀篆隸通序》一篇，足證此誼。附誌於後。

序曰：馬氏《繹史》「書契類」，古今文字異同六家：倉頡書：古之造文者三家，左行、右行、直行。倉頡書直行，即上古結繩字母。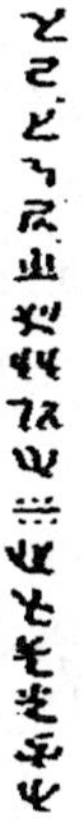。《說文·敘》：神農結繩爲治，黄帝之史倉頡，見鳥獸蹏迒之迹，初造書契。按此，倉頡多象形字，與「孔氏古文」相近。猶鐘鼎家之託古。真倉頡書，乃結繩字母。夏禹書：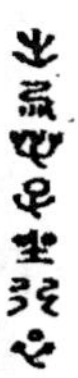。古今從無夏禹著書之說，《蜀岣嶁碑》不爲典要，昌黎所詠《神禹碑》在湖南衡山南者，後人僞託。史籀書：《乾鑿度》題曰「庖犧氏先文」、「公孫軒轅氏演古籀文」、「倉頡修爲上下二篇」。又《乾坤鑿度》曰：「太古百皇闢基，文籀邃理微萌，始有熊氏。」是太古已有籀文，在倉頡前。皆好古之意。。俗所謂周宣王石鼓籀文者，經俞理初考訂，乃北周時所造，今以爲

周宣王者，誤矣。孔氏書：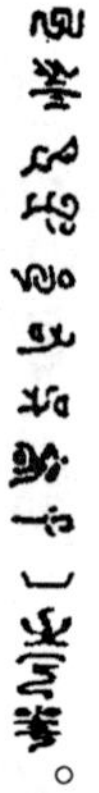。孔子書不引《論語》「正名」、「雅言」、《說文》「孔子曰」等文，及所稱經傳等文，而據晚近所傳之《吳延陵季子墓碑》，其意創造文字，與孔子無涉。不知初造書契，改易結繩，專歸後聖也。李斯書：。此省大篆爲小篆。程邈書：丌得一以清，地得一以寍，神得一以靈，谷得一以盈，萬物得一以生，侯王得一以爲丌下正。此隸書①。

已上列表之文，皆有形意可求，通於「六書」古文，並無踳盭。後儒以之分隸往古者，譬之庖犧《河圖》，夏禹《洛書》，《圖》五方，《書》九宮，同出一時。古人雖愚，不至知五方而昧四維。伏羲「先天」，文王「後天」，文王時，殷《易》「坤乾」，孔子改作「乾坤」。文王安能用「帝出乎震」之卦位？箕子陳「疇」，「箕」讀作「其」，解詳《書經弘道編》。羑里演《易》，《易緯》「文王」指孔子，後儒誤以爲周文王。虞史《典》、《謨》，商周《誓》、《誥》，《書經》官制無沿革，非歷代史事。姬公《雅》、《頌》，更有《周南》、《豳風》。魯史《春秋》，且以左氏爲史官。尼山之著作，大抵剽竊前編，不如檔吏之保全史策，馨香俎豆，不其悳乎！然此等誤説，由來舊矣。《易緯·乾坤鑿度》云：「太古文目，託之太古，欲以徵信後世。先《元皇介》，此《書緯》，言皇道。而後有《垂皇策》，《書緯》，言帝德。而後有《萬形經》，

① 以上古文字形見《繹史》卷一九九上。案：黄氏原文於「」前脱「孔子書」等十二文，今補。又其古文字形每與《繹史》原文有出入，今據光緒本《繹史》及《說文解字》一一描正。

《易緯》。而後有《乾文緯》，而後有《乾鑿庀》，二爲《易緯》。而後有《考靈經》，即《考靈曜》。而後有《制靈圖》，二爲《書緯》。而後有《河圖八文》，《易緯》。而後有《希夷名》。希夷二義見《道德經》。而後有《含文嘉》，《禮緯》。而後有《稽命圖》，即《禮緯·稽命徵》。而後有《墳文》，三皇三墳。而後有《八文大籀》，緯說籀文在倉頡前，實則大篆在孔後。而後有《元命包》，《春秋緯》。一十四文大行，通行於世。帝用《垂皇策》解說《典》、《謨》。與《乾文緯》、《乾坤》二《鑿庀》。此三文說《易》者也。皆爲《易緯》。太古安有《易經》？《元皇介》測問隂隝古「陰陽」字。術行術，路也。董子陰陽左右說。大旨也。」《書·皇篇》，羲和分司陰陽。歷歷緯文，概託太古，良由孔經託古，故說緯者借語洪荒，亦如六經皆出聖裁。《左傳》以《易象》、《春秋》、《周禮》《書經》大統傳說，非姬周典禮。託之於魯，且以《周禮》託之太伯。《詩》篇託之觀樂，更於享餞歌之。《易》卦託之卜占。揣「信好」之意，據「述而」之辭，相沿已久。區區「六書」古文，本麟筆游藝之事也。儒者群焉屬之倉頡，奚足怪哉！馬氏號稱「馬三代」，亦以古文沿變剖別世代，皆魯衛之政也。顧韞匵之美，盡被群雄竊據，久假不歸，竟覺廟食虛名，家無長物。將言尊孔，何從而尊之？竊以讀書必先識字，造字乃以作經。認定「六書」字體爲宣尼手澤，則囊昔失物，皆可次第收回，故「孔氏古文」之說不可不奉爲鐵案也。人之稱「倉頡古文」者，大抵根原許氏耳。按《說文叙》列倉頡於庖犧後，不過溯文字之始源，然云倉頡初作書，並無「倉頡古文」之明文也。其曰：「孔子書六經，左丘明述《春秋傳》，皆以古文。」即謂孔子肇造古文，又曰亡新居攝，時有六書，一曰古文，孔子壁中書也。不言籀文。又「馬頭人」等說，「皆不合孔氏古文」，則明明以古文專歸孔子。其稱《易孟氏》、《書孔氏》、《詩毛氏》、《禮周官》、《春秋左氏》、《論語》、《孝經》，皆古文也。此與《史記》所舉「《詩》《書》古文」、「《春秋》古文」、「《尚書》古文」、「孔氏古文」之說，造車合轍。許氏引「孔子曰」，即孔子初造古文、解說文義之證。然則《易·繫》「後聖」、「書契」，謂孔子也；「上古結繩」，謂倉頡也。倉頡之書，在孔前有可考者，如《左傳》仲子爲魯夫人，朱氏所擬字形，未愜。叔虞、季友命名，皆以手文。《說文》所舉古文，絶與手文不類。則字形與手文相似，今天方文右行者，亦似手文。即《論語》所謂史闕文，倉頡爲黄帝史。《史記》「百家言黄帝，文不雅訓」是也。倉頡以音制字，百家語音各異，轉變甚多，故曰「百家言」。《爾雅》「歲陽」、「歲名」，「閼逢」、「旃蒙」、「困敦」、「赤奮若」之類，一音三音，今之讀音，古之書文。煩重無義，此爲孔前音多字多之證。孔子改作干支，以爲《春秋》書日之用，舊說「大撓作甲子」，即「閼逢」等二十二名詞。又爲《書·謨》辛、壬、癸、甲，《多士》有幹、十干。有年、十二支。内九州、外十二州之用。《周禮》十日、十二月、十二歲，爲《書經》傳，非周公作。又《爾雅》月名：「陬」、「如」、「寎」、「余」等十二名詞，莫可索解。章太炎謂巴比倫有此名詞，章氏考巴比倫歷史，所云「福巴夫」者，伏羲也；「尼科黄特」者，黄帝也；「蒼格」者，蒼頡也；「知爾特亞」者，葛天也；「薩爾宮」者，神農也，促其音曰「石耳」。《春秋命曆序》亦有此名①。其他部落王於「循米爾」曰「循蜚王」，於「因提爾基」曰「因提王」，於「丹通」曰「禪通」。此即《史》贊所謂「不雅訓」之文也。孔子改用正二三四等名詞，則雅甚矣。《春秋》三《傳》，經本人名、地名，字各歧異，此用古文翻譯方音字母之證。《公羊》：「地物從中國，邑、人名從主人。」《穀梁》：「號從中國，名從主人。」即翻譯字母之例。《説文》「讀若某」、「讀與某同」，即孔子創始字成，審定音讀之證。「六書」象形、事、意，純用目治。惟象聲一門，爲拼音之遺，後世反切之法，即翻譯也。然亦不專恃耳治也。至於會意一門，合數字成一字者，尤足見字母之遺跡。如「燮」字一音一字，推想從前字母，必作六字六音。若以俗語譯之，字音必愈多。此字母不如「六書」古文之簡要。「六書」古文，實生民所未有，孔氏之特産也，前無古人，後無來者。水精誕降，受命制作。其時字母詰屈，鄙陋繁瑣，不足以載道垂法，乃不得不起造點畫，以四象、轉、叚爲六經之首基。又工察品聖績，崇弘六經，乃以雅言著之竹帛。自此以後，傳記子緯，凡用「六書」文者，莫非孔經之支裔。即託人名在孔前者，如《内經》、《靈》、《素》，詳解干支妙義。《山海經》、《詩》、《易》傳説。《夏小正》、《史記》孔子正夏時，學者名傳《夏小正》。《管子》、六千里侯，非齊所有。

① 春秋命曆序亦有此名：重訂本《訄書・序種姓上》夾注曰：「《御覽》七十八引《春秋命曆序》曰：『有神名石耳，號皇神農。』」

《老子》、陸德明謂《道經》在孔經後。《竹書紀年》，始黄帝、二高，與《大戴・帝德》、《史記》本紀合。莫不承用「六書」古文，即皆孔經之傳説也。

夫所謂「孔氏古文」者，對博士今文隸書而言也。由今文而尚論已前，皆可稱古文。劉歆校書秘閣，發得《周禮》、《左傳》，皆古文。因無人傳習，仍然舊貫。此爲孔門所傳原本之書，非若隸本變易數四也。獲此大統典制，博士據《王制》説經，言小統。疏請立學，不遂。弟子憤仇博士，謡諑朋興。謂周公制作，而孔子無經；謂倉頡古文，史籀大篆，秦書八體，首大篆。而孔子無字。又徵聚天下講古文者。於是三代鼎彝，往往而出。考其銘式，要皆「六書」古文之變體。《説文・叙》駁之，以爲「世人大共非訾」。故歷代鐘鼎款識，及尊卣敦鬲等銘，凡諸古物，百無一真。班《志》所列黄帝等書目，爲倉頡時書者，多由臆造。大都今世有其書者，如《内經》、《靈》、《素》、《列》、《莊》所引「黄帝曰」。皆孔經傳記；今世無其書者，如風后、兵法、方伎、雜占之類。乃倉頡舊文，《莊子》「舊法世傳之史」，《論語》所謂「今亡也」。武帝罷黜百家，而後字母絶跡。總之字母語煩音嘖，遷移不定；「六書」古文，擇言尤雅，有形有義。特古文簡質，一字數用，學者嫌其通叚無別，浸孳示意，遂成大篆。即今所謂籀文。顧彼此儒增，多歧亡羊。《説文・敘》六國「言語異聲，文字異形」是也。李斯學出荀卿，《釋文》：荀乃子夏五傳弟子。得聖門文學之傳，省作小篆，再變爲隸。此孔子「六書」古文遞變之踪跡也。秦焚六國史與百家言，不焚孔經，説見宋王氏《野客叢談》、蕭參《希通録》。即焚倉頡結繩字母。漢東方朔

《客難》：「諷誦《詩》、《書》古文、百家之語。」即字母書。史公《叙傳》：「協厥六經」、「整齊百家」。是西漢之世，字母尚與古文並行於世。秦焚不盡者。董子請黜百家，然後絶滅無存。劉歆弟子以謡興之，許氏囫圇之而已。漢靈帝命蔡邕書古、篆、隸三體①，刊爲《石經》，不言籀文也。以小篆從省，不再從繁重之大篆。中文古、篆、隸，既經四變，再加艸、楷，文化蒸蒸。尚有八體、八分。又隋、唐、北魏、顔、柳、歐、蘇諸家書法，皆足徵文明之進步。西文則社會習慣，未經改良之字母也。試以中文比較之：西文拼音，「六書」之形聲也；名辭，「六書」之象形也；動辭，「六書」之指事也；形容辭，「六書」之會意也。中國上古結繩字母，與西文相似否？然則中國孔經古文，必由結繩字母改良進化，翻譯而出。《莊子》「孔子翻十二經」；六經，六緯。《大戴》孔子曰：「《爾雅》以觀於古，足以辨言。」《藝文志》：「《尚書》讀近《爾雅》，通古今語而可知。」即謂六經雅言，《論語》：「子所雅言，《詩》、《書》、執禮。」改易方音土語，可以通用於世。日本山本憲謂中國文字他日必徧布宇内。又曰：「歐洲因音制字，故因古今音訛而字形屢變，後人遂不可讀。中國文雖音訛，而字不變，千百年後，亦可讀。」説見《東方雜誌》。誠確論矣。近有倡議廢漢字及節減漢字者，皆心醉歐風，未深悉中文之美善者也。若此之輩，不足

① 蔡邕書古篆隸三體：此據《後漢書·儒林列傳叙》。清杭世駿《石經考異》曰：「中郎以小字八分書丹，使工鐫石。《儒林傳叙》以爲古文、篆、隸三體者，亦非也。三體乃魏所建也。」當從杭説。

與辯。彭縣羅玄德先生精通小學，出所編輯《中文古籀篆隸通》，付梓行世。是書綱領秩然，繫傳簡絜。威遠胡君素民慫恿成編，犍爲葉君培根助貲成版，盛業千秋，天其未喪斯文歟？末附西文礦學理化二種名詞。讀是書者，通古篆以通孔經，通一經以通群經，並於古書無不通；又可由中文以通西文，中西合通，天下同文基此矣。通之爲義大矣哉，鎔幸與聞盛舉，先生不棄葑菲，持《凡例》問序。鎔贊襄國學學校，相與保存國粹，宗旨合契，爰綴所聞於五譯先生者，爲之更進一解。將欲大張孔幟，剖雪群疑，不覺言之長也。質之先生，庶采芻蕘乎！中華民國八年冬，樂山黄鎔序。

五變記箋述卷下

井研廖氏學
樂山受業黄鎔箋述

天學三經

《大學》爲「人學」，十二引《書》，爲主；又十二引《詩》，由人可以企天。《中庸》爲「天學」。十五引《詩》，不引《書》，全爲「天學」。「人學」五帝，始於顓頊。《楚語》：顓頊以前，人能登天。《左傳》：顓頊以下，德不及遠，故爲民師。「天學」五帝，始於太皞。《月令》：春，太皞；夏，炎帝；季夏，黄帝；秋，少皞；冬，顓頊。《大》、《中》二篇，凡引《書》者爲「人學」，引《詩》者爲「天學」。《素問・上古天真論》，分四等級，以天上「真人」爲止境。以聖人、賢人爲「人學」之帝王，以「真人」、「至人」爲「天學」之皇帝名詞。天人之分，别立諸表以明之。

《大學》人、天學術表

明德。司空，封建。《帝謨》曰：「嚴六德，亮采有邦。」又：「天命有德。」

新民。司馬，兵刑。《帝典》：流放四凶，以變四裔，即「新民」之事。此二句《尚書》「人學」。

止至善。「至善」即《中庸》「至誠」。「至」即「至人」。此一句《詩經》「天學」。

知「人學」主行，「天學」主知。止《詩》：「邦畿千里，維民所止。」謂地中爲「人學」之止。地中天地之所合，上應天端，即《論語》「北辰所居」，爲「天學」之止。故「知止」二字，乃人、天之終始。《莊子·逍遥游》「小知」、「大知」是也。

聖人而後有定；《易·繫》：「退藏於密。」《詩》「止于丘隅」、「丘側」、「丘阿」，「集于灌木」。○《列子》：「氣專志一，和之至也。」《莊子》：「正形一視，天和將至。」○「天學」五等，如釋氏諸天説。

至人定而後能静；《易·繫》：「寂然不動。」《詩》：「静言思之。」○《列子》：「用志不分，乃凝於神，木雞德全。」《莊子》：「攝志一度，神將來舍。」

化人静而後能安；《易·繫》：「子曰：『天下何思何慮？』」、「易无思也，无爲也。」《詩》：「言笑晏晏。」○《列子》：「華胥之民，純任自然。」《莊子》：「莫之爲而常自然，无思无慮。」

神人安而後能慮；「慮」當作「虚」。《易》：「周流六虚。」《詩》：「其虚其邪。」《列子》：「履虚若實。」《莊子》：「六合以外。」

真人慮而後能得。《易·繫》：「感而遂通天下之故。」「易簡而天下之理得。」《詩》：「求之不得。」「不」讀作「丕」。《列子》：「大同於物，無所阻閡。」《莊子》：「純氣之守，得全於天。」

鎔案：定、静、安、虚、得五等名詞，即「天學」之階級。必俟「人學」完備，世界進化統一之後，人物雍熙，恬愉自得，無競争，無恐怖，而後學業由漸進步，可以乘雲御風，遊行宇内。未至其時，《詩經》託之夢境，《列》、《莊》説以神遊。其實飛相往來，遇物無滯，不假修持，衆生皆佛，《楚語》所謂「人能登天」是也。《大學》學説，在人、天之交。屢詳《大》、《中》講義，此從略。「人學」重在行，必俟諸百世以後；「天學」首在知，洞悉於寸心之間。《論語》謂「知不如好」，如顏子之好學。「好不如樂」，《齊詩》説「上方樂爲天堂」。「未知生，焉知死」，「未能事人，焉能事鬼。」「民可使由，不可使知」，皆謂「天學」不易知，知之亦不能行。然學問之途，又不能不示人以登峰造極之境地，故《大學》以「知止」立標，而後日之程功，則又層累幽深、顯豁無隱。非至聖哲想周至，孰能與於斯！

物物包天人。《中庸》：「萬物並育不相害」，「體物不可遺」。又「怪物」、「神物」皆在所包。有本末，《論語》：「有始有卒者，其惟聖人乎！」事定、靜、安、慮、得。有終始。《易·繫》：「原始要終①。故知死生之説。」

知所先後，「先後」，即定、靜、安、慮、得之次序。「知」，則「天學」思想也。

則近道矣。「道」，天道也。道家學説從此出，非宋儒所謂「道學」。

古之欲明明德於天下者至先正其心。下文合「正心」、「修身」爲一，共計四傳。可知《大學》古本以此爲「人學」之綱。

欲誠其意者，節「欲正其心者先誠其意」九字，「誠」統定、靜、安、慮、得五目。據《中庸》但言「誠」，所謂「誠者，天之道；誠之者，人之道。」「誠意」、「正心」二名詞相仿，「誠意」與「誠之」無別。先致其知，即上文「知止」、「知所先後」之「知」。蓋上言「人學」貴行，此言「天學」貴知，先行後知。宋儒「人」、「天」顛倒，先知後行。致知在格物，「格」即《帝典》「格于上下」之「格」，「上下」者，天地也，即物。物格「格于上下」，即《呂刑》「絕地天通」，《左傳》：「顓頊以下，德不及遠。」

---

① 原始要終：據《易·繫辭傳》原文，「要」當作「反」。此乃涉下「原始要終以爲質也」而誤。

而後知至，惟天地扞格不通，故賴知以推測之。

知至而後意誠。此解知止而後定、静、安、慮、得。○「至」爲「至人」，即「至善」。《中庸》詳「至」字，又詳「至誠」、「誠者」。此下删「意誠而後心正」句。

心正而後身修至國治而後天下平。古本僅此四傳。○全球統一，乃爲「天下」。

自天子「人學」之帝王。○《詩》：「媚于天子。」以至於由「人學」上推。庶人「天學」之「至人」、「真人」。○《詩》：「媚于庶人。」壹是綜括「人」、「天」。皆以修身爲本。《大學》四傳，首修身。《中庸》九經，首修身。據此可知，修身以上，不宜更加四條目。即所謂「誠其意者」，古本亦緊接經文而不列於傳。

鎔案：此《大學》綱要。五譯《大中演義》，標題明著，分劃「天」、「人」二學，朗若列眉。程功次第，有徑可尋。「人學」由身家以至天下，乃泰皇統一之世，即《尚書皇道篇》之盛軌，《中庸》「百世俟聖」，待人後行是也。「天學」知至而後意誠，即知止而後定、静、安、慮①、得。乃《詩》「鳶飛」、「魚躍」，察乎上下；《易》「精氣」、「游魂」，鬼神情狀之理；《中庸》「質諸鬼神而無疑」是也。五譯蚤年始基宋學，繼知於孔經大道，無關其體之微，徒以「誠」、「正」幽渺，令人莫測端倪，便爾信口雌黄，侈談玄妙，無本之水，涸可立待，反覆翻瀾，愈增潦濁。咀嚼蔗渣，無味也。即以《大學》論，原本與《中庸》編列《戴記》。自

① 慮：據《中庸》原文，當作「慮」。此乃廖平私説。後同。

宋仁宗天聖八年，始以《大學》篇賜新第王拱宸等，後又以《中庸》賜新第王堯臣等，南宋高宗亦嘗御書《中庸》。以其學能治國，故時王以之期望新進。程、朱繼起，益加表章，是不過趨承風氣，迎合時尚，以謀捷徑耳，非有真傳卓解發明聖學也。二程以舊本頗有錯簡，明道定本，首「《大學》之道」，至「近道矣」，次「克明德」章，次「盤銘」章，次「邦畿」三節，次「欲明明德」至「未之有也」，次「此謂知本」二句，次「誠意」章，次「修身」、「齊家」、「治國」三章，次「所謂平天下」至「僇矣」，次「聽訟」章，次「殷未喪師」至末。既較《注疏》本不同，亦與《唐石經》次序有異。伊川定本，即今本，經一章、傳十章，然無「格致」傳也。朱子補傳，爲蛇添足，益增魔障。當日黎立武撰《大學發微》一卷、《大學本旨》一卷，立論多與朱子異。又元景星撰《大學中庸集說啟蒙》二卷，亦較朱子頗有出入。程氏門人，歧爲數派。說並見《四庫提要》。可見當日《大》、《中》爲時王所重，士之研究者，不乏其侶，各有意見不同。是《大學》篇次，程朱本未足信也。考杜佑《通典》十三卷引《大學》篇「古之欲明明德」八句，至「欲修其身者先正其心」止。據此，則唐時《大學》古本如此。《孟子》「天下之本在國，國之本在家，家之本在身」，即總括《大學》宗旨言之。不云「身之本在心」。五譯《演義》所斷，與此合符，殆神助天牖之歟！惟韓文《原道》引此節，用十句，則加入「正心」、「誠意」二句，然下文云「今也欲正其心」而外，「天下國家」不言「誠意」，蓋「正心」下無功夫。「誠意」爲「天學」，即《中庸》所謂「誠者」，實在「平天下」後。必爲改羼之文。刪去「欲正其心者，先誠其意」與「而誠意」三字，便簡直通貫。蓋《原道》一篇，其堯、舜、禹、湯列聖相傳之說，即宋儒「道統」之根據。因舉「正心」、「誠意」二句，「誠意」章即「天學」。究竟心意不相連屬。羼入韓文以植基礎，而《通典》所引，原文具在，作僞之跡，不攻自破也。況「格致」本無傳，他書亦不引用其名辭，二程誤爲解釋，朱乃竊取其義，點竄《堯典》。魚目混珠，僞同張霸之《百兩》，污衊經傳，罪在萬世也。

即以《格致傳》而論，所謂「即物窮理，求至其極」者，不過小子多識，《内則》教養童蒙之事。《通典》「大學爲上庠」，「大」讀爲「太」，乃京師帝學，何得仍用家塾黨庠之學課？《尚書大傳》：「古之帝王，必立大學、小學，使王大子、王子、群后之子，及公卿大夫元士之適子，十有三年入小學，見小節焉，踐小義焉；年二十入大學，見大節焉，踐大義焉。故入小學知父子之道、長幼之序；入大學知君臣之儀①、上下之位。」是大學之教，乃關於家、國、天下，政治典禮之學，不必於凡物之表裏、精粗，用力窮究也。「格致」乃童蒙之學。伊川謂：「今日格一物，明日又格一物。」《全書》十九。縱令於物豁然，叩以宰相事業，而心之全體，仍歸無用，烏見其「全體大用無不明」乎？唐以前，學重力行；宋以後，學重致知。當佛教盛行之世，談理學者大抵出入禪門，又復恥與雷同，肆口闢佛，然冥心思想，徐俟貫通，莫非禪家之寂悟。戴東原曰：「朱子注《大學》，開卷言虚靈不昧，頗涉異學。」陽避其名，而

---

① 儀：《尚書大傳》作「義」。

陰用其實。究之學術空玄，難徵實用。先知後行，實爲衆生顛倒。終身窮理，莫救南宋之偏安；萬人致知，難恢中原之土宇。故自古理學之盛，莫若兩宋，而喪邦亡國之慘，亦莫若兩宋。前有洛、蜀、朔黨之争執，理學之中又分黨派，器量狹隘，同類自殘。置國事於不顧；東漢之季，黨人與宦官争；唐牛李之黨，以邪正争；清流之黨，與權奸争。若同爲君子而亦分黨，可謂不顧大局，不知愛國。後有五十九人之黨錮，以僞學而戾時。國家養士百年，所賴於君子者，欲其保治安而濟時艱也。乃神宗變法圖富强，而理學家拘守宗制，不與贊襄。元祐之間，理學可謂得志也，而三黨内訌，無裨於國。新法既罷，黨派復起。其後新舊互相傾軋，舊黨無功，僞新黨起而蠹國。而徽、欽北狩矣。南渡之後，淳熙、紹熙之際，亦嘗以道學爲美名，甚望君子之儒起而匡救，乃朱熹上封事於孝宗，首謂「帝王之學，必先格物致知以極夫事物之變」。夫如其所言，必使人主苛察瑣細，不得大體，見指失臂，國勢斷無富强之望。理宗初年，追贈朱熹太師；淳祐元年，詔周、張、二程與朱子並祀孔廟，以倡天下。當時「格致」之學，可謂大行其道也。昔句踐十年生聚，十年教訓，足以沼吴；南宋理宗以後三十年尊崇理學，縱不能恢復中原，當亦可以立國，乃元寇大至，瓦解播遷，元伯顔以帝及太后北去。厓山海陵，千秋飲恨。理學家成敗之驗①，概可覩矣。明代不鑒覆轍，恪遵《朱註》，迨滿清入關，猶北宋被逼於金，南

① 成敗之驗：「敗之」二字原作「故火」，蓋形近而誤，據文意改。

宋被滅於元也。

此何以故？蓋聖學由人而天，必先行而後知也。「人學」重在實行，所以立天下國家之準；「天學」不能驟企，惟當深知其理，自有卓爾而立之時。《中庸》孔子答哀公曰「人存政舉」，即謂行也。「達道」、「達德」，安、利、勉强，九經之目，總期於行。生知、學知、困知，皆知天之學。故曰：「誠者天之道；誠之者，人之道。」「誠者不勉而中，不思而得。」謂能知「天學」，自有從容中道之時，「誠之者」，擇善而固執之謂。「人學」責重在行，明辨篤行，愚柔必奮，孔聖之言，分割人天，固明明告語矣。《中庸》人天合發，由中國及蠻貊，至於「血氣」、「尊親」，乃「人學」能行之竟境。其卒二章曰：「知天地之化育」，「知遠之近，知風之自，知微之顯，可以入德。」則「天學」但知其至而已。《易・繫》：「仰以觀於天文，俯以察於地理，是故知幽明之故」，知一。「原始反終，故知生死之説」，知二。「精氣爲物，游魂爲變，是故知鬼神之情狀」，知三。此三「知」字，正謂「天學」高遠，雖不能行，惟貴於知。《孟子》：「知其性則知天。」可見「性」爲「天學」。《莊子》：「有真人而後有真知。」《大宗師》篇。皆謂「天學」惟在於知，非若「人學」務在實行。是故孔子曰：「我託之空言，不如見諸行事。」即謂「人學」當先行於世，「天學」則暫託空言而已。《論語》孔子誨由以知，即「知生」、「知死」、「知天」之學也。聖門之學，人、天別等，先行後知。傳記之中，證據確實，並不矯爲玄妙，令人鑽仰無從。宋儒誤談孔學，專重「致知」，必即已知之理，益窮其極，搜神揣鬼，耗竭心思，終歸泡幻。夫廢寢廢食，思不如學，即不如見諸行事。孔子嘗言之矣。宋儒先知後行，顛倒人、天之學術，誤認《大學》「格物」爲「致知」之始事，欲即凡天下之物，貫澈其表裏精粗。綜其流弊，厥有二端：一以童蒙之學，責之君相。夫小子多識艸木區別，聖門淺近之提撕，不過爲童子小成之始業。至於成均國學，自當鑽研絜矩，以求居中馭外之治術，此大學所以異於小學也。宋儒樂觀小道，徒以觿韘之講習，終身誦臧；則耄年老宿之學術，僅僅物名、物理、數與方名之事，何能爲大受之君子乎？其弊一。一以天界之學，行之人世。夫天堂上方，世界極樂，翼氏《齊詩說》。顏氏好學，欲從末由。正以「天學」難躋，必俟「化人」、「神人」之自得。宋學根原，始於華山陳摶。摶見太宗，奏曰：「假令白日昇天，何益於世？今君臣同德興化，勤行修鍊，無出於此①。」是摶亦謂國家天下之「人學」，不可以天道之渺茫，混雜其間。宋儒變本加厲，欲以虛冥之理學，施用於世，矜德化，鄙富强，挾持無具，將以禦北狄之外患，猶雀以一葉障目，而謂彈者不我見也，國焉得不覆滅哉！其弊二。先知後行之失如此，學說有差，害心害政。自恪遵朱注之令，沿襲已久，不悟其非，迄今而外患益棘，若不改圖，恐較宋明亡國之禍，更

---

① 「摶見太宗奏曰」至「無出於此」：據《宋史·陳摶傳》，這段話實爲摶答宋琪語，非奏太宗言。又「昇」字《宋史》作「沖」。

有甚焉者也。五譯謂「人學」重行，在先；「天學」重知，在後。「人學」之《春秋》、《書經》，切用於今時；「天學」之《詩》、《易》，待用於後世。《大學》剖劃人、天之界，「明德」、「新民」二公之政可以行；「知至」、「意誠」，上天之理在於知。《中庸》「至誠無息」，「不動而變，無爲而成」。從容中道。雖知亦聽其自然，無庸勉强。宋儒欲以所知，施之治國，捕風捉影，終歸虛幻，宜其無實效也。荆公嘗謂明道曰「公之學如上壁」，言難行也。將安用之哉！

《大學》十二引《書》，全爲「人學」。十二引《詩》。通於「天學」，由人企天。

《中庸》十五引《詩》。全爲「天學」。

鎔案：《大學》、《中庸》，舊在《戴記》編中。《戴記》本爲六經傳説，不專爲一經立言也。六經有人、天二派，故《大學》、《中庸》所引《書》、《詩》，即人、天之標目，而後儒修業之階梯也。《大學》引《書》兼引《詩》，示學者由人企天之等級。《中庸》引《詩》不引《書》，示學者意逆上達之功。修《大學》，講求於國學，是之謂「大」；推以治全球之天下，則尤大也。「人學」既備，進研「天學」，切磋琢磨，道盛德至，則其學大之極也。《中庸》引《詩》，始於「鳶」、「魚」之察天地，終於「無聲無臭」，其於「天學」，明澈之至也。分途致力，先行後知，學理雖深，程功有次，不容躐等而躋者也。參觀《戴記》諸篇，多言「人學」，惟《閒居》一篇，始見「天倪」；《祭法》三篇，感通鬼神，均與《大學》、《中庸》之旨互相發明。究之可行者行之，人學。不可行者，天學。知之而已。宋儒提《大學》、《中庸》，附之《論》、

《孟》，以《論語》爲孔學言行録，以《大學》爲初學入德之門，取《中庸》卒章「可以入德」之説。以《中庸》爲用之不盡之實學。實則不虚，與「天學」相反。津津斯誼，務求了解於一心，不恥躬行之不逮。《或問》辯析天日晦闇，以爲此孔門理學之根原也，不知《史》、《漢》、《儒林傳》詳記經學之傳授，初無所謂「理學」也。聖門諸儒，亦不立「理學」之名。宋儒拋擲經指，侈談虚理，直如兩晉之清談誤國。摭拾孔書字句，支離推闡，字句不勝枚舉，是以宗派不一。惟恃口舌之争，不求功勳之樹，道其所道，盡失《大學》、《中庸》之本義，顛倒人、天之次序，寅食卯糧，不留有餘於後世。且使學者眯眩拘迂，終身求貫通而不得。甚矣，宋學之作霧迷人也。

五譯謂「先知後行，顛倒人、天，難徵實用」。或且爲宋儒辯護，以爲「誠意」、「致知」詎非聖學？竊以宋學之無效，往事之可徵者，商君、荆公之時代是也。商君初見孝公，言帝王之術，即《書經》、《春秋》之旨。孝公厭聽思睡；繼言霸者彊國之術，孝公大悦，遂行新法。其時秦無異學阻撓新政，其謂新法不便者，大抵膏粱紈袴庸碌之輩；而民間俊秀，以新法尚軍功，莫不奮起效用，覈實奏能，此商君之法所以卒底富彊而成帝業也。荆公之世，諸儒厭注疏之煩，際六朝辭賦駢縟之後，新發明一種空言説理之學派，避難就易，黜伯崇王，結黨牽制，以致新法無功，國亦不振。不知伯乃皇、帝、王之佐，等级尊卑，大小一貫。皇以義、和爲二伯；帝堯以舜、禹爲二伯；帝舜以禹、皋爲二伯；殷王以西伯、微子爲二伯；成康以太保、畢公爲二伯；以上《書經》説。周初以周、召爲二伯；《詩·國風》説，《公羊傳》

説。衰周以桓、文爲二伯。《春秋》説。天地一太極，一物一太極。宋儒亦講太極，但勘理未透，故無實用。太極兩儀，非二伯之義乎？《易》始「乾坤」，即二伯之象。商君專行伯術，後世可以爲帝王；宋儒舍伯而言王，王以司馬、司空爲二伯，無伯則獨夫耳。不明經義，徒事空談，故鄙荆公新法爲急功近利，欲以王道仁義感化遠夷。此孝公所睡弗聽者，神宗嘗諭明道曰：「卿所言，乃堯舜之事，朕何敢當。」能知而不能行，聽天命而不務人爲，有元首，無股肱，致使二宗、帝㬎北狩不還，端宗、帝昺求爲匹夫而不得。學術乖謬，其害至於如此。矜語《大學》，而不知學之何以大。此荆公之不幸，亦宋室國家人民之不幸也。此宋學不行之實證。

《内經》天人四等名詞表

天學

皇

真人

《素問・上古天真論》：黄帝曰：當作「皇帝」，皆治皇帝學之專書，非古黄帝書也。余聞上古經爲古之道術，「上古」指《易》而言。若洪荒之世，有何學術？有真人者，「真」從「化」，謂化人。即《中庸》「至誠」。提挈天地，《中庸》「可以贊天地之化育，則可與天地參。」把握陰

帝

至人

中古上古、中古，即「孔氏古文」，《論語》：「好古敏求。」之時，《詩經》「六合」以外。有至人者，《中庸》「誠者」。淳德全道，《中庸》「至道」、「至德」。和於陰陽，董子：「天有兩和，中春、中秋是也。」調於四時，《禮・月令》四時分四帝。去世離俗，不在俗世界內。積精全神，《月令》四時：春，勾芒；夏，祝融；秋，蓐收；冬，玄

人學

皇帝

聖人

其次《書經》「六合」以内。有聖人者，《論語》：「聖人吾不得見。」又：「博施濟衆，必也聖乎！堯舜猶病。」謂四帝分治，不如皇之一統。處天地之和。《周禮》：地中，「天地之所合，陰陽之所和，百物阜安，乃建皇國。」從八風之理。《左傳》：節八音，行八風。《白虎通》：八音配八卦。即全球八州、八正、八

王伯

賢人

其次《春秋》學説。有賢人者，王伯方三千里。法則天地，董子四法：「主天法商而王」、「主地法夏而王」、「主天法質而王」、「主地法文而王」。「商質者，主天；夏文者，主地；《春秋》者，主人，故三等也。」象似日月，《左傳》：同姓爲日，異姓爲月。晉楚二伯，一同姓，一異姓。辨别星辰，《元命苞》：「王者

陽。造化在手。呼吸精氣，《列子・仲尼》篇：「體合於心，心合於氣，氣合於神，神合於無。」獨立《中庸》「慎獨」。守神，《淮南・原道訓》：「太古上皇，得道之柄，立於中央，神與化游，以撫四方。」又曰：「無爲爲之，而合於道」，「神託於秋毫之末，而大宇宙之總。」肌肉若一。列子學乘風之道，九年之後，眼如耳，耳如鼻，鼻如口，口無不同，心凝形釋，骨肉俱融。故能壽敝天地，無有終時。《中庸》：「故至誠無息，不息則久，久則微。」又：「博厚配地，高明配天，悠久無疆。」此其道生。《中庸》：

冥。案：鬼神學，徹上徹下，如姓氏學，下等人惟知血族之別，其終竟知鬼神之情狀，如「祭如在」，包括人、天。遊行天地之間，《詩・周南》「周行」、「周道」，《楚詞・遠遊》。視聽八達之表，《列子》：亢倉子曰：「我能視聽，不以耳目。」此蓋益其壽命，《莊子》：楚南有冥靈，五百歲爲春，五百歲爲秋。古有大椿，八千歲爲春，八千歲爲秋。而强者也。《中庸》：「子路問强」之「强」。亦歸於真人。《王注》：「同歸於道也。」

伯所司。適嗜欲，《大學》引《詩》「樂只君子」說，「以民之所好好之，以民之所惡惡之。」被章服《書・謨》以五采章施於五色作服。於世俗之間，居中以御四海，不能去世離俗。無恚嗔之心。《大學・天下章》：「挈矩之道」、「所惡」、「毋以」。行不欲離於世，《尚書》四方巡狩。舉不欲觀於俗，《左傳》：「凡物不足講大事，其材不足以備器用，則君不舉焉，君舉必書。」外不勞形於事，《論語》：舜「無爲而治」。內無思想之患。《莊子》：「中央之帝曰混沌。」

封國，上應列宿之位，其餘小國不中星辰者，以爲附庸。」若畢星之有附耳然。逆從陰陽，董子：「天有四時，時三月；王有四選，選三臣」；「春者，少陽之選；夏者，太陽之選；秋者，少陰之選；冬者，太陰之選。」分別四時。一時三月三王，《春秋》三月有王。《白虎通・巡狩》篇：「時有所生。諸侯行邑。」將從上古，《春秋》年、時、月、日，爲大一統，順時治曆，與皇帝同。合同於道。取法乎上，王法皇，伯法帝。亦可使益壽而有極時。皇以萬里爲一州，稱萬壽；王伯小統方三千里，可以驗小推大。

「天地之道」，「其爲物不貳，則其生物不測。」

以恬愉爲務，以自得爲功。《六家要旨》：道家「與時遷移，應物變化，立俗施事，無所不宜。指約而易操，事少而功多。」形體不敝，《書·帝典》「四目」、「四聰」，《謨》「翼爲明聽」，《洪範》「五事」。皆天下一人例。精神不散，《六家要旨》：「道家使人精神專一，動合無形。」亦可以百數。全球方三萬里，爲方三千里者百，統有全球。故《詩》稱「百禄」、「百福」。

節録五譯《孔經哲學發微》

《内經》舊以爲醫書，不知其中有「天學」，詳六合以外，有「人學」，詳六合以内。故《病能》篇末有曰「上經」、「下經」者，義與此篇不相屬。《易緯》文也。「上經」者，言氣之通天，爲「天學」；「下經」者，言病之變化，爲「人學」。區别界限，不容溷雜。此《内經》所以爲「天人合發」之書也。其全元起本所無，而爲王啟玄所補者，如《天元紀大論》、《五運行大論》、《六微旨大論》、《氣交變大論》、《五常政大論》、《六元正紀大論》、《至真要大論》共七篇。發明五運六氣、六甲五子之説，校《詩緯》尤爲精確，不可移易，當爲《詩經》師説。其中惟論疾諸篇，乃爲醫學專書。《上古天真論》「真人」、「至人」，爲《楚辭》之師説，專爲道家神仙去世離俗之所本。讀《内經》而後《楚辭》之本旨明。下二節爲《尚書》、《春秋》師説，上二節爲《詩》、《易》神遊之學。爲六經之綱領，故特爲提出以爲標幟。知此而後孔聖天、人之學乃得而明也。

鎔案：此段提論《内經》之大要，乃人、天學説之交際，造詣之等級。五譯列表具説，分劃詳明，改作孔經正傳，指示界限，無所隱蔽。俾學者了然於目，灼然於心，知所致力，以勵前修。家國賴其經猷，太虚俟之異日。故「天學」之皇，緯所謂天皇大帝，居太一紫宫，爲《論語》之北辰、《史・天官》之中宫、《淮南》之鈞天，即紫微垣也。「天學」之帝，緯所謂「蒼帝靈威仰」、「赤帝赤熛怒」、「白帝白招拒」、「黑帝汁光紀」；《月令》之四帝，《史・

天官》之四宮是也。不言王伯，以此例推，帝主四時，時主三月，《春秋》三月有王，天有十二次，即十二王。《春秋内事》：「天有十二分次，日月之所躔也；地有十二分，王侯之所居也。」其餘列宿爲諸侯。孔經「人學」典制，取法於天，故曰「知我其天」。又無言之教，天、人一貫。孔學雖高，周行示我，萬不窮幽鑿渺以惑來者。乃信堯舜傳「道統」者，類以《内經》一書爲軒轅黄帝之遺。夫草昧時代，民物睢盱，學術無所發明，世局猶然部落，安得坐明堂而觀八極，問天師而闡玄言？况結繩闕文，《易・繫》「上古結繩」，爲字母拼音；「後聖書契」，即孔經古文。若謂書契爲倉頡古文，當云「上古聖人」，不當云「後世聖人」也。數音一字，雖有「譜牒」之史記載年數，而百家不雅馴之文，薦紳先生所不道。可知其時之簡牘，不過如《黑蠻風土記》，樸野謭陋，徒資笑柄，安能暢洩天地陰陽之蘊？即大撓干支，僅如《爾雅》所稱「閼逢」、「旃蒙」、「困敦」、「赤奮若」之類，豈有五運六氣，近於性命，性命爲「天學」。上下經緯，應時覘候，説理如此精奥者乎？人體結構，筋絡藏府，經西人解剖察視，諸哲家之擘求，可謂詳盡矣。然形質粗頑，尚不識氣化流通之妙。《内經》就人一身，發揮義緒，啟符闡珍，窮理達化，既爲孔經天下一人之例，又《中庸》以人合天之學也。黄帝之世，神農雖識草味，肇始醫法，斷不能以人身五藏爲《洪範》五事之先導，《内經》出於六經之後。而喜怒哀樂，又豈能貫於中和位育哉！故《黄帝内經》當爲「皇帝」之書。《莊》、《列》所引黄帝諸説及《黄帝》篇，皆合於道家之旨，即「皇帝」書也。黄、皇古通。董子：「尚推神農爲九皇，而改號軒轅，謂之皇帝。」又曰：「軒轅直首天黄，他本作「皇」。號故曰黄帝云。」故《内經》一書，純言大化，乃《書經》、《詩》、《易》仰鑽之階級，爲孔門七十弟子所傳述，非古之皇帝實有此丕焕之文章也。學者博覽載籍，須知孔子以前無著作，六經而外無文章。諸子累累，皆闡孔義，若《竹書》、紀年始於黄帝、二高，與《大戴·帝德》孔子答宰予問合。《夏小正》、《史記》：孔子正夏時，學者多傳《夏小正》云。《老子》、《經典釋文》道經在孔經後。《管子》六千里侯，非春秋所有。等書，世代姓名在孔前者，大抵後儒寄託，故説理莫非經支也。五譯識解卓絶，引子證經，闢國萬里，包孕宏多。乃以經爲史之輩，甚且謂古史皆經，是好學而不深思，甘爲淺見者流也。

《樂》。王伯之樂，中國略有彷彿。《樂記》：武王「武樂」、「六成」爲王樂；齊音敖辟喬志，爲伯樂。皇帝之樂，《樂緯》：黄帝之樂曰《咸池》，顓頊曰《五莖》，帝嚳曰《六英》，堯曰《大章》，舜曰《簫韶》，禹曰《大夏》。中國無此世局。皇一統五帝五方。其人未生，空存其説以待之。待其人而後行。〇樂有大樂、小樂之別。凡言「大」、言「至」、言「無」者，皆爲天樂。

附《大禮》。禮爲別，樂爲和。説詳《樂記》。

鎔案：孔子周遊以後，反魯正樂，親與師摯諸伶考究宫懸，審定音樂。故堯石八諧，獸則率舞；舜簫九奏，鳳乃來儀。子貢謂禮樂德政，百王莫違，則孔子之樂，已與簣桴土鼓，迴不相侔矣。後世帝王德盛化神，擊球拊瑟，自能感通萬類。墨家非樂，乃譏康樂淫靡，厚斂病民，荒嬉廢業者流，爲國大病。非譏天地之中聲，盛世之元音也。《孝經》曰：「安上治民，莫善於禮」；「移風易俗，莫善於樂」。《樂記》：魏文侯「聽古樂，則唯恐臥；古樂。即《尚書》稽古堯舜之樂。聽鄭衛之音，則不知倦。」如《桑間》、《濮上》，亡國之音。子夏曰：古樂之發，修身及家均天下。以父子君臣爲紀綱，紀綱既正，天下大定，此之謂德音。非若新聲溺音，獶雜子女，不知父子。然則墨之所非者，必溺音也。晉師曠鼓琴，能易寒暑，召風雨，清角清徵，玄鶴下舞；鄒子吹律，寒黍生春。《列子・湯問》篇：鄭師文學琴於師襄，以五音感召五方之氣，襄曰：「微矣，子之彈也！顧此皆人世之樂爾，未聞天樂也。」

《莊子・天道》篇：「與人和者，謂之人樂；與天和者，謂之天樂。」此足證孔經有「人學」、「天學」，故子家有人樂、天樂之別。人樂以治人，功成作頌，感通鬼神。《周禮》大司樂諸伶所掌，辨天地、四方、陰陽之聲，六律、六同之和，人樂極爲詳備。《莊子・天運》以《咸池》之樂爲至樂、天樂，則《樂緯》六代之樂，黃帝乃天帝，與《大戴》、《月令》相符。其作頌曰：「聽之不聞其聲，視之不見其形，充滿天地，苞裹六極。」其説窈冥玄遠，難以揣度。惟《樂記》有曰：「地氣上齊，讀躋。天氣下降，陰陽相摩，天地相盪。鼓之以雷霆，奮之以風雨，動之以四時，煖之以日月，而百化興焉。如此，則樂者，天地之和矣。」上段以天尊地卑爲禮之別。故大樂與天地同和。大禮與天地同節。和，故百物不失。節，故祀天祭地。《禮・閒居》篇曰「無聲之樂」，引《詩》「夙夜基命宥密」爲證。説以「志氣不違、既得、既從、既起、日聞四方」，是則太音希聲，感而後動，冥漠相洽，變化自然。「故知天樂者，其生也天行，其死也物化」，「静而與陰同德，動而與陽同波」，「一心定而王①天下，其鬼不崇，其魂不疲」，「言以虚静推於天地，通於萬物，此之謂天樂」。《莊子·天道》。是故大人舉禮樂，則天地將爲昭焉。此爲大樂。「天地訢合，陰陽相得。煦嫗覆育萬物，然後草木茂，區萌達，羽翼奮，角觡生，蟄蟲昭蘇，羽者嫗伏，毛者孕鬻，胎生者不殰，而卵生者不殈。則樂之道歸焉耳。」《樂記》。人能直養浩氣，充塞宇内，虚静恬淡，寂漠無爲，與天地合德，與日月合明，與四時合序。則喜怒哀樂與穆清之氣相感應，未發而中，中節而和，際天蟠地，契洽神明，窮高極遠，參兩太初，樂之至也。

古有秦火經缺、《樂經》獨亡之説。不知秦火不焚孔經，但焚百家語與六國史。説詳宋王氏《野客叢談》、蕭參《希通録》。《樂經》實尚存也。蓋宫商工尺，譜記流傳，人情殊尚，久必變更。孔聖慮遠思深，求所以傳之永禩，乃以《樂經》附屬於《詩》。自反魯正樂，商定《雅》、《頌》，《關雎》之始，洋洋盈耳。《論語》具有明文，聖言可徵矣。《尚書》命夔典樂，帝曰：「詩言志，歌永言，聲依永，律和聲，八音克諧。」可見《樂經》在《詩》，《帝典》已存定案。

---

① 王：原作「至」，當爲「王」字形誤，今據《莊子》原文改。

《樂記》師乙論樂，歌用「六詩」；《左傳》季札觀樂，歌偏全《詩》；《史記・孔子世家》：「《詩》三百五篇，孔子皆弦歌之，以求合《韶》、《武》、《雅》、《頌》之音。」故一部葩經，皆樂章也。《儀禮》：堂上歌《詩》，堂下作《樂》。詩詞音均，協律合拍。伶工按節次第，自爾聲奏鏗鏘。此如樂府，詩章旁注工尺之符記。後人歌詩用樂，亦可以五聲七音，諧合風雅。故六經止五經，猶《周禮》六官止五官。「六穀」止「五穀」，以稻統稷。天以六節，地以五制，化六爲五，由五推六。六如皇制六相，五爲帝制五方。由帝上躋爲皇，故《帝典》包寓皇道。天地四方，分之爲六，合則爲五，經所以由人而企天也。《樂》存於《詩》，理精義確，不必取大司樂諸職，以爲官存而樂自在；不必取《樂記》一篇，遺改傳爲經之誚；更不必河間補作《樂記》，犯擬經誣聖之嫌。則太息竇公、制氏不能傳經者，可以自悟其非矣。

《詩》。神游學。如仙家之嬰兒鍊魂，神去形留，不能白日飛昇，脱此軀殼。《易經》則能形游。《詩》故專言夢境、託之夢游，以明真理。魚鳥上下。莊子夢爲鳥而戾天，夢爲魚而潛淵。《内經・靈樞》《素問》、《山海經》、《列子》、《莊子》、《楚辭》、古賦、如宋玉之《高唐》。《游仙詩》，各書以爲之傳。當引各書以注《詩》。

鎔案：《詩經》之學，惟《齊》、《魯》、《韓》三家爲有師承。《毛》則大小後起，編什作《序》，顛倒次第。《國風》當從《左傳》觀樂之次。割裂《周頌》，增多《小雅》，不待智者而識其舛矣。班《藝文志》言《詩訓故傳》，「取《春秋》，采雜説，咸非其本義」。而獨以《魯》爲近。《魯詩》傳自申公，後鮮述者。《韓》之《外傳》專録時事，斷章摘句，大義湮沈。惟《齊詩》「四始」、「五際」，屏去人事，專主緯候之説。性情、律曆，發明於翼氏者，說在《漢書·翼奉傳》，侯官陳氏爲之注釋。博大精深，爲淺見寡聞所畏避。蓋《詩》主「天學」，翼氏斯爲得之，猶《書》主「大統」，惟騶子爲能言之也。聖門經學，本有精至獨到之誼，尋常誦習，《書》則虞，夏、商、周歷代政治而已；《詩》則鳥獸、草木，小子多識而已。但行遠自邇，陟高自卑，由漸驗推，必以《書》治全球，《詩》言天道，而後爲中人語上之學。否則皮毛粗淺、不過佛學之「下乘」也。《論語》「下學上達」，階級迥分兩等。特可與言《詩》如商賜者，不可多得，故珠玉希見。翼、騶而外，言《詩》、《書》者，不啻披沙揀金，渣滓多而精液少。五譯據翼氏之指，證之《中庸》，見其引《詩》不引《書》，斷《詩》爲「天學」，雖非常可駭，有如《公羊》之義，然鉤沈起墜，正所謂「温故知新」，聖人所望也。載籍之足證此誼者，《内經》《靈》、《素》，大旨醫學，然詳言人之形氣與天感通，即《列》、《莊》「天和」、「天倪」之旨。蓋「天學」之梯航，道家之津梁也。故《營衛生會》、《九宮八風》、《上古天真》、《生氣通天》等篇，抉理精玄，皆《詩經》之師説，游行六合之基礎。《齊詩》説「五性」、「六情」，即「五運」「六氣」，《内經》詳哉言之，後有詳說。反覆推勘，全屬《詩》傳。證一。《山海經》，舊以爲大禹治水，主名山川，益所記載。夫東西二萬八千里，南北二萬六千里，禹跡不如此廣遠。其中山配列宿，神主諸嶽，明明星象天神，非人世間所有。正如《詩》之《崧高》「維嶽降神」。梁山，《爾雅》：「大梁，昴也。」與天地相印也。所有帝王卿相諸人名，當以翻譯例説之。又《山經》以《南山經》始，即《詩》始二《南》，《大雅·崧高》四方四篇，首南也。次《海外南經》、《海内南經》，即《小雅》「節彼南山」、「信彼南山」也。終以《大荒東經》，《魯頌》「遂荒大東」之義也。詳記草木鳥獸，《詩》之多識也。經首尾多引禹説，因此人以爲禹益之書。不知《詩》言「天學」，故禹有神禹之目，非若《書經》之伯禹、禹王、帝禹、大禹也。即《詩》「禹甸」、「禹績」、「禹敷下土」，以步地歸之禹也，證二。《列子》、《莊子》，舊謂二書迂詭恢誕，等諸存而不論之列；考《列子》引穆王與「化人」遊之事，又謂覺①有八徵，一曰故，二曰爲，三曰得，四曰喪，五曰哀，六曰樂，七曰生，八曰死。夢有六候，一曰正夢，二曰噩夢，三曰思夢，四曰寤夢，五曰喜夢，六曰懼夢。説與《周禮》「占夢」同。即《詩》神遊之境，及太卜②占夢之説也。《莊子·齊物論》「罔兩問景」，古「影」字。景由形生，猶之神由心生也。《内經》：「心者，君主之宮，神明出焉。」謂腦海也。莊周夢爲胡蝶，周與蝶兩不相知，如《列子》蕉鹿夢之境。是爲物化。即説《雅》詩：「召彼故老，訊之占夢。」託神遊於夢。具曰予聖，《大學》「知止而後有定」爲聖人。誰知烏之雌雄。」不知周之夢爲蝶與？蝶之夢爲周

① 覺：原作「夢」，誤。今據《列子·周穆王》原文改。

② 太卜：原作「太人」。《周禮》太卜「掌三夢之占」，據此知「太人」爲「太卜」筆誤，今正。

與？證三。《楚辭》意義重複，非一人之著述，乃七十博士爲始皇所作《仙真人詩》。采《風》、《雅》之微言，以應時君之命。史公本《漁父》、《懷沙》二篇，爲《屈原列傳》，後人因以《楚辭》歸之屈子，誤矣！考《遠遊》「周游六漠」，《易・繫》「周流六虛」。即《詩・周南》「輾轉反側」之義；《莊子・逍遥遊》、《知北遊》，亦取此意。《招魂》、《大招》，「招」即《召南》之「召」，「召」、「招」古通。「魂兮歸來」，即「之子于歸」。「于」篆作「亏」，近「云」。《韓詩》「聊樂我云」，「云」字作「魂」。他若「未見君子」，魂未歸也；「既見君子」，魂已歸矣；「振振君子，歸哉歸哉」，招之之詞也；「之子歸，不我過」，魂已歸去矣。全《詩》與《楚辭》吻合者甚夥，且體裁亦與《詩》相符，證四。古賦《高唐》一篇，發明巡狩方岳，外牧來朝之義。五譯注釋甚明，非若舊解之穢褻也。「薄言寢夢」，符合《詩》旨。寓言寓意，寄想遥深，不可拘跡象以求之，故全《詩》無一真男女涉想淫穢者，邪説汙經，最爲大罪！即神女、登徒，亦《詩》餘意。「窈窕淑女，君子好逑。」而司馬《大人》，實因帝好仙道，摛藻陳辭，讀之飄飄有凌雲氣，殆得於《詩》恉之遺歟？不然無因而創，自尼山以來，見亦罕矣！證五。《遊仙詩》作於晉何敬宗、郭景純，援引王喬、鬼谷、赤松、浮丘、洪崖、容成、安期、靈妃、姮娥古仙人之屬，高蹈風塵，放情凌霄，皆天上仙境也。李善注云：景純《遊仙》即屈子之《遠遊》。然則敬宗之詩，亦同調也。大凡音韻之文，肇祖二《南》，何與郭去古匪遥，殆有得於《詩》恉而云然歟！證六。五譯謂此諸書，皆《詩經》之舊傳，見方采拾墜緒，補爲《詩》注，盛業不朽，其在斯乎！

自孔子没，微言絶，經中奥旨，寖以乖違。如往昔注家意見，《詩》采歌謡，《易》存卜筮，已等諸無足輕重。《春秋》魯史，《尚書》古史，僅適用於中國君主時代。迄今海外大通，地廣世變，政主民憲，經制狹隘，無以爲法於後人。故《民約》盧梭，將起而奪俎豆也。五譯以《書》爲大統，包舉全球，《弘道》成編，足供考鏡。又以《詩》、《易》二經爲大同以後，民物雍熙，相與合力精進，研求上達之學術。顧《詩》無方體，變動不拘，《論語》「小子學《詩》」，所以立初學之根柢；「切磋」、「素絢」，譬喻又極玄微，淺者極淺，深者極深，《孟子》「意逆」數言，最得説《詩》之三昧。惟其指義弘遠，故諸家解説大抵盲猜。《韓詩》始爲瑣碎，《小序》尤屬支離，非子夏作，乃衛宏、謝曼卿僞造。毛氏昧於淵源，鄭氏從而傅會。其餘自《鄁》以下，惟解釋名物，諸本尚不失多識之義耳。若朱子《集傳》，三經三緯，稱名「六義」，牽合《周禮》「六詩」，不知即《樂記》「六歌」也。解詳《周禮略注·春官·太師》。且誤讀「鄭聲淫」一語，遂解《鄭風》二十一篇，淫詩至於十之七。夫《同車》、《蔓草》，列國名卿賦於壇墠，率皆拜嘉見許，不聞貽譏。蓋鄭聲者，溺音也，《樂記》「鄭音好濫淫志」是也。《論語》「惡鄭聲，亂雅樂」，「放鄭聲」，則《韶舞》聲之淫者，乃音樂過乎節度，如久雨爲淫雨。非謂《鄭詩》淫也。《小序》起於東漢之初，説雖支節，猶謂「《狡童》刺忽」、「《褰裳》思正」、「《大路》、《風雨》，思君子也」，尚不敢以淫詞目《詩》。朱子則先有淫意，逆志害辭，且由

《鄭》而殃及於《衛》。豈知聖經垂後，並不涉男女之私情，如《關雎》之三，樂而不淫，聖評較著矣。樂哀，當從《齊詩》説，上方樂，下方哀。乃《關雎》則文王思后妃，輾轉而不寐；《卷耳》則后妃望文王，吁嗟而有懷。不念「無邪」之論，徒生訓而望文。當日黎立武宋儒。論《詩》曰：「少讀箕子《麥秀歌》，怒焉流涕。稍長讀《鄭風・狡童》詩，淫心生焉。怪而自省，一則生忠心，一則生淫心，何歟？解《詩》者之故也。」是朱《注》初成，當日已見譏大雅。五譯撰《胡玉津先生詩緯訓纂序》，辭而闢之，蓋《集傳》之説，文不雅馴，正史公所謂「薦紳先生難言」者也。

《翼氏傳》云：「《詩》之爲學，情性而已。《集傳》誤解「情性」，以爲男女之情。五性不相害，張晏注：「五性，謂五行也。」六情更興廢。六情：廉貞、寬大、公正、姦邪、陰賊、貪狠也。觀性以曆，曆謂日也，即十日十干。觀情以律。」律，十二律也，見《月令》。律曆迭相治，《内經》下加上臨。與天地稽。天干地支。《匡衡傳》引《傳》曰：《詩經》傳説。「審好惡，《翼氏傳》：「北方之情，好也」，「南方之情，惡也。」理情性，「好行貪狠，申、子主之。」「惡行廉貞，寅、午主之。」「東方之情，怒也；怒行陰賊，亥、卯主之。」「西方之情喜也，喜行寬大，巳、酉主之。」「上方之情，樂也；樂行姦邪，辰、未主之。下方之情，哀也；哀行公正，戌、丑主之。」此以十二支爲六情，可知五行十干爲五性。而王讀作「皇」。道畢矣。」「人學」既終，方可進求「天學」。下引《中庸》「盡性參化」一章解之。據此，所謂「性情」，乃指天地干支而言。天有十日，記以十干；地有十二月，記以十二支。《樂緯・動聲儀》：「天效以景，下闕「日也」二字。地效以響律也。《月令》十二律。天有五音，分五方，通五行。所以司日；地有六律，所以司辰。」日，十日，十干；辰，十二辰，十二支。《月令》：春，木德，其日甲乙；夏，火德，其日丙丁；秋，金德，其日庚辛；冬，水德，其日壬癸；季夏，土德，其日戊己。五德五行，是爲「五性」。董子《繁露·五行順逆》篇：「木者春生之性」，下四行不言性。《春秋鉤命訣》：「性者，生之質。」若木性則仁，金性則義，火性則禮，水性則智，土性則信。「五性」通於十干，合則爲五，分則爲十。至於「六情」，則翼説已有明文：分四方上下，其情則好惡喜怒哀樂也。此六字，《詩》中屢見。天以十干下加於地，爲五方；地以六律上應天之十二躔次，爲六合。故天以六節，地以五制。《内經》「五運六氣」之説，盈千累萬，言之甚悉，即解此「性情」之義，莫非《齊詩》傳説也。《論語》「性不可得聞」，即謂《詩》學深邃；「性」，非性理之謂。不言「情」者，言「性」以賅「情」也。《詩》之言性情者，「五日爲期」、「六月月譌作「日」。不詹」，是其起例。《陳風》「洵讀作「旬」，十日，合爲「五性」。有讀「又」。情兮」，「六情」。《邶風》「吁嗟闊兮，不讀「丕」。我活兮」，活，生也，指性言。謂天地廣大，有十干，在天爲十日，在地爲九州十子。説詳《皇帝疆域圖表》。「吁嗟洵讀「旬」。兮，不讀「丕」。我信兮」，信，通伸。謂天有十日在上，地有十二律在下，鬱而必伸也。此《詩》言「性情」之明文也。《白虎通》：「情者，静也；性者，生也。」《邶風》「静女其孌，地支十二，女主静。《史·律書》：十母、十二子。貽我彤管」，十二管還相爲宮。《小雅》：「矧伊人矣，不求友生。」《太玄》：四與九爲友，謂庚辛也，爲十干之二。即情静、性生之説也。

推而言之，「五豝」、「五豵」，喻十日，爲一旬。在地爲九服，萬里。「五紽」、「五緎」、「五總」，喻十五日，爲三候。在地爲十五服。「十畝之間」、「十畝之外」，間之外四方，皆十畝，即三十日，在地爲三萬里。《老子》「三十輻共一轂」是也。《周南》十一篇，爲「五性六情」之數，即《內經》「五運六氣」之起文。班氏《律曆志》引《傳》曰：《詩經》傳説。「天六地五，以干支之陞降氣交言。數之常也。天有六氣，《內經》六氣：子、午少陰，丑、未太陰，寅、申少陽，卯、酉陽明，辰、戌太陽，巳、亥厥陰。降言降即有陞。生性者，生也。五味。《月令》：五味通於五行、五音、五色。夫五六者，天地之中合，干支和合於地中。而民所受以生也。人受之以爲性。○《左傳》「人受天地之中以生」。故曰有六甲，天氣下降。辰有五子，地氣上躋。十一而天地之道舉矣。」言「五性六情」、干支在天地間，終而復始，故《詩》之十篇應十日者五國，共五十篇，爲五旬。《鄘》十日，《柏舟》甲己，土運；《衛》十日，《淇澳》乙庚，金運；《王》十日，《黍離》丁壬，木運；《秦》十日，《車鄰》戊癸，火運；《陳》十日，《宛丘》丙辛，水運。五運在地，合爲五方、五行，分爲九州。即爲「五性」。《樂記》「五帝遺聲，五方五帝。商人識之」是也。《鄘》居中，即宋爲商人。《詩》之應月者六國：《邶》二十篇①，爲少陽，司天；《鄭》二十一篇，爲厥陰，司天；二風篇數多爲有餘，太過。《齊》十一篇，爲太陰，司天；《含神霧》：齊處孟春之位，律中太簇。《唐》十二篇，爲太陽，司天；

① 邶二十篇：案：今傳《毛詩·邶風》實十九篇。

唐處孟冬之位，當改作仲冬。○風爲平氣。《魏》七篇，爲陽明，司天；魏處季冬之位。《豳》七篇，爲少陰，司天。二風篇數少，爲不及。以《邶》、《魏》之有餘補之。六風配合「六情」，在天。有六司天，尚有六在泉。《樂記》「三代遺聲，齊孟春，寅；唐仲冬，子；魏季冬，丑。三正三王。齊人識之」是也。齊得夏正，爲齊人。其餘《周》、《召》、《檜》、《曹》爲中央四風，在氣交之中，言人。《周南》「中谷」、「中逵」、「中林」、「室家」、「王室」；《召南》「居巢」、「澗中」、「在公」、「宮室」、「屋墉」；《檜》言「中心」三，《曹》言「四國」二，又言「周京」、「京周」、「京師」，皆謂中央之內。《鄘》首篇「母也召公司空主養。天只，六國司天。不諒讀作「丕亮」。人只！」四國居中。○「中河」喻地中，「兩髦」謂周召之死，謂五國在泉不見。《齊》首爲「蟲飛薨薨，《周南·螽斯》。甘中央土味。與子六甲五子。同夢。魂遊六合。會且歸矣，《洪範》：「會其有極，歸其有極。」謂中央。無讀「憮」，大也。庶素王，大統。予同「與」。子憎。」讀「增」。謂大統之素王，所增加之三才例也。四益有《大雅合易上經三才表》。然則五國在泉，爲天氣下降；《詩》：「匪鱣匪鮪，潛逃于淵。」六國司天，爲地氣上騰。《詩》：「匪鶉匪鳶，翰飛戾天。」干支陞降，而後相襲於中，此三才之道也。《內經》：「夫道者，上知天文，下知地理，中知人事，可以長久。」又曰：「聖人之爲道者，謂孔聖作經。上合於天，《詩》六國司天。下合於地，五國在泉。中合於人。四國居中。故天氣下降，氣流於地，十干降地，辰有五子。地氣上升，氣騰於天，六氣陞天，日有六甲。高下相召，陞降相因，中央和合。而變作矣。」氣交變說。是以《唐風》十二篇，正應十二月；《豳風》「流火」一篇，四日起八干，甲己化土，居中不見。《六月》即六氣六合，干支備具。《緯》説有「四始五際」，「五際」即五運五性；《氾曆樞》所云，别爲一義。「四始」在寅申巳亥月，爲四時之始，如《春秋》首時。得六情之二，加上下辰戌丑未子午卯酉，即六氣六情也。《斯干》一篇，爲干支起例。生男子爲干，《孟子》「堯九男」，《吕覽》「堯十子」，皆謂干也。生女子爲支，《帝典》二女，舉零。經説天子娶十二女，即統有外十二州之義。舉其半爲六，即《帝謨》六律，《禹貢》六府，《周禮》六裔，《淮南》六合也。以上下四旁論，則爲《帝典》六宗，《皇篇》六官。《内經》：「天地者，萬物之上下也；左右者，陰陽之道路也。」經傳以男女爲干支之代詞者，不一而足。《帝典》二十二人，《大誥》十夫十人，《杍材》①矜寡㛿婦，《史·律書》十母十二子，皆謂此也。故堯之九男二女，《孟子》。十子二女，《吕覽》。爲經中天下一家之符記。揆之「天學」，則十干分九天、九野；十二支爲日月躔次。道通天地，上下一貫，未可以宏大不經目之也。

據《齊詩》「五性六情」，《詩緯》「五際四始」，固皆指干支而言矣。學者由此鑽仰，何以希天而入神哉！《翼氏傳》：肝之官，尉曹，木性仁；師古注：「肝性静，静行仁，甲己主之。」心之官，户曹，火性陽；注：「心性躁，躁行禮，丙辛主之。」脾之官，功曹，土性信；注：「脾性力，力行信，

① 杍材：即「梓材」，《尚書》篇名，陸德明《經典釋文·尚書音義》：「梓，本亦作『杍』。」又引馬曰：「古文作『梓』字。」

戊癸主之。」肺之官，金曹，金性堅；注：「肺性堅，堅行義，乙庚主之。」腎之官，倉曹，水性陰。注：「腎性智，智行敬，丁壬主之。」又曰：五行，在人爲性；五性處内，御陽，喻收五藏。六律，在人爲情。六情處外，御陰，喻收六體。性者，仁義禮智信也；情者，喜怒哀樂好惡也。五常分五方，《詩緯》以邶、鄘、衛、王、鄭五國，處州之中，爲五音。《民勞》五篇，爲五民五極；《邶》四風、《谷風》，東；《終風》，西；《凱風》，南；《涼風》，北。《崧高》四篇，分應四方，加中央，爲五詩之言。六情者，「《關雎》樂而不淫，哀而不傷」。《論語》已舉上下矣。其他「中心喜之」、「中心好之」、「逢彼之怒」、「在彼無惡」；《内經》言人身五藏六府契合於性情者，分配干支。其文連篇累牘，皆所以發明《詩》旨也。《白虎通》：「人稟陰陽而生，内懷五性六情。」《鉤命訣》：「性所以五，情所以六，何？人本含六律五行之氣而生，故内有五藏六府，此情性之所由出入也。」據此，可見人之性情，本具天地干支之運氣。《左傳》：「人受天地之中以生，所謂命也。」修養在一己，即感通在天地。《論語》：「性不可得聞。」言性不言情，性屬天，舉天以包地。《中庸》：盡己之性，推之盡人、物之性，可參天地化育。即兼括「六情」在内。《孟子》：「盡心者知性，知性則知天。」《中庸》：「喜怒哀樂未發爲中，發皆中節爲和。致中和，天地位焉。」學者涵養一己之性情，得其冲和，陰陽無愆，疵癘不作，穆然與天地合德，久而道成，則神遊之境，自不慮從之莫由也。《周南》取義周遊，《楚辭·遠遊》其傳也；《召南》取義招魂，《楚辭·大招》其傳也。《詩》本靈魂之學，人由性情以進修，則卷之在身心，放之彌天地。吉夢維何？自爾東西南北，無思不服矣。

《詩》有通於《易》者：《文王》、《大明》、《緜》合於《乾》、《坤》十朋；《棫樸》、《旱麓》、《思齊》合於《否》、《泰》十朋；《皇矣》、《靈臺》、《下武》合於《坎》、《離》十朋；《文王有聲》一章總結之。列有《大雅合易上經三才表》。《鹿鳴》十三篇①，合於兩《濟》六朋；三《小》七篇，合於《咸》、《恒》十朋；《瞻洛》十八篇，合於《損》、《益》六朋；《魚藻》七篇，合於《震》、《艮》六朋；《菀柳》十一篇，合於《巽》、《兑》六朋。列有《小雅合易下經五中表》。此「性與天道」，子貢所以相提並論也。又有通於《書》者：《大雅·生民》七篇，配周公七篇；《鳳皇于飛》六篇，配成王六篇；《嵩高》五篇，配《顧命》五篇。列有《書中候十八篇配大雅表》。此《大學》十二引《書》以明「人學」，又十二引《詩》以通「天學」之消息也。「天」、「人」之理，有交通之益，無扞格之虞。大統之世，天下一家，和親康樂，宇宙雍熙，進研「天學」，此其時歟！

《易》。形遊學。缺。②

---

① 十三篇：原作「三十篇」，「三十」當爲「十三」之倒，今據《詩經》乙正。

② 案：《五變記》言「人學三經」《禮》、《春秋》、《書》；「天學三經」《詩》、《易》、《樂》。而此處言「天學」僅及《樂》、《詩》，當補「《易》，形遊學」一條。

八十自壽文代序

廖平撰

廖宗澤補録

六譯先生既號六譯，《四變》、《五變》十年前刊版問世，六譯終寂默無聞乎？爰作《六變記》。開首《頤卦解》，孔子以言立教，故托始於《頤》。《春秋》、《儀禮》、《尚書》爲「人學」三經，《詩》、《樂》、《易》爲「天學」三經，於「丘頤」一見聖諱，於二五爻兩見「經」字，上九「由頤，利涉大川」，《論語》：「乘桴浮於海」，「從我者其由與？」「子路聞之喜」。浮海即利涉大川之象。第二，《史記》：鄭人有言曰：「東門有人，其顙似堯，其項類皋陶，其肩類子産。」堯、皋陶，《尚書》；子産，《春秋》。子貢以實告，孔子曰：「形狀，末也，累累如喪家之狗，然哉！然哉！」以「人學」三經思先生之道，以待後之學者。第三，《韓詩外傳》：子夏問曰：「《關雎》何以爲《國風》始？」子曰：「《關雎》其至矣乎！」「天學」三經《詩》、《樂》、《易》，人首舉堯、舜，天則陰陽、牝牡、雌雄。第四，《王制》、《周禮》。《王制》爲《春秋》師説，《周禮》爲《尚書》師説。第五，取《靈樞》、《素問》。黄帝六相：僦貸季、鬼臾區、岐伯、伯高、少師、少俞，黄帝受六相之教，授與雷公。《内經》二部，前人以爲戰國文字①，「天學」托始黄帝，其書去堯、舜不知幾何年代。總之，孔子托始，何分優劣也。第六，《論語》：「君子有九思。」《坎》、《離》所統十卦，形藏四、神藏五。「君子有九思」，四、五合九也。三《頌》：《周頌》法天，其數六；《商頌》法地，其數五；《魯頌》法人，其數四。第七，《論語》：「《雅》、《頌》各得其所。」《大雅》三十五篇，《小雅》三十七篇，《大頌》十五篇，《小頌》分上、中、下爲三十三篇。詳「各得其所」之義，既有大、小《雅》，亦有大、小《頌》。第八，《周頌》本六篇，毛本依《大雅》分爲三十一篇，十八字爲一篇，何足以爲《頌》？不知《左傳》「武王作《武》」，其分章六，引詩文相證，足破群疑。《六變記》草稿未終，赵然中止，學經六變，各有年代，苟遇盤根錯節，一再沉思，豁然理解。爰就《叢書》分十五類，删去重複，提倡絶學，以成一家之言：

翻譯類四種。《史記》八引「孔氏古文」，以爲孔氏造字根據。

論學類七種。

《孝經》類四種。《頤・彖辭》屬《孝經》。

《春秋》類十五種。

《禮》類五種。

① 戰國文字：原訛作「戰國文學」，據蒙默整理本改。

《書》類八種。
《詩》類八種。
《樂》類三種。
《易》類八種。
尊孔類八種。
醫家類二十種。分診脈、傷寒兩門。
地理類五種①。補助蔣大鴻，並證其僞。
文鈔類三種。
輯古類八種。
共一百零六種。宗澤案：此所云百零六種，兼及未刻稿，又未將未刻者全編入，非定數也。

右先大父六譯先生《八十自壽文》，首尾不具，蓋未完之作，以其本叙《六變記》綱要，故録之以代序。先大父治學六變，始民國辛酉，至壬申八十初度，凡十年，而《易經經釋》、《詩經經釋》成，乃自訂《六變記》，未成而輟。未幾，先大父遽棄養，所謂「草稿未終，惣然中止」者也。近取原稿加以整比，依《自壽文》次第寫爲一卷。第三、第四原稿闕，第

① 地理類五種：原訛作「地理類五類」，據蒙默整理本改。

九、第十則《自壽文》所未及也。取《韓詩外傳》補第三而闕其説。《王制》、《周禮》爲《春秋》、《尚書》傳，已詳《五變記》，則第四但録其目。第九、第十原稿多不具，則據《易經經釋》、《詩經經釋》補之，所補率原稿所已提示，不敢以臆增入也。原稿論《内經》語在《頤卦解》中，論《詩》語在論《内經》語中，並改從其類。文字重疊脱誤者，詳其指趣爲之删節補正。樂山黄經華師撰先大父《七十壽序》，柏君毓冬更本之作《六變記》，與此稿大同而小異，並附録於後，見十年變遷之迹。

先大父草此記時，澤不在側，致不能及時就質，俾成完書，手澤猶存，典型日遠，斷圭零璧，彌足珍矣。甲戌二月九日，次孫宗澤謹識。

經學六變記①

一

孔以言立教，《頤卦》早有明文，後世傳「文王作《易》」、「蒼頡造字」等邪說，不知《頤卦》一見聖諱，兩見「經」字，孔子作《易》、造字，確不可移，故《內經・九卷》《素問》詳哉言之，作《頤卦解》。

䷚象口形。頤貞吉，觀頤，自求口實。《孝經》。

孔子以言立教，垂空文變成實事，故曰口實。

初九剥舍爾靈龜，觀我朵頤，凶。《春秋》。

---

① 案：《經學六變記》是反映廖平經學第六變的概論性著作，作於其八十歲時，惜全稿尚未完成，遽溘然逝世。一九三五年由廖平之孫宗澤（次山）據遺稿整理而成，是年刻入《六譯館叢書》。蒙默先生作過整理，收入《中國現代學術經典・廖平蒙文通卷》。柏毓東（冬）所撰《六變記》附於本篇之後。

䷚卦内柔外剛，象龜形，故曰「舍爾靈龜，觀我朵頤」。「爾」、「我」二字對文，我，孔子自稱。「舍爾靈龜」，謂不用古史字母書；「觀我朵頤」，謂子所雅言。

六二損顛頤，拂經於丘頤，句。征凶。《尚書》。

「拂」字亦作「覆」，顛拂義，猶顛倒。丘，孔聖諱。

六三賁拂頤，貞凶。十年勿用，無攸利。《儀禮》。以上「人學」。凶。

䷚卦上下各五畫，二五合十，故曰十年。

六四噬嗑顛頤，吉。虎視眈眈，其欲逐逐，无咎。《詩》。

視思明，視占一數，七十而從心所欲不踰矩，欲占七數。

六五益拂經，居貞，不可涉大川。《樂》。

上九復由頤，厲，吉。利涉大川。《易》。以上「天學」。吉。《論語》：「子曰：『乘桴浮於海，從我者其由與？』子路聞之喜。子曰：『由也好勇過我，無所取材。』」即謂此「海」，象大川，由頤，聖賢同等。

二

《史記·孔子世家》：孔子適鄭，與弟子相失，獨立鄭東門外。鄭人謂子貢曰：「東門有人，其顙似堯，其項類皋陶，其肩類子產，然自要以下不及禹三寸，累累若喪家之狗。」子貢以實告，孔子欣然笑曰：「形狀，末也；而謂似喪家之狗，然哉！然哉！」

按「人學」三經：《春秋》、《禮》、《尚書》；「天學」三經：《詩》、《樂》、《易》。《孝經》統括六經，《頤卦·象辭》屬焉。《尚書》托始堯、禹、皋陶，鄭人謂其顙似堯、其項類皋陶、自要以下不及禹三寸，堯、禹、皋陶，謂孔子作《尚書》所托始也。其肩類子産，子産鄭大夫。春秋人物，舉子産以包之也。「人學」三經舉堯、禹、皋陶、子産，以包《春秋》、《尚書》。孔子作經皆托古翻譯而成，累累然喪家之狗，謂經典之主人已死，孔子作「人學」三經，若喪家之狗，豈不然哉！

《管晏列傳》：管、晏皆有書行世。實則孔子乃造六書行世，群弟子從後推求，亦如《尚書》。鄭有子産，子産一見例，統春秋十二公、二百四十年。

《尚書大傳》略説子夏讀《書》畢，孔子問曰：「吾子何爲於書？」子夏曰：「《書》之論事，昭昭若日月焉，所受於夫子者弗敢忘。退而窮居河濟之間，深山之中，壤室蓬户，彈琴瑟以歌先王之風，有人亦樂之，無人亦樂之。上見堯舜之道，下見三王之義，可以忘死生矣。」孔子愀然變容曰：「嘻，子殆可與言《書》矣！雖然，見其表，未見其裏，闚其門，未入其中。」顏回曰：「何謂也？」孔子曰：「丘常悉心盡志以入其中，則前有高岸，後有大溪，填填正立而已。六《誓》可以觀義，五《誥》可以觀仁，《甫刑》可以觀誡，《洪範》可以觀度，《禹貢》可以觀事，《皋陶謨》可以觀治，《堯典》可以觀美。」宗澤案：據《古經解匯函》陳壽祺輯校本補。

三

《韓詩外傳》：子夏問曰：「《關雎》何以爲《國風》始也？」孔子：「《關雎》至矣乎！夫《關雎》之人仰則天，俯則地。幽幽冥冥，德之所藏；紛紛沸沸，道之所行，雖一作「如」。神龍變化①，斐斐文章，大哉《關雎》之道也，萬物之所係，群生之所懸命也。河洛出書圖，麟鳳翔乎郊，不由《關雎》之至，一作道。則《關雎》之事將奚由至矣哉！夫六經之策，皆歸論汲汲，蓋取乎《關雎》，《關雎》之事大矣哉！馮馮翊翊，自東自西，自南自北，無思不服，子其勉强之，思服之，天地之間，生民之屬，王道之原，不外此矣。」子夏喟然嘆曰：「大哉《關雎》，乃天地之基也。《詩》曰：『鐘鼓樂之。』」

舊有《論詩序》文，刊入《四益館雜著》，極論毛本之謬，下同朱、焦之誤。蓋《書序》可存，《詩序》不可存，詳矣。《齊》八大節，《鄭》十六小節，《唐》一年一周，《邶》一年一周，蓋「天學」陰陽傳之文，全爲《月令》、《夏小正》之類，以爲諸國人事，豈非南轅北轍哉！

① 「變」字原脱，從蒙默整理本據《韓詩外傳》補。

四

《王制》、《周禮》。宗澤案：原稿闕，説詳《五變記》。

五

黃帝六相：僦貸李、鬼臾區、岐伯、伯高、少師、少俞。

雷公七篇。

《内經》主人，全歸六相，雖多少不同，理無優劣。黃帝承六相之教，傳學雷公，教者、受教者皆孔氏之代言人，當時絶無六相、雷公其人者，亦《尚書》之堯、舜、禹、湯、文、武之類，皆孔門之傳經立教者，當時實無其人。如《頤卦》孔子作六經，經文一見聖諱，於二、五爻兩見「經」字，皆孔子空言立教。「文王作《易》」、「蒼頡造字」，皆屬謠言。

後世學者，誤以雷公與六相混同之，余嘗撰一聯：「黃帝六相説《詩》《易》，雷公七篇配《春秋》。」《内經》在先，早有成書，然後《詩》文就陰陽傳依次排定，所以班氏謂就人事説《詩》，咸非其本義。諸儒説《内經》乃戰國時文字，不知孔子作六書，戰國時然後大行，故戰國文字，「文王作《易》」、「蒼頡造字」，皆謠言也。《内經》泄天地之秘，非至聖不能作。《内經》在黃帝時，何以歷代傳授絶無影響。蓋孔子作經，諸弟子同時作《内經》，道一風同，全爲「天學」。王啓玄《次注》補七篇，尤爲玄中之玄，秘中之秘，非但醫人之疾，直爲《詩》、《易》二經傳說。後世《銅人圖經》偶爾一穴失傳，絶不能補，誠《易·繫》曰：「近取諸身，遠取諸物。」日本丹波氏不信運氣之説，不誠千慮一失哉！

王啓玄所補七篇，合《六節藏象論》一篇，所補八篇，不惟《素問》，《易》、《詩》師説幾過其半。《靈樞》舊名「九卷」，《本輸篇》爲《詩經》五運十篇、六氣七十二篇之師説，《陰陽二十五人篇》爲《鄘》、《衛》、《王》、《秦》、《陳》之師説，苟能通曉義例，所見字字珠玉。總之，《内經》一百數十篇，所言莫非《易》、《詩》師説。《素問》首數篇詳「天學」，其人分數等：首真人，次化人，次至人，以上三等屬「天學」，神遊飛行，與《楚辭》爲一類。「人學」聖人爲上，其次賢人。

全元起，隋人，著《素問注》。王冰，字啓玄，唐人，著《素問次注》。二書皆有鬼神呵護，所以尚存，醫書賴日本人保存。偶有脱亡，百般探尋，終不能補。宋林億等新校正有《素問》、《肘後》、《千金》、《外臺》數種，至今亦惟《素問新校正》獨存。《易》、《詩》二經師説，苟非諸書尚存，無所取信。《易》、《詩》經説發明，歸功鬼神呵護，豈過語哉！

六

《論語》：孔子曰：「君子有九思：視思明，聽思聰，色思温，貌思恭，言思忠，事思敬，疑思問，忿思難，見得思義。」

《素問・六節藏象論》：三而成天，三而成地，三而成人，三而三之，合則爲九，九分爲九野，九野爲九藏，故形藏四、神藏五，合爲九藏，以應之也。

《素問・氣交變大論・上經》曰：「夫道者，上知天文，下知地理，中知人事，可以長久。」「久」與「九」同音，上經者《乾》、《坤》十卦，雙卦二，作十二卦用，六氣是也。《泰》、《否》十卦作五卦用，五行是也。《坎》、《離》一卦作九卦用，形藏四、神藏五，四五合爲九也。

四雙卦爲形藏逆行：

䷜坎子聽思聰　䷚頤酉言思忠

䷝離午視思明　䷛大過卯貌思恭

六單卦爲神藏：

䷘无妄丑未　䷖剥亥子疑思問

䷙大畜辰戌色思温　䷗复申酉事思敬

䷕賁寅卯忿思難

䷔噬嗑巳午見得思義

七

《論語》：「《雅》、《頌》各得其所。」

詳「各得其所」之義，既有大、小《雅》，亦有大、小《頌》，其篇數如下：

《大雅》三十五篇。由《文王》至《常武》二十八篇，加《雲漢》、《瞻卬》、《召旻》三大天，《節南山》、《正月》、《十月》、《雨無正》四時，爲三十五篇。

《小雅》三十七篇。由《鹿鳴》至《無羊》三十篇，加《小旻》、《小宛》、《小弁》三小天，《鹿斯之奔》分《小弁》，《鹿斯之奔》爲一篇，附《青蠅》、《巧言》、《何人斯》、《巷伯》四讒合爲三十七篇。

大《頌》十五篇。《周頌》三十一篇合爲六篇，《魯頌》四篇，《商頌》五篇，合十五篇。

小《頌》三十三篇。分毛本《小雅·谷風》以下至《何草不黃》三十三篇爲三小《頌》，與三大《頌》相對。是「各得其所」之義。小《頌》配三京，每京十一篇，分上、中、下。於《易》應《巽》、《震》、《艮》、《兑》、兩《濟》。

八

《周頌》六篇。

《周頌》本六篇，毛本仿《大雅》析爲三十一篇，每章爲一篇，三十一章爲三十一篇，十八字爲一篇，何足以爲頌體？今據《左傳》「武王作《武》」，其分章六，引《詩》文相證。《左傳》宣十二年：武王克商，作頌曰：「載戢干戈，載櫜弓矢，我求懿德，肆於時夏，允王保之。」又作《武》，其卒章曰：「耆定爾功。」其三曰：「鋪時繹思，我徂維求定。」其六曰：「綏萬邦，屢豐年。」

《武》《時邁》、《執競》、《賚》、《酌》、《般》、《桓》。○《樂記》：「且夫《武》，始而北出，再成而滅商，三成而南，四成而南國是疆，五成而分周公左，召公右，六成復綴以崇。」

《清廟》《維天之命》、《維清》、《天作》、《昊天有成命》、《我將》。
《思文》《良耜》、《臣工》、《載芟》、《噫嘻》、《豐年》。
《有客》《振鷺》、《潛》、《有瞽》。
《雍》《烈文》、《載見》、《絲衣》。
《閔予小子》《訪落》、《敬之》、《小毖》。
上知天文，天以六爲節。
《商頌》五篇。
《那》
《烈祖》
《玄鳥》
《長發》
《殷武》
下知地理，地以五爲制。
《魯頌》四篇。
《駉》
《有駜》

《泮水》
《閟宫》
中知人事，人以四爲度。

九

上經首六氣，次五行，次九思。
《乾》、《坤》十二卦：六氣，順行。
《乾》《屯》《蒙》《需》《訟》
《坤》《師》《比》《小畜》《履》
《泰》、《否》十卦五行，順行。
《泰》《同人》《大有》《謙》《豫》
《否》《隨》《蠱》《臨》《觀》
《坎》、《離》十卦九思，逆行。
《坎》《頤》《噬嗑》《剥》《无妄》
《離》《大過》《賁》《復》《大畜》
下經

《咸》、《恒》十卦：孤陰、孤陽。

《咸》《遯》《晉》《家人》《蹇》

以性情言　在家畜言　以二伯言　以出處言

《恒》《大壯》《明夷》《睽》《解》

《損》、《益》六卦：

《損》《夬》《渙》

《益》《姤》《節》

《巽》、《震》六卦：上知天文。

《巽》一《升》三《革》五

《震》二《萃》四《鼎》六

《艮》、《兑》六卦：下知地理。

《艮》一《漸》三《困》五

《兑》二《歸妹》四《井》六

《既》、《未》六卦：中知人事。

《既濟》一《中孚》三《豐》五

《未濟》二《小過》四《旅》六

上經三十六卦，象上半年三十六節。《乾》、《坤》、《坎》、《離》、《頤》、《大過》，雙卦六，一卦作兩卦用。下經三十六卦，象下半年三十六節。《小過》、《中孚》，雙卦二，一卦作兩卦用。推之《詩經》，《大雅》三十五篇象上經，《小雅》三十七篇象下經。毛本《小雅》誤以小《頌》三十三篇附入，推之上、下經以證其誤，恰合三十六篇之數。

十

《樂記》：子贛見師乙而問焉。曰：「賜聞歌聲各有宜也，如賜者宜何歌也？」師乙曰：「乙賤工也，何足以問所宜，請誦其所聞，而吾子自執焉。寬而静、柔而正者，宜歌《頌》；廣大而静、疏遠而信者，宜歌《大雅》；恭儉而好禮者，宜歌《小雅》；正直而静、廉而謙者，宜歌《風》；肆直而慈愛者，宜歌《商》；温良而能者，宜歌《齊》。夫歌者，直己而陳德也，動己而天地應焉、四時和焉、星辰理焉、萬物育焉。故《商》者五帝之遺聲也，商人識之，故謂之《商》。《齊》者三代之遺聲也，齊人識之，故謂之《齊》。明乎《商》之音者，臨事而屢斷；明乎《齊》之音者，見利而讓。臨事而屢斷，勇也；見利而讓，義也。有勇、有義，非歌孰能保此？」

《周南》、《召南》、《檜》、《曹》，風詩三十三篇爲一序。

《鄘》、《衛》、《王》、《陳》、《秦》，五運五十篇爲一序。

《鄭》、《邶》、《唐》、《齊》、《魏》、《豳》，六氣七十八篇爲一序。

《小雅》五行三十七篇爲一序。

《大雅》九天三十五篇爲一序。

小《頌》上、中、下三十三篇爲一序。

大《頌》天、地、人十五篇爲一序。

全《詩》二百八十一篇，《樂緯動聲儀》：《詩》二百八十一篇。毛本分《周頌》爲三十一篇，故爲三百五篇，今依舊本作六篇，恰得二百八十一篇。共爲一序。

〔附〕六變記

柏毓東謹述

先生名登廷，字勖齋，後改名平，字季平。蜀之井研人。「六譯」蓋先生七旬初度時之自號也。

生平篤志於經，從丙子受知南皮張文襄公，始泛濫於聲音訓詁之中。所作《六書舊義》，以「象形」、「象事」、「象意」爲主，而論「諧聲」以濟造字之窮，「假借」、「轉注」主用字。踰癸未而《今古學考》成，得周公、孔子諸大義。當時襄校尊經，於今、古學派，合同學二三百人專心研究，至戊子而「尊今抑古」之論立。今主孔子，古主周公。外間所傳《孔子改制考》、《新學僞經考》，宗此派也。初治《春秋》，專詳《王制》，歷年既久，而覺《周禮》、《尚書》師說尤繁。戊戌因訂《王制》、《春秋》爲小統，《周禮》、《尚書》爲大統。分《論語》力行、思志爲二途，《中庸》所謂「知天」、「知人」。《春秋》、《尚書》爲「人學」，爲力行；《詩》、《易》爲「天學」，爲致知。歲在壬寅，而人、天學派立，於是編爲《四變記》，流傳海内。繼又因漢、宋二派，皆謂孔子「述而不作」，本「秦火」、「同文」之説，悟六經皆爲雅言，東漢古文家源流，百無一真。公孫禄每怪國師公顛倒五經，後世不得其解。不知劉歆僞創鐘鼎彝器，謂堯舜以來，皆有「六書」，六經爲「述而不作」。實則孔子作經，迺造「六書」文字。中國三代及東周以前，亦如今地球萬國所通行者，皆字母書。惟孔子「六書」古文，乃驚天地、泣鬼神之制作。至今中國流傳文字，實爲至聖所獨創。其人玄聖、素王、少皞、文王、周公諸字義，皆孔子作經所由翻譯，於是訂爲《五變記》。已命樂山黄經華於壬子筆述之。

己未春，先生得中風，聲瘖掌攣，而神智獨朗澈，優遊中得《詩》、《易》圓滿之樂，遂半生未解之結，於《靈》、《素》獲大解脱。其論《詩》，本《樂記》歌《風》、歌《商》、歌《齊》、歌《小雅》、歌《大雅》、歌《頌》之六歌，而悟「六詩」之師説存於《内經》。訂「四風」、「五運」、「六氣」、「小天地」、「大天地」、「二十八宿」爲六門，以應《樂記》。《周》、《召》、《檜》、《曹》四詩，不見日月字面，因訂《周南》十一篇，起「五運六氣」例；《召南》十四篇，起二十八宿例；《檜詩》、《曹詩》各四篇，以起八風例；《靈樞·九宫大風》篇，是爲傳説，以應《樂記》之「歌風」。此風詩一也。

《鄘》、《衛》、《王》、《秦》、《陳》五詩，各十篇，合於《内經》之「五運」。蓋五旬五十甲子，除子午少陰不司天之十年不計，所謂甲己化土，乙庚化金，丁壬化木，丙辛化水，戊癸化火，凡十干合爲五行，施爲「五運」，化爲五旬。凡屬日之詩五，所謂日屬世界，以應《樂記》之「歌《商》」。蓋「鄘」字古通「宋」，宋爲商後，故「五運」詩以《鄘》爲首。此「五運」之詩二也。

《邶》、《鄭》、《齊》、《唐》、《魏》、《豳》，合於「六氣」之六十甲子。《内經》六氣有平氣、太過、不足之差，以一氣主十二月，分之則《魏》、《豳》各七篇，爲不足；《邶》、《鄘》各二十篇①，爲有餘；有損益之法，取《邶》、《鄘》之首各五篇，補入《魏》、《豳》，每詩餘三篇，以象閏月。另將《鄭詩》之《溱洧》一篇，補入《齊詩》，與《唐詩》皆十二篇，以應平氣。《邶》、《鄘》有餘而往，不足隨之；《魏》、《豳》不足而往，有餘從之。凡地支主六氣，所謂子午之上，少陰主之；寅申之上，少陽主之；丑未之上，太陰主之；卯酉之上，陽明主之；辰戌之上，太陽主之；己亥之上，厥陰主之。一氣主十二年，六十甲子，餘十二月，以旬空法補之。是爲屬月之詩，所謂月屬世界，以《齊詩》爲之代表，應《樂記》六歌之「歌《齊》」。此「六氣」之詩三也。

《小雅》爲小天地，以《小旻》、《小宛》、《小弁》三篇爲之代表。自《鹿鳴》至《羔羊》三十篇，以應一轂三十輻，比於《易》下經之《咸》、《恒》十朋。《節南山》至《巷伯》，是爲三《小》十一篇，比於《易》下經之《損》、《益》六首。《習習谷風》至《鐘鼓》，是爲《魚藻》十一篇，比於《易》下經《震》、《艮》六首。《楚茨》至《賓之初筵》，是爲《瞻洛》十一篇，居中央，比於《易》下經《兑》、《巽》六首。《菀柳》至《何草不黄》，是爲《菀柳》十一篇，比於《易》下經之《濟》、《未》六首。凡《小雅》之詩七十四篇，應《易》下經五朋，所謂「五中」。《内經·六微旨大論》云：「上下有位，左右有紀」，「移光定位，正立而待之」，「本之下，中之見也；見之下，氣之標也」，即其傳説。

---

① 邶鄘各二十篇：按，今本《詩·邶風》十九篇、《鄘風》二十一篇。